“十三五”职业教育系列教材

（第二版）

建筑企业会计

主　编　张加瑄
副主编　朱　颖
编　写　张志勇　王艳萍　王　韬
主　审　刘　颖

微信扫码，关注，获取精彩资源
【延伸阅读＋相互交流】

中国电力出版社
CHINA ELECTRIC POWER PRESS

内容提要

本书为“十三五”职业教育系列教材。

本书按学习情境和任务驱动模式进行编写，共计 13 个学习情境。前面 2 个学习情境介绍会计的基本理论和核算方法，后 11 个学习情境介绍施工企业会计知识与核算方法，具体包括货币资金的核算，应收及预付款项的核算，存货，固定资产的核算，无形资产和其他资产，流动负债，长期负债，所有者权益，收入、期间费用与利润核算，工程成本和费用，财务会计报告等。同时配套相关数字化资源，拓展了会计实务，对外投资的核算，机械作业成本、辅助生产成本核算等知识，丰富了学习内容和呈现形式。

本书可作为高职高专建筑经济管理、工程造价专业及相关专业的教材，也可以作为工程管理人员及会计人员的学习参考书。

图书在版编目（CIP）数据

建筑企业会计/张加瑄主编. —2 版. —北京：中国电力出版社，2019.2（2021.8 重印）
“十三五”职业教育规划教材
ISBN 978-7-5198-2961-2

Ⅰ. ①建… Ⅱ. ①张… Ⅲ. ①建筑企业－工业会计－高等职业教育－教材 Ⅳ. ①F407.967.2

中国版本图书馆 CIP 数据核字（2019）第 026855 号

出版发行：中国电力出版社
地　　址：北京市东城区北京站西街 19 号（邮政编码 100005）
网　　址：http://www.cepp.sgcc.com.cn
责任编辑：熊荣华（010-63412543　124372496@qq.com）
责任校对：黄　蓓　朱丽芳
装帧设计：张俊霞　赵姗姗（版式设计和封面设计）
责任印制：钱兴根

印　　刷：北京天宇星印刷厂
版　　次：2012 年 2 月第一版　2019 年 2 月第二版
印　　次：2021 年 8 月北京第九次印刷
开　　本：787 毫米×1092 毫米　16 开本
印　　张：17.25
字　　数：420 千字
定　　价：50.00 元

前　言

建筑业是我国国民经济的支柱产业，随着我国改革开放的逐步深入和社会主义市场经济体制的建立，尤其是受到全球经济衰退的影响，建筑市场的竞争日趋激烈，迫切要求施工企业在深化改革、建立现代企业制度的进程中，不断提高经营管理水平。2016 年 5 月 1 日我国对建筑业实行了“营改增”，对建筑施工企业经济核算也带来很大影响。施工企业会计是施工企业经营管理的重要组成部分，做好会计工作，充分发挥会计的核算职能和监督职能，对于提高企业的经济效益，增强企业的市场竞争能力，具有重要的意义。

建筑施工企业会计是高等职业院校经济管理类专业中的一门重要的单项职业能力课程。本书在内容的编排上，以建筑施工企业的生产经营活动为对象，以工学结合为前提，“教、学、做”一体，注重培养学生的实际操作能力。书中每一学习情境前面都有案例导入，后面附有知识梳理与小结、复习思考题与实训练习题。通过对本书的学习，可使学生掌握会计基本理论、基本专业知识。情境内容与实践训练相结合，培养了学生应用专业知识分析、解决问题的综合能力。

根据教育部高等职业院校经济管理专业的培养目标，本教材着力培养学生的专业知识、方法和技能，使学生系统、全面地掌握建筑施工企业会计核算的基本理论、基本知识和基本方法，能够运用所学的专业知识和专业技能，准确、熟练地进行企业会计要素的核算，正确编制财务会计报告。

本书前部分主要介绍会计的基本理论和方法，后部分主要介绍施工企业会计知识与核算方法。本书主要以《企业会计准则》为依据，在总结多年教学经验的基础上，较全面、系统地阐述了现代会计学的基本原理，施工企业会计核算的基本理论、基础知识和会计实务的具体处理方法。本书在编写过程中，针对高职高专学生的特点和未来工作岗位的性质，在注重可操作性和适用性的同时，兼顾了理论系统的完整性，既可作为高职高专、应用技术学院的建筑经济管理专业、工程造价专业及相关专业的教材，也可作为工程管理人员及会计人员的学习参考书。

本书由山东城市建设职业学院张加瑄任主编，朱颖任副主编。全书的具体编写分工为：学习情境一、二、十三由朱颖（山东城市建设职业学院）编写，学习情境三、四由张加瑄、张志勇（山东城市建设职业学院）编写，学习情境五、十、十一、十二由张加瑄、王韬（山东城市建设职业学院）、王艳萍（青海建筑职业技术学院）编写，学习情境六、七、八、九由张志勇（山东城市建设职业学院）编写，全书由张加瑄统稿。刘颖高工对本书进行审稿，在此表示感谢！

本书在编写过程中，参考了大量有关专家、学者的论著、教材、文献资料等，在此对有关作者表示由衷的感谢。

限于编者的理论水平和实践经验，书中难免有疏漏之处，恳请广大读者给予批评指正！

编　者

2018 年 12 月

目　录

学习情境一　总　　论

学习目标

1. 了解会计的起源与发展。
2. 理解会计概念。
3. 掌握会计目标、对象、职能。
4. 理解会计核算的基本前提。
5. 掌握会计六要素和会计恒等式。
6. 理解企业会计准则中对会计信息质量的要求。

技能目标

1. 能正确识别会计六要素。
2. 会根据会计六要素和会计恒等式进行计算。
3. 能根据企业会计准则中对会计信息质量的要求选择适当的会计信息和核算方法。

案例导入

天河商场按权责发生制原则确认收入与费用。2014 年 6 月发生以下经济业务：6 月 2 日，收回上月的应收账款 100 000 元；6 月 3 日，支付上月水费 5000 元；6 月 10 日，收到本月的营业收入款 40 000 元；6 月 15 日，支付本月应负担的办公费 12 000 元；6 月 20 日，应收营业收入 300 000 元，款项尚未收到；6 月 22 日，支付下季度保险费 36 000 元；6 月 28 日，预收客户货款 80 000 元；6 月 30 日，负担上季度已经预付的保险费 9000 元。以上业务都能确定为天河商场 6 月的收入或费用吗？

知识链接

任务一　施工企业会计概述

一、施工企业及其生产经营的特点

1. 施工企业的含义

施工企业是指从事各种建筑物、土木工程、设备安装工程及机械化施工等建筑安装工程生产的企业。它是自主经营、自负盈亏、独立核算并具有法人资格的经济实体，包括各类建筑公司、安装公司、装饰公司和工程公司等。施工企业构成了我国国民经济建设中一个重要的支柱性产业，它所生产的厂房、道路、桥梁、铁路、住宅等产品是我国经济建设各部门和人民生产、生活的重要物质基础。

2. 施工企业生产经营的特点

施工企业的生产经营过程不同于一般生产经营企业，主要具有以下特点：

（1）建筑产品的固定性。建筑产品不同于工业产品，每一个建筑安装工程的位置是固定的，需要根据建设单位的要求，在指定的地点进行施工。

（2）施工生产的流动性。建筑产品的固定性，使得施工队伍、施工机械在不同工地和不同工程项目间流动施工。

（3）产品生产的单件性。每一项建筑产品都有不同的功能、结构和用途，只能按照设计要求和单个图纸组织单件生产，不能像工业企业那样进行成批生产。

（4）产品生产的长期性。建筑产品除少部分造价低、耗费少以外，大多是体积庞大、造价高、耗费大的工程，大多数工程都要跨年度施工，有的工程施工年限长达几年甚至十几年。

二、施工企业会计及其特点

1. 施工企业会计的含义

施工企业会计是以施工企业为主体的一种行业会计。它是以货币为主要计量单位，按照现行会计准则体系的要求，根据施工企业生产经营的特点，运用专门的核算方法，对施工企业的经营活动进行全面、连续、系统、综合的核算和监督，真实、准确、及时地提供相关会计信息的一种管理活动。施工企业通过会计活动，可以对企业的财产物资进行如实记录，对生产经营活动中各项耗费进行全面监督和控制，对取得的财务成果进行完整的反映。会计的计量、计算和登记等活动，能取得生产经营管理必需的各种信息和数据。因此，做好施工会计工作，是施工企业生产经营中重要的一环。

2. 施工企业会计的特点

施工企业会计的特点取决于施工企业生产经营的特点。建筑产品的固定性，施工生产的流动性，产品生产的单件性和长期性，必然会影响到施工企业会计的各个方面，使施工企业会计在以下方面表现出不同的特点。

（1）产品价格的形成方面。建筑安装工程由于功能和结构不同，即使是根据同一标准进行施工的同类型、同规模的工程，也会因自然条件、交通条件、材料要求和物价水平不同，造成施工过程中工料的不同。因此，施工企业对待其产品不可能像对待工业产品那样为每一种产品确定一个统一的价格，而是必须逐个地通过编制施工图预算来确定其造价，并以此为基础签订工程承包合同，确定承包工程合同收入。工程合同收入就是建筑产品的价格，也是施工企业主要的经营业务收入。

（2）产品成本的考核方面。建筑安装工程具有固定性和单件性的特点，成本的核算应实行订单法，按照每一单项合同工程计算成本。在计算建筑安装工程成本降低任务和考核降低成本实际时，不能像工业企业生产的可比产品那样，用上年实际平均成本进行对比和考核，而必须以预算成本为依据来计算降低成本任务，用预算成本与实际平均成本相对比来考核成本节约或超支。

（3）产成品与在产品的划分方面。一般来说，工业企业会计核算中，产成品是指本企业已经完成全部生产过程，并已经验收入库可供销售的产品；在产品是指没有完成全部生产过程，不能作为商品销售的产品。施工企业如果采取与工业企业相同的方法来划分产成品与在产品，则只有工程已全部竣工，办理了竣工验收手续并交付使用的产品，才能算产成品。但是，建筑安装工程施工具有周期较长的特点，按照这种划分方法，就会在长期的施工过程中，不能对工程进度、工程质量和工程成本进行有效的监督。所以对建筑产品，需要人为地将其划分成产成品和在产品，即根据合同完工进度确认合同收入和合同费用，将合同收入与合同成本分配计入实施工程的各个会计年度，以便施工企业及时统计工程进度，考核工程成本，计算财务成果。

（4）工程价款的结算方式方面。由于建筑安装工程施工周期较长，资金使用量大，国家为了合理地解决工程资金的供应问题，制定了工程价款结算的特殊办法，规定了多种结算方式。一般工程价款结算采取按照已完成分部、分项工程实行按旬（或半月）预支，月末结算的办法。对于工程建设期短或工程承包合同价值低的建设项目，可实行分次预支、竣工后结算或工程项目（或单项工程）竣工后一次结算的办法。此外，施工企业还可以根据工程承包合同规定，向发包单位预收工程备料款，以满足工程储备材料所需资金。

（5）组织核算和管理方面。施工企业的生产除少量预制件可以工厂化生产外，大部分都必须露天完成，而且随着工地的转移，整个施工队伍也必须转移。由于施工的流动性，会计核算也必须分级核算和管理，一般分为公司（工程局）级、工程处（工区）级和工程队（工段）级。公司实行独立核算，是汇总核算单位；工程处实行内部独立核算，单独计算工程成本和盈亏；工程队是基层核算单位，核算实物工程量、工日和材料消耗、机械使用量等直接成本指标，并检查这些指标计划的执行情况。

三、会计的职能

会计的职能是指会计在经济管理过程中所具有的功能或能够发挥的作用。会计的职能可以概括为核算和监督两个方面。

1. 会计的核算职能

会计核算是指以货币为主要计量单位，对企业、单位的经济活动进行真实、准确、完整的记录、计算和报告。

根据《中华人民共和国会计法》第十条规定，下列经济业务事项应当办理会计手续，进行会计核算。

（1）款项和有价证券的收付。

（2）财物的收发、增减和使用。

（3）债权债务的发生和结算。

（4）资本、基金的增减。

（5）收入、支出、费用、成本的计算。

（6）财务成果的计算和处理。

（7）需要办理会计手续、进行会计核算的其他事项。

2. 会计的监督职能

会计监督主要是利用各种信息资料对企业、单位的经济活动进行检查、控制、指导，使其经济活动按照一定的目标、遵循一定的原则和标准正常进行。会计监督应包括事前监督、事中监督和事后监督。

《中华人民共和国会计法》第二十七条规定：各单位应当建立、健全本单位内部会计监督制度。单位内部监督制度，应当符合下列要求。

（1）记账人员与经济业务事项和会计事项的审批人员、经办人员、财物保管人员的职责权限应当明确，并相互分离、相互制约。

（2）对外重大投资、资产处置、资金调度和其他重要经济业务事项的决策和执行的相互监督、相互制约程序应当明确。

（3）财产清查的范围、期限和组织程序应当明确。

（4）对会计资料定期进行内部审计的办法和程序应当明确。

会计监督的内容包括：监督经济业务是否真实；监督财务收支是否符合财政制度和财务制度的规定；监督财产是否安全完整。

特别提示：核算职能和监督职能只是会计的基本职能，现代会计还具有参与预测、决策、组织、考核、分析等多种职能。

四、会计的对象

会计的对象是指会计核算和监督的内容，是社会再生产过程中各单位发生的交易或事项。作为会计对象的交易或事项，是指企业、单位所发生的能以货币为单位进行确认、计量和记录，并能以价值形式进行分类、汇总和报告的经济活动。交易和事项贯穿于企业、单位的经济活动之中，反映着经济活动的过程和结果。由于各企业、单位在社会再生产过程中所处的地位不同，担负的任务不同，经济活动的方式不同，交易或事项的内容也不相同，因而其具体的会计对象就各不相同。就企业而言，企业的会计对象就是企业在生产经营过程中能够用货币表现的经济活动，即企业的资金运动。

施工企业的资金运动一般包括以下三个阶段。

1. 供应阶段

企业主要用货币资金购买各种材料物资为施工生产进行必要的储备，使得货币资金转化为储备资金。

2. 施工生产阶段

储备物资不断投入施工生产，并改变实物形态，构成正在施工的在产品——未完工程，从而使储备资金转化为生产资金。同时，在这个过程中，企业还要用一部分货币资金支付职工工资和其他各项费用，使这部分货币资金直接转化为生产资金。此外，在施工生产过程中，还要使用施工机械等固定资产，这些固定资产的损耗价值通过折旧方式也将转化为生产资金。随着工程的完工，未完工程转化为已完工程，形成建筑产品，资金便从生产资金转化为成品资金。

3. 工程结算阶段

企业将已完工程点交给发包单位，并通过工程结算收回工程价款。这时，成品资金又转化为货币资金。一般情况下，企业收回的货币资金数额要大于其在生产中消耗的资金数额，其差额便是企业的盈利。

此外，企业在施工生产过程中，还会发生其他一些经济业务，如购建固定资产和临时设施、借入或归还银行借款、发售企业债券和偿还债券本息、购买其他单位股票、债券和分得股利及到期收回债权本息、向其他单位投出固定资产、材料、货币资金和分得其他单位利润、收回其他单位投资等业务，这些业务也是会计核算对象。

五、会计的目标

会计目标是会计工作在一定时期内预计达到的目的。“一定时期”是指月度、季度、半年度或年度。会计目标是组织会计工作的依据，也是检查会计工作的标准。会计目标分为基本目标和具体目标两个层次。会计的基本目标是提高经济效益，即会计的基本目标是贯彻执行党和国家的路线、方针、政策、法规和制度，对经济活动进行核算和监督，提供会计信息，促进增产节约、增收节支，从而提高经济效益。

会计的具体目标是会计基本目标的具体化，直接体现着会计的特点。会计的具体目标一般包括六个方面。

1. 提供会计信息

企业、单位要按照会计核算的要求，建立输入、加工、传递、储存和输出会计信息的制度，取得、填制和审核会计凭证，登记和审核会计账簿，编制会计报表。同时还要加强调查研究，及时、正确、全面、系统地为国家宏观经济管理、社会有关各方和企业内部经济管理提供会计信息。

2. 做好会计决策

会计工作一方面要做好本部门的管理决策，为提高经济效益制定相应的管理办法；另一方面要参与企业的经营战略决策，确定一定时期内的经济效益目标，寻求提高经济效益的途径，采取必要的重大措施。

3. 实行预算管理

要建立和健全会计基础工作，及时、正确地编制财务成本预算，按责任权利相结合的原则，将预算指标层层落实到有关部门，组织群众实施预算，发现问题，及时解决。要定期检查预算的执行情况，考核经济效益，分析预算完成情况的原因。

4. 严格会计控制

要制定各项定额和预算等控制标准，建立各种控制制度，保证生产经营活动的需要，控制材料消耗和费用开支，降低成本，反对浪费。

5. 开展会计检查

建立会计检查制度，需要检查会计凭证、会计账簿、会计报表的真实性、合法性、合理性、及时性、完整性和正确性；定期或不定期、全面或部分地对财产的真实性、合法性和合理性进行清查，做到账证、账账、账表和账实相符。

6. 进行会计分析

对经济活动进行定期或不定期分析、全面或专题分析、日常和事后分析、专业和群众分析，揭示经济活动发展变化的原因和趋势，促进经济效益的进一步提高。

任务二　会计要素和会计等式

会计要素是对会计对象的具体内容所做的基本分类，是会计对象的具体化。会计要素是构成会计报表的基本因素，也是设置账户的基本依据。我国企业会计准则将对外报告会计要素划分为六项：反映企业财务状况的静态要素——资产、负债、所有者权益；反映企业经营成果的动态要素——收入、费用、利润。

一、资产

资产是指过去的交易或事项形成的并由企业拥有或控制的资源，该资源预期会给企业带来经济效益。

特别提示：“过去的交易或事项”包括购买、生产、建造行为或其他交易或事项，预期在未来发生的交易或事项不形成资产；“由企业拥有或控制”是指企业享有某项资源的所有权，或者虽然不享有某项资源的所有权，但该资源能被企业所控制；“预期会给企业带来经济效益”是指直接或间接导致现金或现金等价物流入企业的潜力。

企业的资产按其流动性分为流动资产和非流动资产。

1. 流动资产

流动资产是指可以在一年或者超过一年的一个营业周期内变现或者耗用的资产，主要包括库存现金、银行存款、交易性金融资产、应收账款、预付账款、存货等。

2. 非流动资产

非流动资产是指流动资产以外的资产，包括长期股权投资、投资性房地产、长期应收款、固定资产、无形资产等。

二、负债

负债是指企业由过去的交易或事项形成的，预期会导致经济利益流出企业的现时义务。

特别提示：“现时义务”是指企业在现行条件下已承担的义务，未来发生的交易或事项形成的义务不属于现时义务，不应当确认为负债。

企业的负债按其流动性分为流动负债和非流动负债。

1. 流动负债

流动负债指将在 1 年（含 1 年）或超过 1 年的一个营业周期内偿还的债务，包括短期借款、应付票据、应付账款、应付职工薪酬、应交税费、应交利息及其他应付款等。

2. 非流动负债

非流动负债是指流动负债以外的债务，包括长期借款、应付债券等。

特别提示：资产的流动性是指资产的变现能力，即资产转换为现金所需要的时间，时间越短，流动性越强；负债的流动性是指债务的偿还期限，偿还期限越短，流动性越强。

三、所有者权益

所有者权益是指企业资产扣除负债后由所有者享有的剩余权益，其金额为资产减去负债后的余额。

所有者权益包括实收资本、资本公积、盈余公积和未分配利润。

特别提示：除非发生减资、清算或分派现金股利，企业不需要偿还所有者权益。

企业清算时，只有在清偿所有的负债后，所有者权益才返还给所有者。

所有者凭借所有者权益能够参与企业利润的分配。

（1）实收资本指投资者按照企业章程或合同、协议的约定，实际投入企业的资本。

（2）资本公积指投资者或者他人投入到企业、所有权归于投资者并且金额上超过法定资本部分的资金，包括资本溢价、公允价值变动差额等。

（3）盈余公积指企业从历年实现的利润中提取或留存在企业的内部积累，包括法定盈余公积、任意盈余公积等。

（4）未分配利润指尚未分配的结存利润，其数额等于期初未分配利润加上本期实现的净利润减去提取的各种盈余公积和分出利润后的余额。

四、收入

收入是指企业在日常活动中形成的、会导致所有者权益增加的、与所有者投入资本无关的经济利益的总流入。收入按经营业务的主次可分为主营业务收入和其他业务收入。

（1）主营业务收入指企业日常经营活动的主要业务活动所取得的收入，如施工企业的工程结算收入。

（2）其他业务收入指企业除主营业务以外的其他日常业务活动所取得的收入，如施工企业的材料销售收入。

主营业务收入和其他业务收入合计为营业收入。

特别提示：企业代第三方收取的款项应当作为负债处理，不应当确认为收入，如增值税销项税额、代收利息等。

不属于日常活动形成的经济利益流入，不属于收入而是利得，如施工企业出售固定资产净收益。

五、费用

费用是指企业在日常活动中形成的、会导致所有者权益减少的、与向所有者分配利润无关的经济利益的总流出。

特别提示：费用是日常经济活动中而不是偶发事项中发生的经济利益流出。

费用可能表现为资产的减少或负债的增加，或两者兼而有之。

费用将引起所有者权益的减少。

费用按经济用途可分为生产成本和期间费用。

（1）生产成本是指企业为生产一定种类和数量的产品所发生的费用，即直接材料、直接人工和制造费用的总和。

（2）期间费用是指不计入产品成本、直接计入当期损益的费用，包括管理费用、财务费用和销售费用。

特别提示：施工企业的生产成本通常被称为“工程成本”或者“施工成本”，由材料费、人工费、机械使用费、其他直接费用和间接费用构成。

施工企业一般没有销售环节，因此，通常情况下没有“销售费用”。即通常情况下，施工企业的期间费用只有“管理费用”和“财务费用”两种。

六、利润

利润是指企业在一定期间的经营成果。利润包括收入减去费用后的净额、直接计入当期利润的利得和损失等。

特别提示：“直接计入当期利润的利得和损失”是指应当计入当期损益、会导致所有者权益发生增减变动的，与所有者投入资本或者向投资者分配利润无关的利得和损失，如各项营业外收入、补贴收入、营业外支出等。

七、会计等式

上述六个会计要素是对会计对象的初步分类，这六个要素反映了资金运动的静态和动态两个方面，它们之间存在着十分密切的关系。会计要素之间的关系可以用等式来表示，这个等式就是会计等式。

1. 资产=负债+所有者权益

企业要开始生产经营活动，首先要占用一定的资产才能开始生产经营活动，这些资产要么来源于债权人，形成企业的负债；要么来源于投资者，形成企业的所有者权益。资产和负债与所有者权益，实际上是同一价值运动的两个方面，从数量上来说，其来源必然等于占用，资产的价值量必然等于负债与所有者权益之和。

企业的生产经营活动就是不断地取得、使用、生产和销售不同资产的过程。从静态来看，企业开始生产经营活动后，在某一时点上总是表现为占用一定的资产，这些资产同样也只能来源于债权人、来源于所有者的投资或归所有者所有。企业的资产价值总量也仍然等于企业的负债和所有者对企业的投资额及其增值额的总和。企业经济活动的发生，只是表现在数量上影响企业资产总额与负债或所有者权益总额的同时增减变化，并不能破坏这一基本的恒等关系。这一基本平衡关系用公式表示出来，就是会计等式，即

资产=负债+所有者权益

这个会计等式表明某一会计主体在某一特定时点所拥有的各种资产，表明债权人和投资者（即所有者）对企业资产要求权的基本状况，表明资产和负债与所有者权益之间的基本关系。

这一会计等式还是复式记账、会计核算和编制财务报表的基础。正是在这一会计等式的基础上，才能运用复式记账法记录某一会计主体资金运动的来源及方向，反映会计主体的资产、负债和所有者权益情况，才能通过编制资产负债表反映企业财务状况的信息。

各项经济业务的发生，所引起的会计要素的变动情况，归纳起来主要有以下九种情况。

（1）一项资产和一项负债同时增加。

（2）一项资产和一项所有者权益同时增加。

（3）一项资产和一项负债同时减少。

（4）一项资产和一项所有者权益同时减少。

（5）一项资产增加，另一项资产减少。

（6）一项负债增加，另一项负债减少。

（7）一项负债增加，一项所有者权益减少。

（8）一项负债减少，一项所有者权益增加。

（9）一项所有者权益增加，另一项所有者权益减少。

2. 收入–费用=利润

企业经营的目的是为了获取收入，实现盈利。企业在取得收入的同时，也必然要发生相应的费用。通过收入与费用的比较，才能确定一定时期的盈利水平，确定实现的利润总额。收入、费用、利润之间的关系用公式表示为

收入–费用=利润

企业一定时期所获得的收入扣除所发生的各项费用后的余额，表现为利润。在实际工作中，由于收入不包括处置固定资产净收益、固定资产盘盈、出售无形资产收益等，费用也不包括处置固定资产净损失、自然灾害损失等，所以，收入减去费用并经过调整后，才等于利润。

3. 上述两个会计等式的关系

企业进行生产经营活动，一方面必须取得收入，另一方面伴随着收入的取得也将发生相应的费用。在某一具体时点上，通过收入和费用的比较，形成企业一定期间的利润。作为企业经营成果，利润的取得表明企业现金流入大于现金流出，表明企业资产总额和净资产（所有者权益）的增加。由于企业是由企业的所有者投资而组成的，企业实现的利润也只能属于所有者，利润的实现总是表明所有者在企业中的所有者权益数额增加；反之企业经营亏损，只能由所有者承担，则表明所有者在企业中的所有者权益数额减少。将上述等式带入“资产=负债+所有者权益”，则可得出等式，为

资产=负债+（所有者权益+利润）

=负债+（所有者权益+收入−费用）

=负债+所有者权益+（收入−费用）

这一等式表明会计主体的财务状况与经营成果之间的相互联系。财务状况表明企业一定时期资产的来源与占用情况，反映一定时期资产的存量情况；经营成果则表现企业一定期间净资产增加（或减少）的情况，反映一定时期的增量（或减量）。企业的经营成果最终要影响到企业的财务状况，企业发生收入时可增加资产，支付费用和补偿成本时要减少资产；企业实现利润，将使企业资产增加，或负债减少；企业发生亏损，将使企业资产减少，或负债增加。

八、会计要素的计量

企业在将符合确认条件的会计要素登记入账并列报于会计报表及其附注时，应当按照规定的会计计量属性进行计量，确定其金额。会计计量属性主要包括：历史成本、重置成本、可变现净值、现值和公允价值。

1. 历史成本

在历史成本计量下，资产按照购置时支付的现金或者现金等价物的金额，或者按照购置资产时所付出的对价的公允价值计量。负债按照因承担义务而实际收到的款项或者资产的金额，或者承担现时义务的合同金额，或者按照日常活动中为偿还负债预期需要支付的现金或者现金等价物的金额计量。

2. 重置成本

在重置成本计量下，资产按照现在购买相同或者相似资产所需支付的现金或者现金等价物的金额计量。负债按照现在偿还该项债务所需支付的现金或者现金等价物的金额计量。

3. 可变现净值

在可变现净值计量下，资产按照其正常对外销售所能收到的现金或现金等价物的金额扣减该资产至完工时估计将要发生的成本、销售费用以及相关税费后的金额计量。

4. 现值

在现值计量下，资产按照预计从其持续使用和最终处置中所产生的未来净现金流入量的折现金额计量。负债按照预计期限内需要偿还的未来净现金流出量的折现金额计量。

5. 公允价值

在公允价值计量下，资产和负债按照在公平交易中，熟悉情况的交易双方自愿进行资产交换或者债务清偿的金额计量。

特别提示： 企业在对会计要素进行计量时，一般应当采用历史成本。采用重置成本、可变现净值、现值、公允价值计量时，应当保证所确定的会计要素金额能够取得并能可靠计量。

任务三　会计信息质量要求

一、客观性要求

客观性要求是指企业应当以实际发生的交易或者事项为依据，进行会计确认、计量和报告，如实反映符合确认和计量要求的各项会计要素及其他相关信息，保证会计信息真实可靠、内容完整。

客观性要求是对会计工作的基本要求。会计提供信息是为了满足会计信息使用者的决策需要，会计核算能否做到内容真实、数字准确、资料可靠，关系到信息使用者的决策质量。如果会计核算不是以实际发生的交易事项为依据，不能真实、客观地反映企业的财务状况、经营成果和现金流量，那么就必然造成虚假信息，虚假信息不但不能发挥应有的作用，而且会产生误导，致使各方面的决策失误，造成重大经济损失。因此，会计信息必须具有客观性。

二、相关性要求

相关性要求是指企业提供的会计信息应当与财务会计报告使用者的经济决策需要相关，有助于财务会计报告使用者对企业过去、现在或者未来的情况作出评价或者预测。

信息的价值在于其与决策的相关程度。一方面，相关的会计信息有助于会计信息使用者评价过去的预测和决策，具有反馈价值；另一方面，相关的会计信息有助于会计信息使用者对未来作出预测和决策，具有预测价值。随着市场经济的建立与完善，企业内外部相关各方都要求企业提供相关的经济信息，企业必须把自身和社会各方面对会计信息的需求协调起来。

三、明晰性要求

明晰性要求是指企业提供的会计信息应当清晰明了，便于财务会计报告使用者理解和使用。

提供会计信息的目的在于使用。要使用会计信息首先必须了解会计信息的内涵，清楚会计信息的内容，而作为会计信息主要载体的会计核算和财务会计报告就必须清晰明了。因此，会计记录应当准确、清晰，填制会计凭证、登记会计账簿必须做到科目准确、关系清楚、文字完整，编制会计报表要做到钩稽关系清楚、项目完整、数字准确。

四、可比性要求

可比性要求是指企业提供的会计信息应当具有可比性。

同一企业不同时期发生的相同或者相似的交易或者事项，应当采用一致的会计政策，不得随意变更。确实需要变更的，应当在附注中说明。不同企业发生的相同或者相似的交易或者事项，应当采用规定的会计政策，确保会计信息口径一致、相互可比。这既是企业本身管理的需要，也是国家宏观经济管理部门和其他外部信息使用者的需要。

五、实质重于形式

实质重于形式是指企业应当按照交易或者事项的经济实质进行会计确认、计量和报告，不应仅以交易或者事项的法律形式为依据。

在实际工作中，交易或事项的外在法律形式或人为形式不一定能反映其实质内容。所以，在实质和法律形式发生矛盾时，会计信息要反映其拟反映的交易或事项，就必须注重实质而不是它们的法律形式。

如以融资租赁方式租入的固定资产，虽然法律上不属于租入企业拥有，但是，由于融资租赁期相当长，一般接近资产的使用寿命，而且在租赁期内租入企业有权支配资产并从中受益。从实质上看，企业能够控制租入资产创造未来经济利益，所以，在会计核算中，把融资租赁方式租入的资产视为企业的自有资产。

六、重要性要求

重要性要求是指企业提供的会计信息应当反映的，与企业财务状况、经营成果和现金流量等有关的所有重要交易或者事项。

基于重要性要求，企业的重要事项必须在财务报告中单独反映，使会计信息使用者，在全面了解企业财务状况的基础上，又能获得重要的经济信息，从而为决策服务。

七、谨慎性要求

谨慎性要求是指企业对交易或者事项进行会计确认、计量和报告时，应当保持应有的谨慎，不应高估资产或者收益、低估负债或者费用。

在市场经济体制下，企业之间的竞争日趋激烈。企业的生产经营活动充满着风险和不确定性。企业按照谨慎性要求在面临不确定因素的情况下，应当保持必要的谨慎，充分估计到风险和损失，不高估资产或收益，不低估负债或费用。这样，企业的经营成果往往没有“水分”，具有更高的可信度。例如，在每年年末，企业按照规定对可能发生的各项资产损失进行计提资产减值准备等，都体现了谨慎性要求。

八、及时性要求

及时性要求是指企业对于已经发生的交易或者事项，应当及时进行会计确认、计量和报告，不得提前或者延后。

对会计信息使用者来说，只有及时地获得企业正确的会计信息，才能迅速作出正确的决策。如果会计信息不能及时提供，那就失去了信息的使用价值，导致各方面的决策出现“滞后”现象，不但不能保证决策的正确性，而且有可能造成不可弥补的损失。企业对发生的各项经济活动，必须及时地记录和反映，为及时编制财务报表，提供及时的会计信息。

任务四 会计核算的基本前提和会计基础

一、会计核算的基本前提

会计核算的基本前提也称会计核算的基本假设，是对会计核算所处的时间、空间和其他条件所做的合理假设。会计核算的基本前提包括：会计主体、持续经营、会计分期、货币计量。

1. 会计主体

会计主体又称会计实体或会计个体，是指会计信息所反映的特定单位或组织，它明确了会计工作的空间范围。

会计工作的目的是反映一个单位的财务状况、经营成果和现金流量，并为包括投资者在内的各个方面提供决策服务。会计要反映的总是特定的范围，只有明确规定会计核算的范围，才能保证会计核算的正常开展，实现会计的目标。

在会计主体的基本前提下，会计核算应当以企业发生的各项交易或事项为对象，记录和反映企业本身的各项生产经营活动。会计主体假设为会计人员在日常的会计核算中，对各项交易或事项作出正确判断、对会计处理方法和会计处理程序作出正确选择提供了依据。

会计主体与法律主体的概念不同，通常的情况是法律主体都是会计主体，而会计主体并不一定是法律主体。常见的“非独立法人企业”就是会计主体，因为它在会计上是独立核算，但不具备法人资格，所以不是法律主体。还有一种情形，即对一个集团公司来说，如果下属的子公司都是独立的企业法人，它们各自成为一个法律主体，同时也是会计主体。但根据国际会计惯例和我国会计法规规定，应把集团公司视为一个会计主体，集团公司应把各个子公司的会计报表进行合并，编制合并的会计报表，以反映整个集团公司的财务状况和经营成果。

2. 持续经营

持续经营是指会计核算应当以企业持续、正常的生产经营活动为前提。也就是说，核算的企业被假定为长期地按照当前的规模和现状持续地经营下去，不会停业，也不会大规模削减业务。持续经营假设对会计的具体处理极为重要，正是因为企业要长期地进行生产经营活动，因此购入的固定资产要按规定逐期计提折旧，长期待摊费用和无形资产要分期摊销，购入原材料是为了生产产品，获取盈利，所以要按照历史成本计价，而所欠的债务要按期偿还，所以要按实际发生数计算等。

由于持续经营假设是根据企业发展的一般情况所作的设定，而任何企业都存在破产、清算的风险，即企业不能持续经营的可能性总是存在的。为此需要企业定期对其持续经营的基本前提作出分析和判断。如果可以判断企业不会持续经营，就应当改变会计核算的原则和方法，并在企业财务会计报告中作出相应披露。

3. 会计分期

会计分期是指将一个企业的持续经营活动划分为一个个连续的、长短相同的周期。会计期间分为年度、半年度、季度和月度。月度与季度起讫日期采用公历日期，年度的起讫日期各国有所不同。我国《企业会计准则》规定，会计年度应按公历日期计算，即从 1 月 1 日起至当年 12 月 31 日止为一个会计年度。会计核算应当按会计期间分期结算账目和编制会计报表。

根据持续经营的假设前提，企业是按当前的规模和状态持续经营下去。若不作会计期间假设，要确定企业的经营成果，就必须等到企业最后清算的时刻，这显然是不符合实际的。更为重要的是，企业的生产经营活动和投资决策需要及时的信息，不能等到歇业时一次性核算盈亏。因此，必须将企业持续经营的生产经营活动划分为一个个连续的、长短相同的周期，分期进行会计核算。明确会计分期基本假设对会计核算有着重要的影响。

4. 货币计量

货币计量是指会计主体在会计核算过程中采用某种货币作为计量单位，计量、记录和报告会计主体的生产经营活动。我国《企业会计准则》规定，企业的会计核算应以人民币为记账本位币。业务收支以外币为主的企业，也可以选定某种外币作为记账本位币，但编制的会计报表应当折算为人民币。在境外设立的中国企业向国内有关部门编报会计报表，也应当折算为人民币。

在会计核算过程中之所以采用货币作为计量单位，是由货币本身的属性决定的。货币是一般商品等价物，是衡量一般商品价值的共同尺度，具有价值尺度、流通手段和支付手段等功能。其他的计量单位，如重量、长度、容积等只能反映企业生产经营情况的一个侧面，无法在数量上进行汇总和比较，不利于管理和会计计量。所以，为全面反映企业的生产经营、业务收支和资产、负债等情况，会计核算必须以货币作为计量单位。

二、会计基础

企业会计的确认、计量和报告应当以权责发生制为基础。权责发生制的基础要求：凡是当期已经实现的收入和已经发生或应当负担的费用，无论款项是否收付，都应当作为当期的收入和费用，计入利润表；凡是不属于当期的收入和费用，即使已在当期收付，也不应当作为当期的收入和费用。

在实务中，企业交易或者事项的发生时间与相关货币的收付时间有时并不完全一致。例如，款项已经收到，但销售并未实现；或者款项已经支付，但并不是为本期生产经营活动而发生的。为了更加真实、公允地反映特定会计期间的财务状况和经营成果，基本准则明确规定企业在会计确认、计量和报告中应当以权责发生制为基础。

特别提示：收付实现制是与权责发生制相对的一种会计基础，它是以收到或支付的现金作为确认收入和费用等的依据。目前，我国的行政单位会计采用收付实现制，事业单位会计除经营业务可以采用权责发生制外，其他大部分业务采用收付实现制。

知识梳理与小结

会计是一个以提供财务信息为主的信息系统，其目标是为信息使用者提供有关决策信息，以使会计信息使用者全面了解企业单位或经济组织的财务状况、经营成果及现金流动情况，作出正确的决策。会计核算的基本前提是对会计核算时间、范围及计量尺度等而规定的基本前提和制约条件，是会计工作的基础。我国会计准则规定，会计核算的基本前提包括会计主体、持续经营、会计分期、货币计量。为了实现会计目标，保证会计信息系统所提供的会计信息真实可靠、内容完整，我国还对会计信息质量提出了可靠性、相关性等八项要求。

复习思考题

1. 什么是会计的职能？会计有哪些基本职能？
2. 什么是会计目标？
3. 什么是会计的对象？
4. 企业会计的要素有哪些？它们与会计对象是什么关系？
5. 什么是资产？资产包括哪些内容？
6. 什么是负债？负债包括哪些内容？
7. 什么是所有者权益？所有者权益包括哪些内容？
8. 负债与所有者权益的区别是什么？
9. 会计核算的基本前提有哪些？
10. 企业会计准则中对会计信息质量有哪些要求？

学习情境二　会计核算方法

学习目标

1. 掌握会计科目、账户的概念、分类和基本结构。
2. 掌握各类账户在结构、核算方面的规律性。
3. 理解各类账户之间的区别和联系。
4. 掌握借贷记账法和会计分录的编制。
5. 了解会计凭证的种类、内容。
6. 了解账簿的种类、设置原则和内容，了解会计核算组织程序的类型。

技能目标

1. 会根据企业管理需要选择正确的会计科目。
2. 能运用借贷记账法对企业的经济业务进行记录。
3. 能区分会计凭证的种类能根据需要选择适合的账簿。
4. 能根据企业的实际情况选择适合的会计核算组织程序。

案例导入

2012年12月5日，光大建筑公司与包钢公司签订购货合同，购买规格为$\phi 8$的线材10t，单价4200元/t，增值税税率为17%，当日以银行存款支付合同价款。取得增值税专用发票和银行转账支票存根。

这是一项常见的经济业务，但对于刚刚开始接触会计知识的人来说，需要解决以下几个基本问题：会计记录以什么为依据?采用什么方法？记录过程中要符合什么样的要求？

按照我国《企业会计准则》的要求，施工企业对上述经济业务应当采用“借贷记账法”进行会计记录，在记账过程中，企业应当依据审核无误的原始凭证填制记账凭证，依据记账凭证登记账簿，依据账簿编制财务会计报告。

知识链接

任务一　会计科目

一、会计科目的概念

会计科目是指对会计要素的具体内容进行分类核算的项目。会计要素是对会计对象的基本分类。资产、负债、所有者权益、收入、费用和利润这六个会计要素又是会计核算和监督的内容。而这六个会计要素对于复杂的企业经济业务的反映又显得过于粗略。因此，为满足经济管理及有关各方对会计信息的质量要求，必须对会计要素进行细化。即采用一定的形式，对每一个会计要素所反映的具体内容进一步进行分门别类的划分，设置会计科目。

会计科目是进行各项会计记录和提供各项会计信息的基础，在会计核算中具有重要意义，主要表现如下：

（1）会计科目是复式记账的基础。复式记账要求每笔经济业务在两个或两个以上相互联系的账户中进行登记，以反映资金运动的来龙去脉。

（2）会计科目是编制记账凭证的基础。会计凭证是确定所发生的经济业务应计入何种科目以及分门别类登记账簿的凭证。

（3）会计科目为成本计算与财产清查提供了前提条件。会计科目的设置，有助于成本核算，使各种成本计算成为可能；而通过账面记录与实际结存的核对，又为财产清查、保证账实相符提供了必备的条件。

（4）会计科目为编制财务报表提供了方便。财务报表是提供会计信息的主要手段，为了保证会计信息的质量及其提供的及时性，财务报表中的许多项目与会计科目是一致的，并根据会计科目的本期发生额或余额填列。

二、会计科目的设置原则

（1）会计科目必须统一编号，以便编制会计凭证、登记账簿、查阅账目、实行会计电算化。企业不应当随意打乱重编。某些会计科目之间留有空号，供增设会计科目之用。

（2）施工企业应按会计制度的规定设置和使用会计科目。在不影响会计核算要求和会计报表指标汇总，以及对外提供统一的财务会计报告的前提下，可以根据实际情况自行增设、减少或合并某些会计科目。

明细科目的设置，除企业会计制度已有规定者外，在不违反统一会计核算要求的前提下，施工企业可以根据需要自行确定。

（3）对于会计科目名称，施工企业可以根据本企业的具体情况，在不违背会计科目使用原则的基础上，确定适合于本企业的会计科目名称。

三、会计科目的分类

施工企业会计是适用于施工企业的一门专业会计，常用的是资产类、负债类、所有者权益类、成本类和损益类这五大类会计科目。

根据财政部制定和发布的《企业会计准则——应用指南》，施工企业常用的会计科目见表 2-1。

表 2-1　　施工企业会计科目参照表

顺序号	编号	科 目 名 称	顺序号	编号	科 目 名 称
一、资产类			6	1122	应收账款
1	1001	库存现金	7	1123	预付账款
2	1002	银行存款	8	1131	应收股利
3	1012	其他货币资金	9	1132	应收利息
4	1101	交易性金融资产	10	1221	其他应收款
5	1121	应收票据	11	1231	坏账准备

续表

顺序号	编号	科目名称	顺序号	编号	科目名称
12	1401	材料采购	46	2205	预收账款
13	1402	在途物资	47	2211	应付职工薪酬
14	1403	原材料	48	2221	应交税费
15	1404	材料成本差异	49	2231	应付利息
16	1406	库存商品	50	2232	应付股利
17	1408	委托加工物资	51	2241	其他应付款
18	1411	周转材料	52	2411	预计负债
19	1461	存货跌价准备	53	2601	长期借款
20	1501	待摊费用	54	2602	应付债券
21	1521	持有至到期投资	55	2801	长期应付款
22	1522	持有至到期投资减值准备	56	2802	未确认融资费用
23	1523	可供出售金融资产	57	2811	专项应付款
24	1524	长期股权投资	58	2901	递延所得税负债
25	1525	长期股权投资减值准备		三、所有者权益类	
26	1526	投资性房地产	59	4001	实收资本
27	1531	长期应收款	60	4002	资本公积
28	1541	未实现融资收益	61	4101	盈余公积
29	1601	固定资产	62	4103	本年利润
30	1602	累计折旧	63	4104	利润分配
31	1603	固定资产减值准备	64	4201	库存股
32	1604	在建工程		四、成本类	
33	1605	工程物资	65	5001	生产成本
34	1606	固定资产清理	66	5101	制造费用
35	1701	无形资产	67	5201	劳务成本
36	1702	累计摊销	68	5301	研发支出
37	1703	无形资产减值准备	69	5401	工程施工
38	1711	商誉	70	5402	工程结算
39	1801	长期待摊费用	71	5403	机械作业
40	1811	递延所得税资产		五、损益类	
41	1901	待处理财产损益	72	6001	主营业务收入
	二、负债类		73	6051	其他业务收入
42	2001	短期借款	74	6101	公允价值变动损益
43	2101	交易性金融负债	75	6111	投资收益
44	2201	应付票据	76	6301	营业外收入
45	2202	应付账款	77	6401	主营业务成本

续表

顺序号	编号	科目名称	顺序号	编号	科目名称
78	6402	其他业务成本	82	6701	资产减值损失
79	6405	营业税金及附加	83	6711	营业外支出
80	6602	管理费用	84	6801	所得税费用
81	6603	财务费用	85	6901	以前年度损益调整

特别提示：施工企业与广大生产型企业不同，特别是在成本核算和收入的确认上，与产品销售企业存在很大的差别。因此，施工企业还需要设置“工程施工”、“机械作业”、“工程结算”等成本类科目对工程成本和收入进行核算。

会计科目按其所提供信息的详细程度及其统驭关系不同，又分为总分类科目和明细分类科目。总分类科目是对会计要素具体内容进行总括分类、提供总括信息的会计科目，如“应收账款”、“应付账款”、“原材料”等。明细分类科目是对总分类科目进一步进行分类、提供更详细更具体会计信息的科目，如“应收账款”科目按债务人姓名设置明细科目，反映应收账款的具体对象；“应付账款”科目按债权人姓名设置明细科目，反映应付账款的具体对象；“原材料”科目按原材料的类别、品种和规格等设置明细科目，反映各种原材料的具体构成内容。对于明细科目较多的总账科目，在总分类科目与明细科目之间设置二级或多级科目。

任务二　账　　户

一、账户的概念

会计科目只是对会计对象具体内容进行分类的项目或名称，还不能进行具体的会计核算。为了全面、序时、连续、系统地核算和监督会计要素的增减变动，还必须设置账户。设置账户是会计核算的重要方法之一。

账户是用来记录会计科目所反映经济业务内容的工具，它是根据会计科目设置的。账户以会计科目作为它的名称，同时它又具备自己的一定格式，即结构，以利于分门别类地、连续系统地记录和反映各项经济业务，以及由此引起的有关会计要素具体内容的增减变化及其结果。

二、账户的分类

账户可以根据多种标准进行分类。

（1）根据账户所提供信息的详细程度及其统驭关系，分为总分类账户和明细分类账户。

总分类账户又称为总账账户或一级账户，简称总账。它是根据总分类会计科目设置的，是提供总分类核算资料指标的账户，在总分类账户中只使用货币计量单位反映经济业务。它可以提供概括核算资料和指标，是对其所属明细分类账户资料的综合。总账以下的账户称为明细账户。

明细分类账户又称明细账户，简称明细账。它是根据明细分类科目设置的，明细账提供明细核算资料和指标，是对其总账资料的具体化和补充说明。对于明细账的核算，除用货币计量反映经济业务外，必要时还需要用实物计量或劳动量计量单位从数量和时间上进行反映，以满足经营管理需要。

总账和其所属明细账的核算内容相同，都是核算和反映同一事物的，只不过反映内容的详细程度上有所不同。总账反映总括情况，明细账反映具体详细情况。两者相互补充，相互制约，相互核对。总账统驭和控制明细账，是明细账的统驭账户，明细账从属于总账，是总账的从属账户。

（2）根据账户所反映的经济内容，分为资产类账户、负债类账户、所有者权益类账户、成本类账户、损益类账户等。

三、账户的基本结构

账户是用来记录经济业务的，它有三个作用：一是分门别类地记载各项经济业务；二是提供日常会计核算资料和数据；三是为编制财务报告提供依据。为此，账户不但要有明确的核算内容，而且还应该具有一定的格式，即结构。账户记载各项经济业务，它们所引起的会计要素数量上的变动，不外乎是增加和减少两种情况。为了全面、清楚地反映和监督这种变化，在每一账户上都应当分开登记数量的增加和减少，这就形成了账户的基本结构。账户分为左方和右方两个方向，一方登记增加，另一方登记减少。为了说明上的方便，上述账户的基本结构通常简化为“T字形”账户，见图2-1。

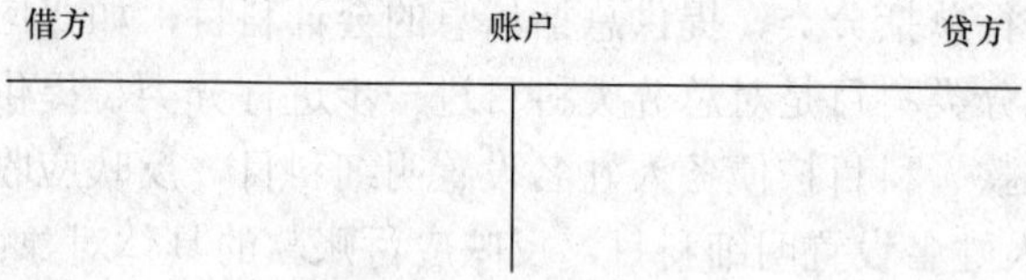

图2-1 T字形账户

图2-1的T字形账户格式分左右两方，分别用来记录经济业务发生所引起的会计要素的增加额和减少额。增加额和减少额相抵的差额，形成账户的余额，余额按其表现的不同时间，分为期初余额和期末余额。为此，通过账户记录的金额可以提供期初余额、本期增加额、本期减少额和期末余额四个会计核算指标。本期增加额是指在一定时期内（月、季、年）记入账户增加金额的合计数，也称为本期增加发生额。本期减少额是指在一定时期内（月、季、年）记入账户减少金额的合计数，也称为本期减少发生额。本期发生额是一个动态指标，它说明资产或权益的增减变动情况。本期增加发生额与本期减少发生额相抵以后的差额，称为期末余额。余额是一个静态指标，它说明资产或权益在某一时日增减变动的结果。本期的期末余额就是下期的期初余额。上述四项金额的关系为

本期期初余额+本期增加发生额−本期减少发生额=本期期末余额

本期增加发生额与本期减少发生额是记在账户的左方还是右方，账户的余额反映是在左方还是右方，取决于账户的性质和类型。

任务三 借贷记账法

一、记账方法

为了对会计科目进行核算和监督，在按一定的原则设置了会计科目并开设账户后，还要运用一定的方法才能把经济业务在账户中进行连续、系统地登记。所谓记账方法，简单地说，就是在账簿中记录经济业务的方法。按其记录经济业务方式的不同，记账方法可以分为单式记账法和复式记账法。

单式记账法是指对发生的每一项经济业务，只在一个账户中进行登记的记账方法。在单式记账法下，通常只登记现金、银行存款的收付金额以及债权债务的结算金额，一般不登记

实务的收付金额。例如，用现金 2000 元支付工人工资，该业务发生后，会计记账只在“现金”账户中登记现金减少 2000 元，并不登记该笔现金用于何处。单式记账法记账手续简单，但是，由于它没有一套完整的账户体系，账户之间不能形成相互对应和平衡的关系，所以不能全面系统地反映各会计要素的增减变动情况以及经济业务的来龙去脉，也不便于检查账户记录的正确性和完整性，因而是一种不够科学的记账方法。

复式记账法是以资产与权益平衡关系作为记账基础，对于每一笔经济业务，都要在两个或两个以上相互联系的账户中进行登记，系统地反映资金运动变化结果的一种记账方法。复式记账法克服了单式记账法的缺点。例如，上述用现金 2000 元支付工人工资的业务，业务发生后，一方面在“库存现金”账户记录现金减少 2000 元，另一方面在“应付职工薪酬” 账户记录应付工人工资减少 2000 元，这样登记的结果能够清楚地反映一项经济业务的来龙去脉，即资金从何处来，用往何处去。其记录结果如图 2-2 所示。

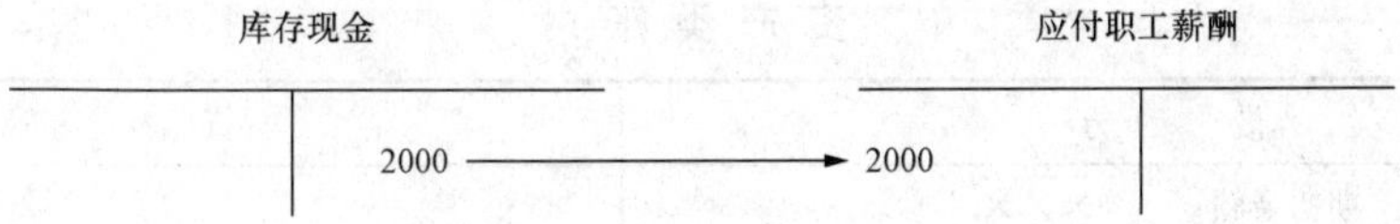

图 2-2 复式记账法（1）

复式记账法不仅可以全面、清晰地反映出经济业务的来龙去脉，而且还能通过会计要素的增减变动，全面、系统地反映经济活动的过程和结果，并通过对账户结果进行试算平衡，检查账户记录的正确性，因而被公认为是一种科学的记账方法，为世界各国所广泛采用。

二、借贷记账法

借贷记账法是世界上通行的应用广泛的一种复式记账方法，它是建立在“资产=负债+所有者权益”会计等式基础上，以“借”、“贷”为记账符号，以“有借必有贷，借贷必相等”为记账规则，对每项经济业务都在两个或两个以上有关账户中相互联系地进行记录的一种复式记账方法。即对于每一笔经济业务，都要在两个或两个以上相互联系的账户中，以借方和贷方相等的金额进行登记。具体来说，就是指对于每一项经济业务，如果在一个账户中登记了借方，必须同时在另一个或几个账户中登记贷方；或者反过来说，在一个账户中登记了贷方，必须同时在另一个或几个账户中登记借方，并且登记在借方和贷方的金额总额必须相等。我国《企业会计准则》规定企业会计记账采用借贷记账法。

借贷记账法起源于 13～15 世纪意大利的佛罗伦萨、热那亚、威尼斯等一些北方城市。“借”、“贷”二词原意同债权债务有关，含有“借进”、“贷出”之意，但随着商品经济的发展，商贸活动范围的日益扩大，“借”、“贷”二词也从专用信用交易的符号，逐步转变成一种专门的记账符号和会计术语用来标明记账方向。“借”表示账户中左方金额栏，“贷”表示账户中右方金额栏，至于“借”表示增加还是“贷”表示增加，则取决于账户的性质及结构。

在借贷记账法下，不同性质的账户“借”和“贷”的含义各不相同，概括见表 2-2。

表 2-2　　借贷记账法下账户“借”和“贷”的含义

借　　方	贷　　方
资产的增加	资产的减少
负债的减少	负债的增加

续表

借　　方	贷　　方
所有者权益的减少	所有者权益的增加
费用、成本的增加	费用、成本的减少
收入、利润的减少	收入、利润的增加

运用借贷记账法在账户中登记经济业务时，凡是记入账户借方的账项称为借项；凡是计入账户贷方的账项称为贷项，每一个账户的借方和贷方在一定期间内所登记的金额的合计额称为本期发生额，账户借方的金额合计额称为借方本期发生额，账户贷方的金额合计额称为贷方本期发生额。每个账户的借方本期发生额和贷方本期发生额相抵后的差额称为余额。各类账户的基本结构见表 2-3～表 2-6。

表 2-3　　资产类账户

借　　方	贷　　方
期初余额　×××	
本期增加数　×××	本期减少数　×××
本期发生额　×××	本期发生额　×××
期末余额　×××	

表 2-4　　负债、所有者权益类账户

借　　方	贷　　方
	期初余额　×××
本期减少数　×××	本期增加数　×××
本期发生额　×××	本期发生额　×××
	期末余额　×××

表 2-5　　成本、费用类账户

借　　方	贷　　方
期初余额　×××	
本期增加数　×××	本期减少数　×××
本期发生额　×××	本期发生额　×××
期末余额　×××	

表 2-6　　收入、利润类账户

借　　方	贷　　方
	期初余额　×××
本期减少数　×××	本期增加数　×××
本期发生额　×××	本期发生额　×××
	期末余额　×××

各类账户的期末余额，分别按下列公式计算

资产类账户的期末余额=期初余额+本期借方发生额−本期贷方发生额

成本、费用类账户期末如有余额，可参照资产类账户期末余额的计算公式进行计算。

负债、所有者权益类账户的期末余额=期初余额+本期贷方发生额−本期借方发生额

收入、利润类账户期末如有余额，可参照负债、所有者权益类账户期末余额的计算公式进行计算。

特别提示: 会计科目和会计账户是既有区别又有联系的两个概念。会计科目是会计账户的名称而且反映相同的经济内容，在设置时必须遵循同样的原则；会计账户具有一定的结构形式，是记录和反映特定会计要素类别增减变动的手段和工具，而会计科目只是利用分类标志将会计要素分类后的分类项目。

运用借贷记账法的记账规则登记经济业务时，一般按以下步骤进行。

（1）分析经济业务中所涉及的账户名称，并判断账户的性质。

（2）判断账户中所涉及的资金数量是增加的还是减少的。

（3）根据账户的结构确定计入账户的方向。

下面举例说明借贷记账法的记账规则。

【案例 2-1】 某施工企业 2014 年 12 月发生以下经济业务：

（1）2 日，以银行存款 15 000 元购进材料一批。

这项经济业务的发生，涉及“银行存款”和“原材料”两个资产类账户，其中“银行存款”账户减少 15 000 元，“原材料”账户增加 15 000 元，根据资产类账户借方登记增加额，贷方登记减少额的账户结构，应在“原材料”账户借方登记 15 000 元，在“银行存款”账户贷方登记 15 000 元，如图 2-3 所示。

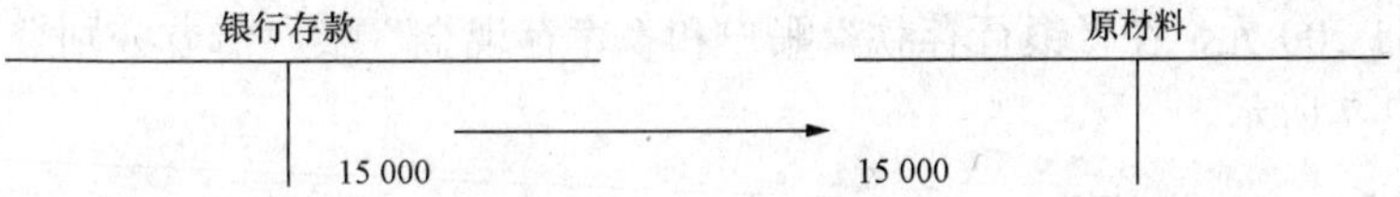

图 2-3 复式记账法（2）

（2）5 日，向银行借入短期借款 60 000 元，直接用于归还所欠货款。

这项经济业务的发生，涉及“短期借款”和“应付账款”两个负债类账户，其中“应付账款”账户减少 60 000 元，“短期借款”账户增加 60 000 元，根据负债类账户借方登记减少额，贷方登记增加额的账户结构，应在“应付账款”账户借方登记 60 000 元，在“短期借款”账户贷方登记 60 000 元，如图 2-4 所示。

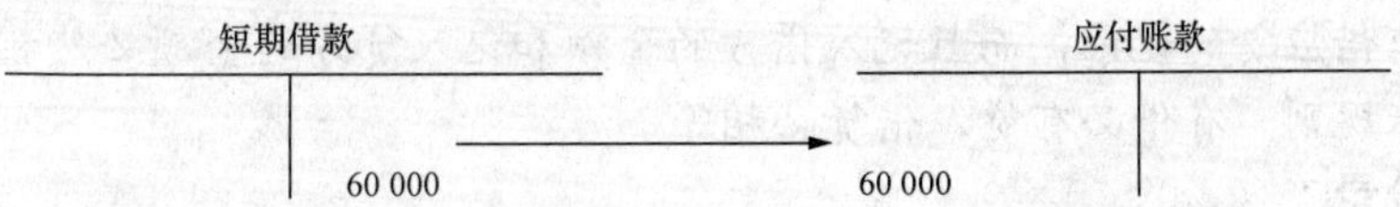

图 2-4 复式记账法（3）

（3）11 日，投资者投入资金 10 000 元存入银行。这项经济业务的发生，涉及所有者权益类账户“实收资本”和资产类账户“银行存款”两个账户，其中“实收资本”账户增加

10 000 元，“银行存款”账户增加 10 000 元，由于所有者权益类账户借方登记减少额，贷方登记增加额；而资产类账户借方登记增加额，贷方登记减少额，应在“银行存款”账户借方登记 10 000 元，在“实收资本”账户贷方登记 10 000 元，如图 2-5 所示。

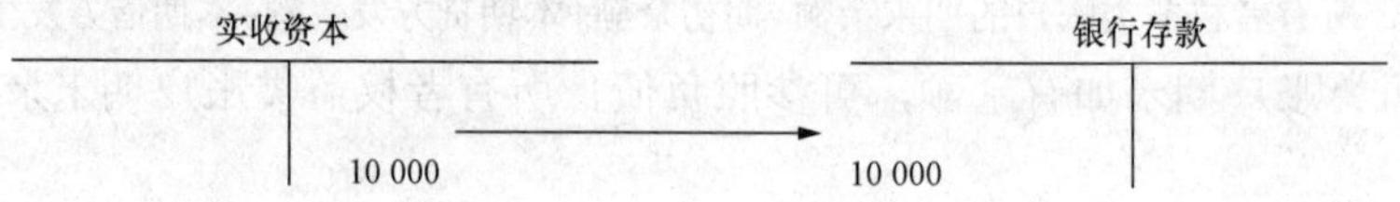

图 2-5　复式记账法（4）

（4）20 日，以银行存款 50 000 元归还短期借款。这项经济业务的发生，涉及负债类账户“短期借款”和资产类账户“银行存款”两个账户，其中“短期借款”账户减少 50 000 元，“银行存款”账户减少 50 000 元，根据负债类账户借方登记减少额，贷方登记增加额；而资产类账户借方登记增加额，贷方登记减少额，应在“短期借款”账户借方登记 50 000 元，在“银行存款”账户贷方登记 50 000 元，如图 2-6 所示。

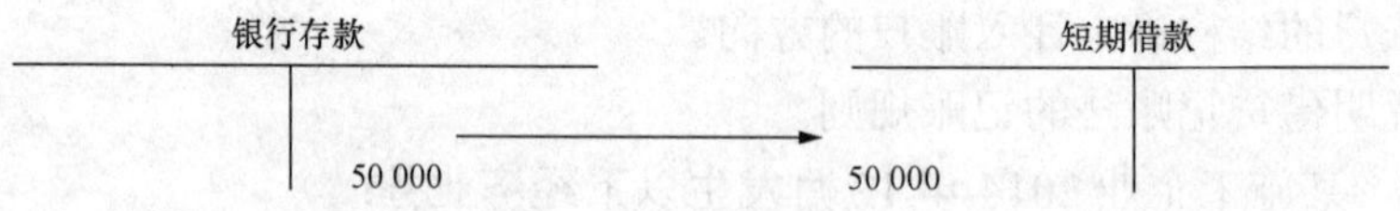

图 2-6　复式记账法（5）

（5）25 日，收回工程款 31 200 元，将其中 30 000 元存入银行，另 1200 元作为现金备用。

这项经济业务的发生，涉及“应收账款”、“银行存款”和“库存现金”3 个资产类账户，其中“应收账款”账户减少 31 200 元，“银行存款”账户增加 30 000 元，“现金”账户增加 1200 元，根据资产类账户借方登记增加额，贷方登记减少额的账户结构，应在“应收账款”账户贷方登记 31 200 元，在“银行存款”账户和“库存现金”账户借方分别登记 30 000 元和 1200 元，如图 2-7 所示。

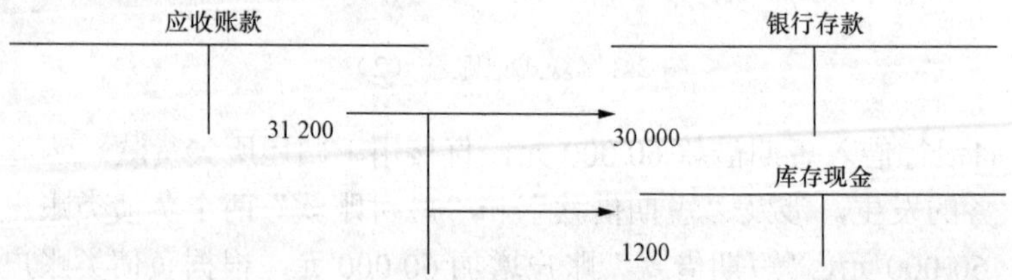

图 2-7　复式记账法（6）

案例评析：以上 5 项经济业务，每一项经济业务都要以相等金额，在两个或两个以上有关账户中，作应借应贷的记录，而且记入借方的金额和记入贷方的金额必然相等，体现了借贷记账法的记账规则：有借必有贷，借贷必相等。

三、会计分录

企业日常经营过程中要发生大量的经济业务，如果按照经济业务逐笔计入账户，不但工作量大，而且也容易发生差错，进而影响到企业所提供的会计信息的正确性。因此，为了保证账户记录的正确性和便于事后检查，在把经济业务计入账户之前，要采用一种专门的方法来确定各种经济业务正确的账户对应关系，即确定经济业务涉及的账户及其借贷的方向和金额，这种方法就是编制会计分录。如前所述，会计分录就是标明某项经济业务应借应贷的账户名称及金额的记录。

特别提示：在实际工作中，编制会计分录是通过填制会计凭证来完成的。

【案例 2-2】 仍以上述案例中，某施工企业 2014 年 12 月的经济业务为例，每一项经济业务编制会计分录如下：

（1）借：原材料		15 000	
	贷：银行存款		15 000
（2）借：应付账款		60 000	
	贷：短期借款		60 000
（3）借：银行存款		10 000	
	贷：实收资本		10 000
（4）借：短期借款		50 000	
	贷：银行存款		50 000
（5）借：银行存款		30 000	
	库存现金	1200	
	贷：应收账款		31 200

案例评析：编制会计分录时，应认真分析经济业务所涉及的账户类型、金额的增减，确定应借应贷的方向和金额。

特别提示：上面 5 个实例中有 4 个实例都是一个借方账户与一个贷方账户对应组成，称为“简单会计分录”；第 5 个实例则是两个借方账户和一个贷方账户对应组成的，这种一借多贷或一贷多借形式的会计分录称为“复合会计分录”。在实际会计处理中，为了明晰账户的对应关系，一般不要编制多借多贷的会计分录。

四、借贷记账法下的试算平衡

试算平衡是指根据“资产=负债+所有者权益”的等式关系以及借贷记账法的记账规则，检查和验证所有账户记录是否正确的一种方法。试算平衡有如下两个方面。

（1）发生额试算平衡，即对一定时期全部账户的发生额进行试算平衡，可以依据发生额平衡公式，通过编制发生额试算平衡表来进行。其平衡公式为

全部账户的本期借方发生额合计=全部账户的本期贷方发生额合计

（2）余额试算平衡，即对一定时期全部账户的期末余额进行试算平衡，可依据期末余额试算平衡公式，通过编制期末余额试算平衡表来进行。其平衡公式为

全部账户的借方期末余额合计=全部账户的贷方期末余额合计

根据账户期末余额的计算公式，又可将期末余额试算平衡公式表述为

全部账户的借方期初余额+本期借方发生额−本期贷方发生额

=全部账户的贷方期初余额+本期贷方发生额−本期借方发生额

这样就可以将本期发生额试算平衡表和期末余额试算平衡表合在一起，编制发生额及余额试算平衡表。借贷记账法下，运用试算平衡表来检查账户记录的正确性，如果借贷不平衡，说明账户的记录和计算一定是错误的，必须马上检查，进行更正。

【案例 2-3】 某施工企业 2014 年 12 月 1 日各账户期初余额见表 2-7。

表 2-7　　总分类账户期初余额表　　单位：元

资　产	金　额	负债及所有者权益	金　额
库存现金	500	短期借款	200 000
银行存款	580 000	应付账款	15 000
原材料	2600	应交税费	3500
应收账款	23 000	实收资本	650 000
固定资产	300 000	资本公积	39 600
工程施工	2000		
合　计	908 100	合　计	908 100

该施工企业 2014 年 12 月发生下列经济业务。

（1）3 日从银行提取现金 600 元。

（2）7 日购买水泥 7.5t，单价 400 元，货款未付，材料已验收入库。

（3）9 日用银行存款偿还短期借款 100 000 元。

（4）15 日接受外单位投资设备一台，价值 50 000 元。

（5）16 日项目部领用水泥 3t。

（6）25 日开出支票 3500 元缴纳税费。

（7）26 日用支票 5000 元支付本月行政管理部门电话费。

（8）28 日收到上月已完工程款 18 000 元，存入银行。

要求：根据上述经济业务编制会计分录，并编制总分类账户发生额、余额试算平衡表。

根据上述经济业务作如下会计分录。

（1）借：库存现金　　600
　　　贷：银行存款　　600

（2）借：原材料　　3000
　　　贷：应付账款　　3000

（3）借：短期借款　　100 000
　　　贷：银行存款　　100 000

（4）借：固定资产　　50 000
　　　贷：实收资本　　50 000

（5）借：工程施工　　1200
　　　贷：原材料　　1200

（6）借：应交税费　　3500
　　　贷：银行存款　　3500

（7）借：管理费用　　5000
　　　贷：银行存款　　5000

（8）借：银行存款　　18 000
　　　贷：应收账款　　18 000

根据上述会计分录，编制总分类账户发生额、余额试算平衡表，见表 2-8。

表 2-8　**总分类账户发生额、余额试算平衡表**　单位：元

会计科目	期初余额		本期发生额		期末余额	
	借方	贷方	借方	贷方	借方	贷方
库存现金	500		600		1100	
银行存款	580 000		18 000	109 100	488 900	
应收账款	23 000			18 000	5000	
原材料	2600		3000	1200	4400	
固定资产	300 000		50 000		350 000	
工程施工	2000		1200		3200	
短期借款		200 000	100 000			100 000
应付账款		15 000		3000		18 000
应交税费		3500	3500			0
实收资本		650 000		50 000		650 000
资本公积		39 600				89 600
管理费用			5000		5000	
合计	908 100	908 100	181 300	181 300	857 600	857 600

案例评析：在编制试算平衡表时，必须保证所有账户的余额均已记入试算平衡表。因为会计等式是对会计要素整体而言的，缺少任何一个账户的余额，都会造成期初或期末借方余额合计与贷方余额合计不相等。

在保证所有账户的余额均记入试算平衡表的情况下，如果试算平衡表借贷不相等，肯定账户记录有错误，应认真查找，直到实现平衡为止。

特别提示：即使试算平衡表试算平衡，也不能说明记账没有错误，因为有些错误并不影响借贷双方的平衡关系，例如：①重复记录某项业务；②漏记某项业务；③记错账户或借贷方向颠倒；④一项错误的记录正好抵消另一项错误的记录。因此在编制试算平衡表之前，应认真核对有关账户记录，以消除上述错误。

任务四　会计凭证与账簿

一、会计凭证

会计凭证是记录经济业务事项发生或完成情况的书面证明，也是登记账簿的依据。通过填制或取得会计凭证，可以明确经济责任。各单位在进行会计核算时，应当以实际发生的经济业务为依据，这是会计核算应遵循的基本原则，因此，每一个单位在处理各项经济业务时，都必须由具体经办该项经济业务的有关人员，从外部取得或自行填制有关凭证，以书面形式记录和证明所发生经济业务的性质、内容、数量、金额等，并在凭证上签名或盖章，以对经济业务的合法性和凭证的真实性、可靠性负责。例如，企业从外部购买材料，必须由业务经办人取得购货发票，并签名或盖章；企业生产中领用材料，应填制领料单等。各种发票、领料单等都属于会计凭证。任何会计凭证都必须经过有关人员的严格审核，确认无误后，才能

作为记账的依据。会计凭证多种多样，按其填制的程序和用途的不同来划分，可以分为原始凭证和记账凭证两种。

（一）原始凭证

1. 原始凭证的种类和内容

原始凭证是在经济业务发生时取得或填制的，用以记录或证明经济业务发生或完成情况的书面凭据。企业经济业务发生时，通常用原始凭证记录下来，真实、正确的原始凭证可以为会计核算提供原始资料，是记账的原始依据。如各种发票、收据、领料单等。

（1）原始凭证按其来源不同，可分为外来原始凭证和自制原始凭证。外来原始凭证是在经济业务发生时从其他单位取得的凭证，如购入材料的发票、银行的收款通知单等；自制原始凭证是指本单位经办业务的人员在执行或完成经济业务时填制的凭证，如领料单、收料单、工资单等。

（2）原始凭证按其填制手续不同，可分为一次凭证、累计凭证和汇总凭证。一次凭证是指一次记录一项或若干项同类经济业务的原始凭证，凭证手续是一次完成。外来原始凭证和大部分自制原始凭证，如借款单、收料单、领料单、银行结算单等，都属于一次完成的，所以称一次凭证；累计凭证是指一定时间内连续记录若干项同类经济业务，期末根据累计数记账的凭证。使用累计凭证可以减少原始凭证的数量，简化会计核算手续，随时结出发生额累计数，便于同定额、计划和预算进行比较，达到控制费用支出的目的，如限额领料单等；汇总凭证是指将若干同类的一次或累计凭证定期整理汇总编制的原始凭证，如按照管理要求编制汇总的收入或发出材料汇总表、根据一定时期的有关账户记录汇总编制的工资分配汇总表等。

原始凭证的内容和格式很多，但都要求说明经济业务的发生和完成情况，明确经办业务部门和人员的责任。但无论何种原始凭证，一般来说，应具备以下基本内容：①原始凭证名称；②填制凭证的日期和编号；③接受凭证单位的名称；④经济业务的内容；⑤经济业务的实物数量、单价和金额；⑥填制凭证单位名称及有关人员签章。

2. 原始凭证的填制与审核

原始凭证是会计核算的原始依据，为了保证原始凭证能正确、完整、及时、真实、清晰地反映经济业务的完成情况，使其具有合法凭证的条件，提高会计核算质量，填制原始凭证时应符合以下要求：

（1）填制凭证的内容要真实可靠。原始凭证是具有法律效力的证明文件。在原始凭证上填制经济业务发生的日期、内容、数量和金额时，要实事求是，不能弄虚作假。

（2）凭证的书写、打印应规范。打印填写原始凭证中的文字和数字必须工整、清晰，书写只能用蓝黑墨水，文字要简洁，大小写金额应符合要求，属于复写的凭证必须写透；凭证填错要按规定方法更正，不得随意刮擦、挖补或涂改。打印的凭证其项目填写的位置应准确，字迹清晰，不得涂改，不得手写添加内容或删减项目。

（3）凭证填写的内容必须完整。原始凭证中规定的所有项目，都要填制齐全，不得遗漏和简略。原始凭证凡是对外的或外来的，必须加盖公章。所有项目填写不齐全的原始凭证，不能作为经济业务发生或完成的合法有效证明。

（4）凭证填制要及时。原始凭证是在经济业务发生或完成时及时填制或取得的，并且应按规定的程序及时送达会计部门。会计部门收到凭证后，及时审核并编制记账凭证作为登记入账的依据。如果凭证不能及时取得，将会影响经济业务的及时反映，就不能为会计信息使用者提供有用的资料，失去会计核算的作用。

原始凭证审核的基本方法为：

（1）真实性、正确性审核。真实性审核是指原始凭证确实是经济业务发生或完成时的原始证明，审核时应注意填制的日期、业务内容、数据是否真实。原始凭证还要审核应填写的项目是否填写齐全，有关经办单位和人员的签章是否完备；正确性审核是指对原始凭证中的有关数量、单价、金额的填写是否正确，大小写金额是否一致，文字是否书写清楚等进行审核。

（2）合法性、合理性审核。合法性审核是审核经济业务内容是否符合国家的政策、法令和制度规定，有无违法违规行为；合理性审核是对原始凭证反映的经济业务内容是否符合合同和计划的规定，有无违反制度及合同、扩大开支标准和浪费现象等进行审核。只有经过审核正确无误的原始凭证，才能办理会计手续，否则应退还给经办人员重新补办或拒绝办理。无论任何企业对于接受的原始凭证，必须进行严格的审核，只有审核无误的原始凭证，才能作为会计处理的依据。原始凭证的审核，是会计监督的重要内容。

（二）记账凭证

1. 记账凭证的种类和内容

记账凭证是会计人员根据原始凭证编制的，用以确定会计分录，作为登记账簿的书面证明。

企业发生的各项经济业务都要取得或填制原始凭证，但来自各方面的原始凭证种类繁多，内容格式不统一，且数量也较大，不便于直接记账。原始凭证只能反映经济业务的实际发生或实际完成情况，不能记录应借应贷的科目、记账的方向和金额，直接根据原始凭证记账容易发生差错。因此，在记账前应对审核无误的原始凭证整理归类，按复式记账规律，填制记账凭证，编制会计分录，据以登记账簿。记账凭证可按以下方式进行分类：

（1）记账凭证按其反映的经济业务与货币资金的关系，可分为收款凭证、付款凭证和转账凭证，其格式见表 2-9～表 2-11。

表 2-9　　　　**收 款 凭 证**

借方科目：　　　　年　月　日　　　　字第　　号

对方单位	摘要	贷方科目		金额	记账符号
		总账科目	明细科目		
附件　张		合计金额（大写）			

会计主管　　　记账　　　审核　　　出纳　　　制单

表 2-10　　　　**付 款 凭 证**

贷方科目：　　　　年　月　日　　　　字第　　号

对方单位	摘要	借方科目		金额	记账符号
		总账科目	明细科目		
附件　张		合计金额（大写）			

会计主管　　　记账　　　审核　　　出纳　　　制单

表 2-11 转 账 凭 证

年 月 日 字第 号

摘 要	总账科目	明细科目	借方金额	贷方金额	记账符号
附件 张	合 计				

会计主管 记账 审核 出纳 制单

三种记账凭证的区别：

1）收款凭证是指用于记录库存现金和银行存款收入业务的会计凭证。它是出纳人员根据库存现金收入业务和银行存款收入业务的原始凭证编制的专用凭证，据以作为登记库存现金和银行存款等有关账户的依据。

2）付款凭证是指用于记录库存现金和银行存款付款业务的会计凭证。它是出纳人员根据库存现金和银行存款付出业务的原始凭证编制的专用凭证，作为登记库存现金和银行存款等有关账户的依据。

3）转账凭证是指用于记录不涉及库存现金和银行存款业务的会计凭证。在经济业务中，凡是不涉及库存现金和银行存款收付的业务，称之为转账业务，如计提固定资产折旧、项目部领用原材料、期末结转成本等。它是会计人员根据有关转账业务的原始凭证编制的作为记账依据的专用凭证。收款凭证、付款凭证和转账凭证统称为专用会计凭证。这里应注意，对于从银行存款中提取现金，或以现金解存银行的经济业务，一般只填制付款凭证，不填制收款凭证，以避免重复记账。

将记账凭证划分为收款凭证、付款凭证和转账凭证三种，既便于按经济业务对会计人员进行分工，又便于提供分类核算数据，为记账工作带来方便，但工作量较大。因此，这种做法适用于规模较大、收付业务较多的单位。对于经济业务较简单、规模较小、收付业务较少的单位，为了简化核算，可以采用通用记账凭证来记录所有经济业务。通用记账凭证指对全部业务不再区分收款、付款及转账业务，而将所有经济业务统一编号，在同一格式的凭证中进行登记。

（2）记账凭证按其填制的方式不同分为单式记账凭证和复式记账凭证：①单式记账凭证是把各项经济业务所涉及的每一会计科目分别填制的记账凭证；②复式记账凭证，是将一项经济业务所涉及的会计科目集中反映在一张凭证上的记账凭证。复式记账凭证是每张记账凭证应登记两个或两个以上的会计科目，反映一笔完整的经济内容，而单式记账凭证每张凭证不能反映经济业务的完整内容。

（3）记账凭证按其汇总方法的不同分为分类汇总凭证和全部汇总凭证：①分类汇总凭证是分别按收款凭证、付款凭证和转账凭证定期汇总而编制的记账凭证；②全部汇总凭证是将一定时期内填制的所有记账凭证进行汇总在一张记账凭证汇总表中的凭证。

不同种类的记账凭证其格式和内容各不相同，但所有记账凭证都必须适应登记账簿的要求，应具备以下共同的基本内容：

1）记账凭证的名称。

2）填制凭证的日期与编号。

3）经济业务内容摘要。

4）应借应贷账户名称和金额。

5）所附会计凭证张数。

6）有关人员签章。

7）填制单位的名称。

2. 记账凭证的填制与审核

记账凭证是登记账簿的直接依据，为保证会计核算的质量，必须严肃、认真填制记账凭证，除了要遵守填制原始凭证的要求外，还应做到：

1）对应关系清楚，科目运用正确。对应关系清楚是指记账凭证应借应贷账户的对应关系清晰明了，不宜编制含有多借多贷会计科目的凭证，避免不同经济业务合编一张凭证，使对应关系混淆不清。科目运用正确是指在记账凭证中必须按统一规定的账户名称及其内容编制会计分录，以保证会计核算口径一致和账簿记录的正确性。

2）金额应保持平衡。记账凭证登记的借方金额应等于贷方金额，明细科目金额合计数等于总账科目的金额，即记账凭证中的金额应保持平衡。

记账凭证在记账前必须经过审核。审核记账凭证的要点：

1）反映的经济业务是否同所附经过审核的原始凭证的内容相一致。

2）记账凭证所确定的会计分录是否正确。

3）应填列的项目是否填写齐全，有关人员是否签章等。通过审核发现有错误的记账凭证，应查明原因后及时更正。

特别提示： 记账凭证和原始凭证同属于会计凭证，但两者之间存在着以下差别：①原始凭证由经办人员填制，而记账凭证一律由会计人员填制；②原始凭证是根据发生或完成的经济业务填制的，而记账凭证则是根据审核后的原始凭证填制的；③原始凭证仅用以记录、证明经济业务已经发生或完成，而记账凭证则要依据会计科目对已经发生或完成的经济业务进行归类、整理；④原始凭证是记账凭证的附件和填制记账凭证的依据，而记账凭证则是登记账簿的依据。

二、会计账簿

（一）会计账簿的种类

会计账簿是指由一定格式和相互联系的账页组成的，用于全面、系统、连续地记录和反映各项经济业务的簿籍。正确地设置和登记会计账簿，是对会计凭证信息进一步分类、计算和积累的一种方法，是会计核算的重要环节。可以全面、系统、连续地反映经济业务所引起的会计要素具体内容的增减变化及其结果，为编制财务报告和进行财务分析提供资料。

对于所发生的每一笔经济业务，会计部门虽然已根据审核无误的原始凭证或原始凭证汇总表填制了记账凭证，但是，每张记账凭证所能反映的仅仅是一笔或若干笔同类经济业务的发生情况，尚不能系统、完整地反映某一类经济业务增减变化及其结果的完整情况。因此，从会计凭证中只能了解一些零星的、分散的会计信息，找不到经营管理所需的一些分类的综合性指标。因此，有必要将分散记载于会计凭证中的经济内容进行集中归类反映，从而提供管理所需的分类、序时、系统的会计信息。同时，会计信息的最终载体是财务报表，而编制财务报表不可能依据分散的会计凭证，只能依据集中归类以后的记录，这就需要设置和登记账簿。设置和登记账簿是会计核算的专门方法之一。

✎ 特别提示：账簿与账户有着十分密切的关系。账户是根据会计科目开设的，账户存在于账簿之中，账簿中的每一账页就是账户的存在形式和载体，没有账簿，账户就无法存在；账簿序时、分类地记载经济业务，是在个别账户中完成的。因此，账簿只是一个外在形式，账户才是它的真实内容。所以说，账簿是由若干账页组成的一个整体，而开设于账页上的账户则是这个整体中的个别部分，因而，账簿与账户的关系，是形式与内容的关系。

会计账簿的设置应该能满足会计核算和管理的需要，形成功能各异的完整的账簿体系。为了更好地运用和掌握各种账簿，充分发挥账簿在经济管理中的作用，应该从不同地角度对会计账簿进行分类：

（1）会计账簿按用途分为序时账簿、分类账簿和备查账簿三种。

1）序时账是按照经济业务发生的时间先后顺序、逐日逐笔进行登记的账簿，又称日记账。按其有无专门用途分为普通日记账和特种日记账。普通日记账是无专门用途，根据时间的先后顺序，对发生的经济业务进行全面记录的账簿。特种日记账是为了集中反映某类经济业务的发生和完成情况，而专门设置的账簿。如现金日记账和银行存款日记账等。通过序时账可以逐日逐笔了解经济业务的发生或完成情况，并且与分类账相互核对，检查账簿间记录的内容是否相符。

2）分类账簿是对经济业务进行分类反映的会计账簿。分类账簿按提供资料的详细程度分为总分类账和明细分类账。总分类账又称总账，它是按照总账科目设置账户（账页），用于分类登记经济业务的账簿。总账一般采用三栏式的订本账。明细分类账又称明细账，它是根据总账科目所属的二级或明细科目设置账户（账页），用于详细登记某类资金的增减变化情况及结果的账簿。通过分类账可以了解企业管理需要的会计要素项目不同详细程度的增减变化，便于实施有效的管理。

3）备查账簿是对某些不能在分类账和序时账中记录的经济业务进行记录的会计账簿。企业是否应设置备查账，要根据实际情况确定，在会计实务中，备查账主要用于各种租赁设备、物资的辅助性登记。如租入固定资产备查簿、应收账款备查簿等。

✎ 特别提示：分类账簿和序时账簿的作用不同。序时账簿能提供连续系统的信息，反映企业资金运动的全貌；分类账簿则是按照经营与决策的需要而设置的账户，归集并汇总各类信息，反映资金运动的各种状态、形式及其构成。在账簿组织中，分类账簿占有特别重要的地位。因为只有通过分类账簿，才能把数据按账户形成不同信息，满足编制会计报表的需要。备查账簿与序时账簿和分类账簿相比，存在两点不同之处：一是登记依据可能不需要记账凭证，甚至不需要一般意义上的原始凭证；二是备查账簿的主要栏目不记录金额，它更注重用文字来表述某项经济业务的发生情况。

（2）会计账簿按外表格式可分为订本式、活页式和卡片式账簿。

1）订本式账簿是在未启用前就固定成册的账簿，这种账簿可以避免账页散失和抽换，有利于保管，从而能保证账簿资料的安全和完整。但由于启用前装订成册、账页固定，不便按经济业务增减账页，而且不利于分工登账。因而必须预先估计每个账户需要的账页，据此来确定保留空白账页的多少。目前只有重要的账户才使用订本账，如现金日记账、银行存款日记账，有些单位总分类账也采用订本账。

2）活页式账簿简称活页账，是由有专门格式的比较分散的账页所组成，使用后再装订成册存档保管的会计账簿。登账中使用活页账，账页的多少可根据需要而定，避免造成浪费，同时也便于分工登账。但活页式账页不固定，使用时应加强保管以防止账页散失和被抽换。在实际工作中，明细分类账多采用活页账。

3）卡片式账簿是由许多硬纸卡片组成的存放于卡片箱中的会计账簿。该账簿与活页账一样，账页不固定装订，日常可以置于账页和卡片箱内，可随时调换卡片。这种账簿使用方便、灵活，不受固定账页限制，便于登账分工，其格式可以根据需要而定；缺点是卡片易于散失，不利于管理。为了避免账页、卡片丢失，对已使用的账页、卡片应连续编号、装订成册，并封扎保管。常用的卡片账有固定资产等。

（二）会计账簿的设置原则和基本内容

1. 会计账簿的设置原则

为了适应各种管理需要，及时提供序时、系统地反映企业经济活动情况的会计资料，在设置账簿时，一般应遵循以下几项原则：

（1）账簿的设置应符合法律法规。企业应在国家有关会计法规、准则规定下，结合本单位的业务特点及管理要求，设置功能各异、结构合理的账簿体系。只有这样，才能保证会计核算的规范性以及会计信息的合规性和完整性。例如，一个单位有外汇收支业务时，就应设置外汇收支日记账；有代其他单位保管的财产物资时，就需要设置受托保管财物的备查簿。

（2）账簿的设置应结合企业的特点和满足管理的需要。在实际工作中，各单位可以根据其业务量的多少、业务特点等选择不同的账务处理程序，而不同的账务处理程序对账簿的种类和格式的要求不一样。例如，采用多栏式日记账账务处理程序时，日记账应采用多栏式，而其他账务处理程序下的日记账格式则不受此限制；采用日记总账账务处理程序时，总账科目要集中在一个账页上，而其他账务处理程序下的总分类账则不必如此。

（3）账簿的设置应便于为编制财务报表提供资料。编制财务报表是会计循环的最终环节。为编制财务报表提供资料是设置和登记账簿的主要目的之一。在设置账簿时就应考虑到期末编制财务报表的需要，使所设置的账簿的种类和内容与编制财务报表接轨。

（4）账簿的设置要科学。设置的账簿要便于会计人员的内部分工，同时格式应简明实用。会计部门内部人员分工的合理与否直接影响会计工作的效率和质量。账簿体系如果便于分工记账，企业的经济活动就可以及时、准确地得到记录和计量，企业的经营成果就可以及时地计算出来。同时，账簿的格式不要繁琐复杂，既要便于使用，又要避免浪费人力、物力。

2. 会计账簿的基本内容

由于账簿种类较多，格式不同，其具体内容也不一致。但一般账簿都具备以下几项基本内容：

（1）账簿封面。封面内容有账簿名称、会计单位名称以及账簿记账时期等。

（2）账簿启用交接表。启用交接表的内容有单位名称、账簿名称、账簿编号、账簿页数、启用日期、使用单位公章、经管人员、接管人员、移交日期及会计负责人等。

（3）账页。账页是账簿的主体。企业经济业务不同，采用账页的格式也有所不同，但其基本内容应包括：账户名称、日期栏、凭证号数栏、摘要栏及借方栏、贷方栏、余额方向栏和金额栏，还有总页次和分户页次。

（三）会计账簿的格式和登记方法

1. 序时账的格式及其登记方法

序时账又称日记账，分为普通日记账和特种日记账。

（1）普通日记账。普通日记账在会计发展过程中曾被广泛使用。它有分录簿和专栏日记账两种。

分录簿按照每天发生的经济业务的先后顺序，确定其应借应贷的账户及金额，逐笔记录，然后，根据其记录逐日逐笔过入各有关分类账。专栏日记账对常用会计科目设置专栏，以专栏来汇总各类经济业务的数额。设有专栏的会计科目可以根据其专栏汇总数一次过入有关分类账，其他非专栏科目仍需逐笔过入各有关分类账。因为分录簿不能提供分类资料，专栏日记账账页过宽，使用不便，而且，一本普通日记账记录全部经济业务不便于会计部门内部分工，所以，目前已很少设置此类日记账，而是采用特种日记账。

（2）特种日记账的格式及其登记方法。特种日记账是从专栏日记账中分离出来的一种账簿。如企业经济管理中对货币资金管理比较重视，在专栏式日记账中专为现金、银行存款账户设置专栏。后来，这些专栏从原日记账中分离出来，成为独立地记录现金和银行存款收付的详细情况的特种日记账，即现金日记账和银行存款日记账。目前，除了广泛设置的库存现金日记账和银行存款日记账外，有些企业还设有销货日记账、购货日记账和转账日记账等。下面主要介绍库存现金日记账和银行存款日记账的格式及其登记方法。

1）库存现金日记账。库存现金日记账是逐日逐笔反映企业的现金收入、支出及其结存情况的会计账簿。通过设置库存现金日记账可以加强对企业现金收支活动的反映和控制，执行现金管理制度，促使企业现金的合理使用，保护现金的安全。

库存现金日记账通常是由出纳人员根据审核后的现金收、付款记账凭证以及反映现金与银行存款划转业务的银行存款付款凭证进行登记。登记时一般按记账凭证号码顺序逐日逐笔登记，每天都要结出余额，并与库存现金数相核对，以保证账实相符。

库存现金日记账的格式要与企业采用的账务处理程序相适应，并能满足企业对现金等的管理要求。其格式一般有三栏式和多栏式两种。这里主要列示三栏式库存现金日记账的格式及登记方法，三栏式库存现金日记账设收入、支出、结存三个余额栏，见表 2-12。

表 2-12 库存现金日记账 单位：元

2014 年 月	日	凭证字号	摘要	对应科目	收入（借方）	支出（贷方）	余额
			期初余额				11
12	3	银付 2	提取现金	银行存款	8000		8011
	4	现付 1	发放工资	应付职工薪酬		8000	11
	5	现收 1	租金收入	其他业务收入	500		511
	30		合计		8500	8000	511

2）银行存款日记账。银行存款日记账是逐日逐笔记录企业银行存款收支及结存情况的会计账簿。银行存款日记账的设置便于了解企业银行存款收入、支出和结存情况，便于企业与开户银行之间核对账目，同时，便于检查企业执行银行结算制度的情况。

银行存款日记账通常由出纳人员依据审核无误的银行存款收、付款记账凭证和反映把现金存入银行的现金付款凭证，逐日逐笔登记入账，并且按记账凭证号码顺序进行登记。银行存款日记账应每天结出余额，以便企业有关管理人员能及时掌握本单位的支付能力和银行存款的增减变动情况。

银行存款日记账的格式有三栏式和多栏式两种。三栏式和多栏式的银行存款日记账的登记方法与现金日记账的三栏式和多栏式登记方法相同。因银行存款结算凭证种类较多，为了便于与银行核对账项，加强对支票等结算凭证的管理，在银行存款日记账中应专设一个“结算凭证”栏。在这里主要介绍银行存款日记账（三栏式）的格式及登记方法，见表2-13。

表2-13 银行存款日记账 单位：元

2014年		凭证字号	摘要	结算凭证		对应科目	收入	支出	余额
月	日			种类	号数				
1	1		期初余额						100 000
	1	银付1	购买材料	转账支票	200 089	材料采购		10 000	90 000
	3	银付2	提现	现金支票	105 689	库存现金		8000	82 000
			…						
	31		合计				210 000	150 000	160 000

2. 总分类账的格式及其登记方法

总分类账是按照总账科目设置账户（账页），用于分类登记经济业务的账簿。它是对企业的资产、负债、所有者权益、收入、费用以及利润进行总括反映，提供全面、连续、系统分类资料的账簿，也是编制财务报表的依据。所以，每一企业都要设置总分类账。

在总分类账中，专职会计人员应按照总分类账户的编号顺序开设户头，分设独立的账页，预留每个账户所需要的页数。每个账户预留页数的多少，应视该账户记录的经济业务的估计次数来确定。然后负责进行登记，由于总分类账簿的登记依据和登记方法受账务处理程序的制约，因此，在不同的账务处理程序下有不同的总分类账的格式和登记方法。总分类账簿的格式，一般采用借、贷、余三栏式的订本账，其格式见表2-14。

总分类账可以根据各种记账凭证逐笔登记，还可以将各种记账凭证先编制成汇总记账凭证或科目汇总表，据此登记总分类账。

表2-14 总分类账

会计科目：银行存款 单位：元

2014年		凭证字号	摘要	对应科目	借方	贷方	借贷	余额
月	日							
12	1		期初余额				借	100 000
	1	银付1	购买材料	材料采购		10 000	借	90 000
	3	银付2	提取现金	库存现金		8000	借	82 000
	30		…					
			本期发生额及余额		210 000	150 000	借	160 000

3. 明细分类账的格式及其登记方法

明细分类账又称明细账，它是根据总分类科目所属的二级或明细科目设置账户（账页），用于详细登记某类项目的增减变化情况及结果的账簿。它是对总分类账的必要补充说明，同时，还可以为编制财务报表提供必要的详细资料。所以，企业应根据管理的需要按照明细分类科目设置明细账，详细的程度以满足管理的需要为准。

明细账由会计人员根据记账凭证、原始凭证或原始凭证汇总表进行登记。在一般情况下，明细账应逐笔登记，如固定资产明细账、应付账款明细账等。对于大量重复发生的经济业务，如发料、投入、施工等也可以逐日汇总或定期汇总登记，但在摘要栏内要加以说明。

明细分类账一般采用活页式和卡片式账簿。其账页的格式有三栏式、多栏式或数量金额式三种。

（1）三栏式明细账一般用于反映债权、债务的结算情况，如应收账款明细账、应付账款明细账等。三栏式明细账是根据记账凭证和有关原始凭证逐笔进行登记，其格式见表2-15。

表2-15　　应付账款明细账

二级或明细科目：大宇公司　　单位：元

2014年		凭证字号	摘要	对应科目	借方	贷方	借贷	余额
月	日							
12	1		期初余额				贷	60 000
	1	银付3	偿还借款	银行存款	35 000		贷	25 000
	5	转账1	采购材料款未付	材料采购		15 000	贷	40 000
	31		…					
			本期发生额及余额		35 000	15 000	贷	40 000

（2）多栏式明细账是根据经营管理需要，在明细账页中的“借方”或“贷方”设置专栏，用于反映账户增减变动详细情况的一种明细账，一般用于反映费用、成本、收入等账户的明细核算，如工程施工明细账、材料采购明细账。多栏式明细账的格式见表2-16。

表2-16　　间接费用明细账　　单位：元

2014年		凭证号数	摘要	明细项目借方发生额							
月	日			工资及福利费	机械使用费	消耗材料	低耗品使用费	办公费	水电费	贷方	合计
12	1	略	购买办公品					300			300
	5		工资费用	3000							3000
	6		福利费	420							420
	8		计提折旧		1600						1600
	10		材料费用			1000	1200				2200
	20		水电费						600		600
	31		合计	3420	1600	1000	1200	300	600		8120

（3）数量金额式明细账的格式是在“收入”、“发出”和“结存”三栏下分别设置“数量”、“单价”、“金额”栏。此账页格式适用于既要进行金额核算又要进行数量核算的财产物资科目的明细核算。通过这些明细账的核算资料，了解材料等物资的流动及其结存情况，以便进行日常的会计监督。数量金额式明细账的格式见表 2-17。

表 2-17　　材 料 明 细 账

品种：水泥　　计量单位：t

规格：42.5 号　　存放地点：3 号库

年		凭证字号	摘要	收入			发出			结存		
月	日			数量	单价	金额	数量	单价	金额	数量	单价	金额
12	1		期初余额							200	260	52 000
	1	领 01	发出				50			150		
	7	收 01	购入	100	240	24 000	100			250		
	10	领 02	发出				200			150		
	17	收 02	购入	500	250	125 000				650		
	25	领 03	发出							450		
	31		合计	600		149 000	350			450		

（四）会计账簿的登记

为了保证记账工作的质量，会计账簿的登记按以下要求进行：

（1）启用账簿时应填制“账簿启用表”，并编制账户目录；调换记账人员时应办理交接手续并签章。

（2）记录应用蓝、黑墨水书写，要求书写工整、摘要清楚、数字准确。

（3）各种账簿要按编定的页次顺序连续记载，不得跳行、跳页。如在记账中发生了隔页或空行，应在空页、空行划红斜线注销，或注明“此行（页）空白”字样，并由记账人员签章。

（4）每记完一张账页需登记新账页时，应在其最后一行加计本月份的发生额并结出余额，在摘要栏内注明“过次页”，同时将上述发生额和余额记入新账页的第一行，在摘要栏内注明“承前页”。

（5）账簿记录发生错误，不准涂改、挖补、刮擦或用褪色药水消除字迹，不准重新抄写，应采用划线更正法或更正的记账凭证进行更正。

（6）将本期内所发生的各项经济业务全部登记入账后，应当办理结账手续。结账时，应当结出每个账户的本期发生额和余额，并划出结账线。

（7）为了保证账簿记录的真实可靠，应当定期对账簿记录的有关数字与库存实物、货币资金、往来单位或者个人等进行相互核对，保证账证相符、账账相符、账实相符。

任务五　会计核算组织程序

一、会计核算组织程序概述

会计核算的基本程序：①会计主体对于已发生或完成的经济业务必须取得或填制原始凭

证；②经审核无误后填制记账凭证；③根据会计凭证登记会计账簿；④根据会计账簿编制财务报表。

1. 会计核算组织程序的意义

会计核算组织程序也称会计核算形式，是指对经济业务进行日常核算，提供会计信息所采用的会计凭证、账簿组织和记账程序相互结合的方式。其中，账簿组织是指账簿的种类、账页格式和各种账簿之间的关系，记账程序和记账方法是指凭证的编制传递，根据凭证登记账簿、编制报表的顺序和方法。在会计实际工作中，由于各会计主体的业务性质、经营规模和管理要求不同，需要运用的记账凭证、会计账簿的种类和格式也不同，即凭证账簿组织不应相同，同时采用的记账程序和方法也不一样。为了既有效地提供会计信息，又能提高会计核算工作效率，需要根据业务的繁简程度和管理要求，将凭证、账簿组织与记账程序有机地结合并加以运用。

2. 合理组织会计核算程序的要求

合理组织会计核算程序应符合下列要求：

（1）必须适应本企业经济活动的实际情况，适应企业经济活动的特点、业务繁简、规模的大小等。

（2）必须能满足会计核算的要求，使会计核算的各个环节紧密衔接，手续简便，有利于高效率地完成核算工作。

（3）必须适合经济管理的需求，能及时、正确地提供全面的、系统的会计信息。

3. 会计核算组织程序的种类

目前，我国会计工作中主要有以下五种会计核算程序：

（1）记账凭证核算程序。

（2）科目汇总表核算程序。

（3）汇总记账凭证核算程序。

（4）日记总账核算程序。

（5）多栏式日记账核算程序。

上述各种核算程序既有许多共同点，又各有其特点，主要表现在登记总分类账的依据和方法不同。企业应根据实际情况加以选用。

二、记账凭证账务处理程序

1. 记账凭证核算程序中凭证、账簿的设置及特点

记账凭证核算程序是对一切经济业务根据原始凭证或原始凭证汇总表编制记账凭证，据以登记总分类账的一种会计核算组织程序。它是一种最基本的会计核算组织程序，其他各种核算程序，是在这种核算程序的基础上发展演变而来的。

记账凭证核算程序中应设置的凭证、账簿：①记账凭证可以采用通用记账凭证，也可以采用收款凭证、付款凭证和转账凭证三种格式的专用凭证；②总分类账和日记账一般采用三栏式；③总分类账应按总分类科目设置，明细账可以根据管理需要设置。

2. 记账凭证核算程序的步骤

记账凭证核算程序的账务处理程序：

（1）根据原始凭证或原始凭证汇总表编制记账凭证。

（2）根据收、付款凭证登记现金、银行存款日记账。

（3）根据各种记账凭证、原始凭证或原始凭证汇总表登记各种明细账。

（4）根据各种记账凭证逐笔登记总分类账。

（5）总账、日记账和明细账在期末相互核对。

（6）期末根据总账和明细账编制财务报表。

3. 记账凭证核算程序的优缺点和适用范围

记账凭证账务处理程序的优点：直接根据记账凭证登记总账，简单明了、易于理解，总分类账可以较详细地反映经济业务的发生情况。其缺点：登记总分类账的工作量较大。因此，记账凭证账务处理程序适用于规模较小、经济业务量较少的单位。

三、科目汇总表账务处理程序

1. 科目汇总表核算程序中凭证、账簿的设置及特点

科目汇总表核算形式是指根据记账凭证，定期编制科目汇总表，据以登记总分类账的一种会计核算形式。这种核算形式是在记账凭证核算形式基础上发展起来的，与记账凭证核算形式相比，科目汇总表核算形式的特点：先定期（每天、5 天、10 天、15 天或 1 个月）将记账凭证按相同科目进行汇总，编制科目汇总表，然后根据科目汇总表登记总分类账。

采用科目汇总表核算形式需要设置的凭证、账簿有：

1）记账凭证应该采用专用记账凭证方式，即分别设置收款凭证、付款凭证和转账凭证。为便于编制科目汇总表，每张记账凭证上只能编制简单的会计分录（即一个借方科目与一个贷方科目）。对于转账凭证要复写两份，一份作为借方科目的转账凭证，一份作为贷方科目的转账凭证。

2）账簿体系与记账凭证核算形式相同，也包括现金日记账、银行存款日记账、总分类账和各种明细账。日记账和总分类账一般采用三栏式账页，明细分类账根据管理需要设置。

2. 科目汇总表的编制方法

编制科目汇总表：

1）对记账凭证定期按照相同的会计科目进行归类，填在表内的“会计科目”栏。

2）按各科目分别计算借方本期发生额合计和贷方本期发生额合计，填入表内与各科目相应“借方”栏和“贷方”栏。

3）计算出所有科目的借方发生额合计和贷方发生额合计，并进行试算平衡。

4）试算平衡无误后，即可据以登记总分类账。科目汇总表的格式见表 2-18。

表 2-18　　**科 目 汇 总 表**

2014 年 12 月 1～31 日

会 计 科 目	账　页	本 期 发 生 额		记账凭证起讫号数
		借方	贷方	
库存现金	略	600		
银行存款	略	18 000	109 100	
应收账款	略		18 000	
原材料	略	3000	1200	
固定资产	略	50 000		
工程施工	略	1200		

续表

会计科目	账页	本期发生额		记账凭证起讫号数
		借方	贷方	
短期借款	略	100 000		
应付账款	略		3000	
应交税费	略	3500		
实收资本	略			
资本公积	略		50 000	
管理费用	略	5000		
合计		181 300	181 300	

科目汇总表账务处理程序的一般程序如下：

（1）根据原始凭证编制汇总原始凭证。

（2）根据原始凭证或汇总原始凭证，编制记账凭证。

（3）根据收款凭证、付款凭证，逐笔登记现金日记账和银行存款日记账。

（4）根据原始凭证、汇总原始凭证和记账凭证，登记各种明细分类账。

（5）根据各种记账凭证编制科目汇总表。

（6）根据科目汇总表登记总分类账。

（7）期末，现金日记账、银行存款日记账和明细分类账的余额同有关总分类账的余额核对相符。

（8）根据总分类账和明细分类账的记录，编制会计报表。

科目汇总表账务处理程序的优点：可以简化总分类账的登记工作，减轻了登记总分类账的工作量，并可做到试算平衡、简明易懂、方便易学。其缺点：科目汇总表不能反映账户对应关系，不便于查对账目。科目汇总表账务处理程序通常适用于经济业务较多的企业。

四、汇总记账凭证账务处理程序

汇总记账凭证账务处理程序是根据原始凭证或汇总原始凭证编制记账凭证，定期根据记账凭证分类编制汇总收款凭证、汇总付款凭证和汇总转账凭证，再根据汇总记账凭证登记总分类账的一种账务处理程序。其一般程序如下：

（1）根据原始凭证编制汇总原始凭证。

（2）根据原始凭证或汇总原始凭证，编制记账凭证。

（3）根据收款凭证、付款凭证，逐笔登记现金日记账和银行存款日记账。

（4）根据原始凭证、汇总原始凭证和记账凭证，登记各种明细分类账。

（5）根据各种记账凭证编制有关汇总记账凭证。

（6）根据各种汇总记账凭证登记总分类账。

（7）期末，现金日记账、银行存款日记账和明细分类账的余额同有关总分类账的余额核对相符。

（8）根据总分类账和明细分类账的记录，编制会计报表。

汇总记账凭证账务处理程序的优点：减轻了登记总分类账的工作量，便于了解账户之间的对应关系。其缺点：按每一贷方科目编制汇总转账凭证，不利于会计核算的日常分工，当转账凭证较多时，编制汇总转账凭证的工作量较大。因此，汇总记账凭证账务处理程序适用于规模较大、经济业务较多的单位。

知识梳理与小结

本学习情境介绍的主要内容是借贷记账法。要使用借贷记账法对企业的经济业务进行记录，必须要选择正确的会计科目，会计科目是对会计要素的具体内容进行分类核算的项目，会计要素则是对会计对象的基本分类。因此，本学习情境内容的主要线索如下：

（1）会计对象——资金运动及其财务关系。

（2）会计要素——资产、负债、所有者权益、收入、费用和利润。会计要素之间的关系是

资产=负债+所有者权益

收入−费用=利润

（3）会计科目——资产类、负债类、共同类、所有者权益类、成本类和损益类。

（4）借贷记账法——记账规则是有借必有贷，借贷必相等，基本原理是资产=负债+所有者权益。

在运用借贷记账法对经济业务进行记录的过程中，要注意的问题如下：

（1）遵循会计信息质量要求：客观性要求、相关性要求、明晰性要求、可比性要求、实质重于形式、重要性要求、谨慎性要求及及时性要求。

（2）设定会计基本前提：会计主体、持续经营、会计分期和货币计量。

（3）会计记录的载体：会计凭证和会计账户。

（4）账务处理程序：企业可以采用的会计凭证组织程序有记账凭证账务处理程序、汇总记账凭证账务处理程序、科目汇总表账务处理程序等。

复习思考题

1．什么是会计恒等式？如何理解经济业务对会计恒等式的影响？

2．什么叫会计科目？什么叫账户？它们之间有什么区别与联系？

3．借贷记账法的记账规则是什么？

4．什么叫会计凭证？它包括哪些内容？

5．什么叫会计账簿？它是如何设置的？其登记方法和要求有哪些？

6．分类账、序时账和备查账有什么区别？各自的作用是什么？

7．什么是会计分录？如何编制会计分录？

8．什么是会计核算组织程序？

9．什么是记账凭证核算程序？其特点表现在哪些方面？

10．什么是科目汇总表核算程序？其表现在哪些方面？

实 训 练 习 题

练习题一

（一）目的：练习会计基本等式。

（二）资料：

某建筑施工企业 2014 年 7 月初的资产、负债及所有者权益账户余额见表 2-19。

表 2-19 **账 户 余 额 表** 单位：元

资　产	金　额	负债及所有者权益	金　额
库存现金	1000	负债	
银行存款	13 000	短期借款	100 000
应收账款	14 000	应付账款	25 000
其他应收款	2000	应付职工薪酬	5000
材料采购	10 000		
工程施工	140 000	所有者权益	
原材料	50 000	实收资本	500 000
库存商品	70 000	盈余公积	50 000
固定资产	400 000	未分配利润	20 000
合计	700 000	合计	700 000

7 月该企业发生下列经济业务：

（1）向甲公司购入一批材料，计价 20 000 元，材料已验收入库，货款未付。

（2）施工单位领用材料 45 000 元投入施工生产。

（3）向银行借入短期借款 55 000 元存入银行。

（4）以现金暂付职工×××出差差旅费 1000 元。

（5）以银行存款偿还前欠甲公司材料款 20 000 元。

（6）收到某单位投入资本 30 000 元存入银行。

（7）收回乙公司前欠货款 12 000 元存入银行。

（8）从银行提取现金 1000 元。

（9）以银行存款购入机器一台，价值 20 000 元。

（10）以银行存款支付职工医疗保险费 5000 元。

（三）要求：将资产、负债和所有者权益各项目的月初金额和本期增减的金额填入表 2-20，并计算出期末余额及合计数。

表 2-20 **科 目 变 动 表** 单位：元

资产	期初数	本期增加	本期减少	期末余额	负债及所有者权益	期初数	本期增加	本期减少	期末余额
库存现金									
银行存款					短期借款				
应收账款					应付账款				
其他应收款					应付职工薪酬				
材料采购									

续表

资产	期初数	本期增加	本期减少	期末余额	负债及所有者权益	期初数	本期增加	本期减少	期末余额
工程施工									
原材料					实收资本				
库存商品					盈余公积				
固定资产					未分配利润				
合计					合计				

练习题二

（一）目的：练习借贷记账法。

（二）资料：

（1）某企业 2014 年 7 月 1 日各总账账户余额见表 2-20。

（2）本月发生经济业务见练习题一。

（三）要求：

（1）根据上述经济业务编制会计分录。

（2）开设“T”字形账户，登记期初余额和本期发生额，并结出期末余额。

（3）编制试算平衡表。

练习题三

（一）目的：练习记账凭证的编制。

（二）资料：同练习题二所列各项经济业务。

（三）要求：根据上述资料，分别填制收款凭证、付款凭证和转账凭证。

学习情境三 货币资金的核算

学习目标

1. 理解库存现金、银行存款和其他货币资金的概念。
2. 了解库存现金的开支范围、库存限额和库存现金的日常管理办法。
3. 了解银行存款的结算方式和其他货币资金的内容。
4. 掌握库存现金的总分类核算、序时核算和清查的核算。
5. 掌握银行存款的总分类核算、序时核算和清查的方法。
6. 掌握其他货币资金的核算方法。

技能目标

1. 具备库存现金的总分类核算、序时核算和清查核算的能力。
2. 具备银行存款的总分类核算、序时核算和清查结果的核算能力。
3. 具备其他货币资金的核算能力。

案例导入

2014 年 3 月 6 日，某施工企业向开户银行申请办理银行本票，交付款项 20 000 元，取得银行本票；持银行本票购买货物，凭发票账单报销货款 15 000 元；填制进账单将银行本票的剩余款项划回。对于这一业务财务人员怎样进行账务处理？

这是一笔关于其他货币资金的账务处理问题，我们在处理的时候需要解决以下几个问题：如何准确的选择账户名称？申请办理银行本票的时候怎样进行账务处理？凭发票账单报销货款的时候怎样进行账务处理？填制进账单将银行本票的剩余款项划回的时候怎样进行账务处理？

为了解决以上几个问题我们就必须认真学习货币资金核算的理论知识，以准确地核算其他货币资金的各个环节的相关业务。

货币资金的核算将主要介绍库存现金的总分类核算、序时核算和清查的核算方法；银行存款的总分类核算、序时核算和清查结果的核算方法；其他货币资金的核算方法。

货币资金是指施工企业资金周转过程中，以货币形态存在的那部分资金。

根据货币资金的存放地点和用途不同，将其分为现金、银行存款和其他货币资金。

货币资金是施工企业流动资产的重要组成部分，在企业所有的资产中，其流动性最强，因此，货币资金在施工企业的生产经营活动中有着不可或缺的作用，这就要求企业必须科学、合理地保留一部分货币资金，并认真做好货币资金的核算工作，加强对货币资金的管理。

知识链接

任务一 库存现金核算

一、库存现金的管理

1. 库存现金的概念

库存现金是指存放于企业财会部门，由出纳人员负责经管的货币，包括库存的人民币和各种外币。

2. 库存现金管理的内容

现金是企业流动性最强的货币资金，企业必须加强对现金日常收支的管理，确保现金的完好无损。

（1）库存现金的开支范围。根据现金管理暂行条例的规定，企业可以在以下范围内使用现金：

1）职工工资、津贴；

2）个人劳务报酬；

3）根据国家规定颁发给个人的科学技术、文化艺术、体育等方面的各种奖金；

4）各种劳保、福利费用以及国家规定的对个人的其他支出；

5）向个人收购农副产品和其他物资的价款；

6）出差人员必须随身携带的差旅费；

7）结算起点以下的零星开支；

8）中国人民银行确定需要支付现金的其他支出。

上述款项以外的结算业务，应通过银行办理转账结算。

（2）库存现金限额。库存现金限额是指企业保留库存现金的最高数额。

根据我国现行规定，企业日常零星开支所需库存现金数额，由开户银行根据企业的规模的大小、日常现金开支的多少、企业距离银行的远近以及交通是否便利等实际情况来核定。

库存现金限额一般为3～5天的日常零星开支，边远地区和交通不便地区，限额可以多于5天，但最多不得超过15天的需要量。

特别提示：如需要增加或减少库存现金限额，应向开户银行提出申请，由开户银行核定。

（3）现金日常收支的管理。

1）企业现金应当于当日送存开户银行。当日送存有困难的，由开户银行确定送存日期。

2）不得“坐支”（从本企业的现金收入中直接开支）现金。因特殊情况需要“坐支”的，应事先报经开户行审核批准。

3）企业签发支票从银行提取现金应当写明用途，由企业财会部门负责人签字盖章，经银行审核后，予以支付现金。

4）企业因采购地点不固定，生产或者市场急需，抢险救灾以及其他特殊情况必须使用现金的，应当向开户银行提出申请，经开户银行审核后，予以支付现金。

5）不编造和谎报用途套取现金。

6）不得以“白条”（不符合财务手续的原始凭证）顶替库存现金。

7）不许公款私存，不得设置“小金库”。

8）实行账款分管制度，明确会计主管、出纳人员和有关会计人员各自应承担的经济责任。

二、库存现金的核算

现金的核算包括现金的总分类核算和序时核算。

1. 总分类核算

为了总体概括反映建筑施工企业库存现金的收入、支出和结存情况，应该设置“库存现金”总分类账户。该账户属于资产类账户，借方记录企业库存现金收入的数额，贷方记录企业库存现金支出的数额，余额在借方，表示期末企业库存的现金余额。

【案例 3-1】 某施工企业 2014 年 5 月发生以下部分经济业务：

（1）2 日，公司从银行提取现金 5000 元。

（2）3 日，公司计划处职工王强出差预借差旅费 1000 元。

（3）6 日，公司出售废旧材料，收回现金 1200 元。

（4）6 日，将上述收取的现金送存银行。

（5）8 日，公司计划处职工王强出差回来凭差旅费票据报销差旅费 800 元，余款退回。

（6）10 日，用现金 600 元购买企业行政管理部门的办公用品。

公司财务人员根据以上发生业务的相关原始凭证，编制会计分录如下：

（1）借：库存现金	5000	
贷：银行存款		5000
（2）借：其他应收款——王强	1000	
贷：库存现金		1000
（3）借：库存现金	1200	
贷：其他业务收入		1200
（4）借：银行存款	1200	
贷：库存现金		1200
（5）借：管理费用——差旅费	800	
库存现金	200	
贷：其他应收款——王强		1000
（6）借：管理费用	600	
贷：库存现金		600

案例评析：*以上六笔经济业务都是有关库存现金核算的经济业务，在编制会计分录时，要应用“库存现金”账户。*

2. 库存现金的序时核算

库存现金的序时核算是通过序时账簿也称日记账进行的。企业应当设置“现金日记账”，由出纳员根据同现金有关的记账凭证，按照时间顺序逐日逐笔进行登记，并逐日结出现金余额，与库存现金实存数核对，以检查每日现金收付是否有误。

现金日记账的格式有三栏式和多栏式两种。无论采用三栏式还是多栏式现金日记账，都必须使用订本账。

三、库存现金清查核算

为了保证企业的现金做到账款相符，应对库存现金进行清查，以确定库存现金的安全、完整。

现金清查是指对库存现金的盘点与核对，包括出纳人员每日终了前进行现金账款核对和清查小组定期或不定期的现金清查与核对。

现金的清查主要采用实地盘点方法。现金清查结束后，应根据清查的结果与现金日记账核对的情况填制“库存现金盘点报告单”。

现金清查发现的有待查明原因的现金短缺或溢余，应通过“待处理财产损溢——待处理流动资产损溢”账户核算。待查明原因后，对发生现金情况的处理是：如为现金短缺，属于应由责任人或保险公司赔偿的部分，借记“其他应收款”科目，属于无法查明的其他原因，根据管理权限，经过批准后借记“管理费用”科目。对发生现金溢余情况的处理是：如属于应支付给有关人员或单位的，贷记“其他应付款”科目，属于无法查明的其他原因的现金溢余，经过批准后，贷记“营业外收入”科目。

【案例 3-2】（1）某施工企业 2015 年 3 月 31 日，进行现金盘点，发现短缺 90 元。经查，属于无法查明的原因，经批准后增加为管理费用。

公司财务人员根据发生的经济业务，编制如下会计分录：

借：待处理财产损溢——待处理流动资产损溢　　90
　　贷：库存现金　　90
借：管理费用　　90
　　贷：待处理财产损溢——待处理流动资产损溢　　90

假如上述现金短款责任是由于出纳员张强的疏忽造成的，企业向其索赔。

借：其他应收款——张强　　90
　　贷：待处理财产损溢——待处理流动资产损溢　　90

（2）某施工企业 2015 年 3 月 31 日，现金盘点发现现金库存余额大于账存余额 300 元。经查，上述现金长款 300 元，无法查清来源。

借：库存现金　　300
　　贷：待处理财产损溢——待处理流动资产损溢　　300
借：待处理财产损溢——待处理流动资产损溢　　300
　　贷：营业外收入　　300

案例评析：以上经济业务都是有关库存现金清查问题的核算，对于现金的清查，如发现现金的短缺或溢余，要分报经批准前和批准后两个阶段，严格按照财务制度规定的办法进行账务处理。

任务二 银行存款核算

一、银行存款的结算方式

银行存款是指企业存放于银行和其他金融机构的货币资金。

银行存款账户分为：基本存款账户、一般存款账户、临时存款账户和专用存款账户。基本存款账户是企业办理日常结算和现金收付的账户。

企业日常的收付结算方式有两种：通过现金收取、支付各种款项的方式，称为现金结算方式；通过银行将款项从付款方账户划拨到收款方账户上的结算方式，称为转账结算方式。

我国现行的转账结算方式主要有银行汇票、银行本票、商业汇票、支票、汇兑、委托收款、异地托收承付、信用卡和信用证等九种。

1. 银行汇票

银行汇票结算是指汇款人将款项交存当地银行，由银行签发银行汇票给汇款人持往异地办理转账结算或支取现金的一种结算方式。

银行汇票一律记名；可背书转让；付款期为自出票日起 1 个月内。

汇款（付款）人需要使用银行汇票时，应填制“银行汇票申请书”向签发银行申请签发汇票，经银行审查同意并签发银行汇票后，汇款人可以根据“银行汇票申请书”存根联编制银行存款付款凭证进行账务处理。当收款人收到付款人交付的银行汇票后，应填制“进账单”将汇票提交银行，然后根据“进账单”的回联编制银行存款收款凭证进行账务处理。由于银行汇票可以全额结算也可以作部分结算，因此，当银行汇票使用后有多余款时，汇款人应根据签发行送来的“多余款收账通知”编制银行存款收款凭证进行处理。

银行汇票可以用于转账，填明“现金”字样的银行汇票也可以用于支取现金。

2. 银行本票

银行本票是指申请人将款项交存银行，由银行签发的承诺自己见票时无条件支付确定金额给收款人或持票人的票据。

银行本票按面额是否确定可以分为定额本票和不定额本票。定额本票面额有 1000 元、5000 元、10 000 元和 50 000 元。

银行本票一律记名；允许背书转让；可转账也可以提现。其付款期限最长不能超过 2 个月。

银行本票适用于同城结算。

3. 商业汇票

商业汇票是指由出票人签发的，委托付款人在指定日期无条件支付确定的金额给收款人或持票人的票据。

商业汇票可以按承兑人的不同分为“商业承兑汇票”和“银行承兑汇票”两种，商业承兑汇票指由银行以外的付款人承兑的商业汇票，银行承兑汇票指由银行承兑的商业汇票；商业汇票根据票据是否带息，分为带息商业汇票和不带息商业汇票。

商业汇票一律记名；允许背书转让；付款期最长不得超过 6 个月。

在银行开立存款账户的法人以及其他组织之间须具有真实的交易关系或债权债务关系，才能使用商业汇票。

商业汇票同城或异地均可使用。

4. 支票

支票是指由出票人签发的，委托办理支票存款业务的银行或其他金融机构在见票时无条件支付确定金额给收款人或持票人的票据。

目前，我国的支票可以按其作用不同分为现金支票、转账支票和普通支票。现金支票只能提取现金；转账支票只能用于转账；普通支票既可以用于提取现金，也可以转账。在普通支票左上角划两条平行线的，为划线支票，只能转账，不得支取现金。

支票提示付款期自出票日起为 10 天；企业不得签发空头支票；不得签发与银行预留签章不符的支票；支票作废时，必须加盖作废戳记并全份保存，不得撕毁。

支票结算是同城结算中使用最为广泛的一种结算方式，用于转账的支票可以在同城票据交换区内背书转让。异地使用支票金额上限为 50 万元。

5. 汇兑

汇兑是指汇款人委托银行将款项汇给外地收款人的一种结算方式。

汇兑分为信汇和电汇两种，由汇款人自行选择。信汇是指汇款人委托银行以邮寄方式将款项划转给收款人；电汇是指汇款人委托银行通过电报方式将款项划转给收款人。

汇兑适用单位和个人异地各种款项的结算。

6. 委托收款

委托收款是指收款人向银行提供收款依据，委托银行向付款人收取款项的一种结算方式。

委托收款按款项划回方式可分为邮寄划回和电报划回两种，由收款人选用。

付款单位收到委托收款的通知次日起 3 日内，主动通知银行是否付款。

委托收款结算方式适用于单位或个人凭已承兑的商业汇票、债券、存单等付款人债务证明办理款项的结算，还适用于收取赊销商品款、电费、电话费等付款人众多、分散的费用等有关款项的结算。

委托收款结算方式在同城和异地的单位和个人之间均可使用。

7. 异地托收承付

异地托收承付是指收款人根据购销合同由收款人发货后委托银行向异地付款人收取款项，并由付款人向银行承认付款的结算方式。

办理异地托收承付结算必须是有经济合同的商品交易以及因商品交易而产生的劳务供应的款项；每笔结算的金额起点为 10 000 元，新华书店系统每笔结算金额起点为 1000 元。

付款人向银行承认付款的方式分为验单承付和验货承付两种。查验单据承付的承付期为 3 天，查验货物的承付期限为 10 天。如承付期满日，付款人无正当理由拒绝付款，银行负责扣款，将款项划给收款单位。付款人可在承付期内，经过验单或验货后，发现与合同不符，可根据实际情况提出全部或部分拒付理由，并填制“拒付理由书”，经过银行审查同意后，办理全部拒付或部分拒付。

8. 信用卡

信用卡是指商业银行向个人和单位发行的，凭以向特约单位购物、消费和向银行存取现金，且具有消费信用的特制载体卡片。

信用卡按使用对象分为单位卡和个人卡；按信誉等级分为金卡和普通卡。

特别提示：单位卡不得用于 10 万元以上的商品交易、劳务供应款项的结算，单位卡一律不得支取现金；持卡人使用信用卡可透支，金卡最高不得超过 1 万元，普通卡最高不超过 5000 元，透支期限最长为 60 天；信用卡不得出借或出租。

9. 信用证

信用证是指开证银行依照进口商的请求，开给出口方的一种保证付款的书面凭证，银行承担在信用证条款完全得到遵守的情况下向出口方付款的责任。

采用信用证结算方式，付款单位应预先把一定款项专户存入银行，委托银行开出信用证，通知异地收款单位开户银行转给收款单位；收款单位按照合同和信用证规定的条件发货或交货，银行代付款单位支付货款。

信用证结算是国际结算的一种主要方式，经批准，商业银行也可以办理国内企业之间商品交易结算。

二、银行存款的核算

建筑企业银行存款的核算包括银行存款的总分类核算和序时核算。

1. 总分类核算

为了总括反映企业银行存款的增加、减少和结存情况，应该设置“银行存款”总分类账户。该账户属于资产类账户，借方记录企业存入的款项，贷方记录企业提取或支出的款项，余额在借方，表示企业银行存款的结余数。

【案例 3-3】 某施工企业 2014 年 3 月发生下列部分经济业务

（1）3 日，某企业签发转账支票一张，支付给红星工厂购料款 6000 元。

（2）4 日，接银行转来委托收账通知，收到华强公司上月工程价款 200 000 元。

（3）5 日，企业向某单位销售混凝土空心板一批，收到对方一张银行汇票，结算金额 8000 元，当即将汇票提交银行。

（4）6 日，通过银行转账支付企业的财务审计费 1000 元。

（5）8 日，填制现金缴款单，将库存多余的现金 1500 元送存银行。

公司财务人员根据有关原始凭证，编制如下会计分录：

（1）借：材料采购 6000
　　贷：银行存款 6000

（2）借：银行存款 200 000
　　贷：应收账款 200 000

（3）借：银行存款 8000
　　贷：其他业务收入 8000

（4）借：管理费用 1000
　　贷：银行存款 1000

（5）借：银行存款 1500
　　贷：库存现金 1500

案例评析：以上五笔业务都是有关银行存款核算的业务，要通过“银行存款”会计科目进行核算。

2. 银行存款的序时核算

为了加强银行存款的核算和监督，及时掌握银行存款每日的收入、支出和结余情况，企业应当设置“银行存款日记账”，进行银行存款的序时核算。

银行存款日记账应按企业在银行开立的账户和币种分别设置，每个银行账户设置一本日记账，由出纳员根据与银行存款收付业务有关的记账凭证，按照经济业务发生的时间先后顺序逐日逐笔登记，每日结出存款余额。

银行存款日记账主要有三栏式和多栏式两种，并且必须使用订本账。

银行存款的核算，必须做到账证相符、账账相符、账实相符。

三、银行存款的清查

1. 银行存款清查的方法

企业为了保证银行存款的安全、完整，必须对银行存款定期进行清查。银行存款的清查是采用核对账目的方法进行的，即将企业登记的“银行存款日记账”与开户银行送来的对账单逐笔进行核对，每月至少核对一次。通过核对，若发现双方账目不一致时，其原因有二：

一是双方可能发生错账、漏账；二是由于未达账项所致。

2. 未达账项

（1）未达账项内容。未达账项是指企业与银行之间，由于结算凭证在传递上的时间差异，使得一方先得到结算凭证已经登记入账，另一方尚未取得结算凭证而尚未登记入账的项目。

具体来说，未达账项的情况大致有以下四种：

1）企业存入的款项，企业已作存款增加处理，但银行尚在办理手续之中，未能及时入账。

2）企业开出支票或其他付款凭证，已作存款减少处理，但银行尚未办理支付或转账手续，未能入账。

3）企业委托银行代收的款项，银行已经收托记入企业的存款账，但企业尚未接到银行收款通知，未能入账。

4）企业委托银行代付的款项，银行已经划出并记入企业存款账户，但企业未接到银行通知，尚未入账。

（2）未达账项的处理方法。对于“未达账项”造成企业和银行的存款账户不一致的情况，企业往往通过编制“银行存款余额调节表”加以解决，据以调节双方的账面余额。如果经过调整之后，双方金额相等，表明企业与银行的账目没有差错。否则，说明双方记账中一方或双方都有错误，应进一步查明原因，予以更正。

【案例 3-4】 某施工企业 2014 年 5 月 30 日银行存款日记账的余额为 413 280 元，银行对账单上的余额为 418 900 元。经逐笔核对后，双方记账均无差错，但查明有以下几笔未达账项：

1）企业于月末收到转账支票一张，计 46 800 元，企业已作存款收入入账，但尚未到银行办理入账手续，银行尚未入账。

2）企业于月末开出转账支票一张，计 70 200 元，用以支付供货单位账款，企业已作存款付出入账，但支票尚未到达银行，银行尚未入账。

3）月末，银行计算应付给企业存款利息 800 元，银行已登记入账，作为企业存款的增加，而企业尚未收到银行通知，没有入账。

4）月末，银行代企业付水电费 18 580 元，银行已登记入账，作为银行存款的减少，而企业未收到付款通知，企业尚未入账。

根据上述资料编制“银行存款余额调节表”，见表 3-1。

表 3-1 **银行存款余额调节表**

2014 年 5 月 30 日

项 目	金额	项 目	金额
企业银行存款账户余额	413 280	银行对账单上存款余额	418 900
加：银行已收，企业未收的银行存款利息	800	加：企业已收，银行未收的转账支票	46 800
减：银行已付，企业未付的水电费	18 580	减：企业已付，银行未付的转账支票	70 200
调节后存款余额	395 500	调节后存款余额	395 500

案例评析：银行存款余额调节表的编制方法，是双方在账面余额的基础上各自补记对方已记账、本单位未记账的金额（包括增加和减少金额），经过调节以后的双方账面余额若相等，说明双方记账均无错误。根据双方账面余额和未达账项调节后的余额，是企业实际可使用的存款数额。

特别提示："银行存款余额调节表"只能用来与开户银行对账单余额进行核对，检查其账户记录是否一致的，不能据此来更改企业"银行存款日记账"或开户银行对账单的记录。对于未达账项的入账只有当结算凭证达到并具有相关的记账凭证后才能进行。

3. 银行存款清查损失的处理

企业如果有确凿的证据表明存放在银行或其他金融机构的款项已经部分不能收回或全部不能收回的，应当作为当期损失处理，计入"营业外支出"账户。

【案例 3-5】 经查明公司存在某金融机构的款项 60 000 元，已经不能收回。

借：营业外支出　　　　　60 000

　　贷：银行存款　　　　　60 000

案例分析：上笔业务中的不能收回的款项，可假定为此金融机构已宣告破产，其破产财产不足以清偿的款项，或全部不能清偿的款项。

任务三　其他货币资金核算

一、其他货币资金的内容

1. 其他货币资金的特点

其他货币资金是指除现金、银行存款以外的货币资金。就其性质而言，其他货币资金与现金和银行存款一样，均属于货币资金，但其存放地点和用途不同于现金和银行存款，因此，需要单独进行核算。

2. 其他货币资金的内容

企业的其他货币资金按其存放地点和用途不同，包括的内容有外埠存款、银行汇票存款、银行本票存款、信用卡存款、信用证保证金存款和存出投资款等。

外埠存款是指企业到外地进行临时或零星采购时，汇往采购地银行开立采购专户的款项。

银行汇票存款是指企业为取得银行汇票，按照规定存入银行的款项。

银行本票存款是指企业为取得银行本票，按照规定存入银行的款项。

信用卡存款是指企业为取得信用卡按规定存入银行的款项。

信用证存款是指企业为取得信用证按规定而存入银行的保证金。

存出投资款是指企业已经存入证券公司但尚未进行交易性证券投资的现金。

二、账户设置

为了核算和监督其他货币资金的收支和结存情况，企业总分类账中应设置"其他货币资金"账户。该账户属于资产类账户，借方登记其他货币资金的收入，贷方登记其他货币资金的支出，借方余额表示其他货币资金的结存数。本账户应按"外埠存款""银行汇票存款""银行本票存款""信用卡存款""信用证保证金存款""存出投资款"等设置明细账户，进行明细分类核算。

三、其他货币资金的账务处理

【案例 3-6】 某施工企业 2014 年 9 月发生下列有关其他货币资金核算的业务：

（1）1 日，从银行结算户存款汇拨 80 000 元到外地银行开立采购专户。

（2）2 日，采购员报销自外地采购钢材一批的价款 75 000 元。

（3）3 日，接开户银行收款通知，转回外埠存款余额 5000 元。

（4）8 日，向开户银行提交银行本票申请书，委托银行签发银行本票 4000 元，已取得银行本票。

（5）10 日，用银行本票给付采购货款 4000 元。

（6）12 日，持银行本票向某单位购买材料，票款 6000 元，因本票超过付款期而被退回。

（7）20 日，兴隆建筑公司向开户银行办理信用卡，交付款项 90 000 元，取得信用卡；持信用卡存款支付律师咨询费 2000 元。

（8）30 日，鸿运公司准备进行交易性金融资产投资，签发转账支票一张，向证券公司划出资金 500 000 元。

（9）30 日，鸿运公司购入佳旺公司的股票 300 000 元。

公司财务人员根据以上业务有关原始凭证及时编制会计分录。

（1）借：其他货币资金——外埠存款 80 000
　　贷：银行存款 80 000

（2）借：材料采购 75 000
　　贷：其他货币资金——外埠存款 75 000

（3）借：银行存款 5000
　　贷：其他货币资金——外埠存款 5000

（4）借：其他货币资金—银行本票 4000
　　贷：银行存款 4000

（5）借：材料采购 4000
　　贷：其他货币资金——银行本票 4000

（6）借：银行存款 6000
　　贷：其他货币资金——银行本票 6000

（7）借：其他货币资金——信用卡存款 90 000
　　贷：银行存款 90 000
　　借：管理费用 2000
　　贷：其他货币资金——信用卡存款 2000

（8）借：其他货币资金——存出投资款 500 000
　　贷：银行存款 500 000

（9）借：交易性金融资产 300 000
　　贷：其他货币资金——存出投资款 300 000

案例分析：以上九笔业务都是有关其他货币资金核算的业务，通过“其他货币资金”账户进行核算。

特别提示：注意准确选择“其他货币资金”账户的明细账户。

知识梳理与小结

货币资金是指施工企业在施工生产经营活动中停留于货币形态的资金，包括库存现金、银行存款和各种其他货币资金。货币资金是企业最活跃的资金，具有流动性强的特点，可以作为立即投入流通的交换媒介，施工企业的许多经济活动都是通过货币资金的收支来进行的。在商品经济社会中，货币资金即可以充当流通手段，也可以充当支付手段。因此，为了保证施工企业生产经营活动的正常进行，必须保持一定数额的货币资金。

为了加强对现金的管理，保证现金的安全，随时掌握库存现金收付动态和每日库存现金余额，企业必须设置“现金日记账”，按照现金业务发生顺序逐日逐笔登记。每日终了，应计算当日的现金收入合计数、现金支出合计数和结余数，现金的账面余额必须与库存数相符；月份终了，“现金日记账”的余额必须与“库存现金”总账账户的余额相符。

银行存款是指施工企业存放在银行或其他金融机构的货币资金。根据国家现金管理和结算制度的规定，施工企业除在规定限额内留存少量现金以外，其余货币资金必须全部存入银行；企业的一切货币收支，除在规定范围内使用现金以外，都必须通过银行办理结算。为了加强对银行存款的管理，企业应按开户银行、其他金融机构的名称和存款种类等，分别设置“银行存款日记账”，按照业务的发生顺序逐日逐笔登记，每日终了应结出余额。“银行存款日记账”应定期与“银行对账单”核对，至少每月核对一次。月份终了，企业通过将银行存款日记账与银行对账单逐笔查对的办法找出未达账项，并由会计负责按月编制“银行存款余额调节表”进行调节，从而使银行和企业的余额相符。

其他货币资金是指施工企业除现金和银行存款以外的其他各种货币资金，如外埠存款、银行汇票存款、银行本票存款、信用卡存款、信用证保证金存款和存出投资款等。施工企业应加强对其他货币资金的管理，及时办理各项收支结算业务。

复习思考题

1．货币资金的含义？
2．简述现金的使用范围及现金的特点。
3．现金的使用范围是如何规定的？
4．银行存款的结算方式有哪些？其主要区别是什么？
5．简述未达账项的概念。
6．如何编制银行存款余额调节表？
7．简述其他货币资金的核算内容。

实训练习题

练习题一

（一）目的：练习货币资金的核算。

（二）资料：华强建筑公司 2014 年 8 月银行存款期初余额为 3 000 000 元，现金期初余额为 600 元。8 月份发生了下列经济业务：

（1）1 日，开出现金支票从银行提取现金 1000 元。

（2）2 日，收到佳丽公司投入资金 400 000 元，其中，应计入注册资金数额为 350 000 元。款项存入企业的银行存款户。

（3）3 日，因临时性生产周转需要，向银行借款 200 000 元，期限 6 个月，年利率 5%，款项已存入银行。

（4）6 日，从银行提取现金 80 000 元用于发放职工工资。

（5）6 日，以现金发放职工工资 80 000 元。

（6）22 日，公司以现金 5000 元支付办公室职工王强出差预借差旅费。

（7）29 日，办公室职工王强出差回来，报销差旅费 4000 元，多余现金退回。

（8）29 日，以银行存款偿还前欠供应单位永乐公司货款 100 000 元。

（9）26 日，出售一批多余的建筑材料，收到购买方一张转账支票，金额 90 000 元，当日存入银行。

（三）要求：根据以上资料编制会计分录。

练习题二

（一）目的：练习银行存款余额调节表的编制方法。

（二）某建筑公司 2014 年 8 月 31 日日记账余额为 85 200 元，同日银行送来的对账单余额为 86 700 元，经核对后，发现下列未达账项：

（1）公司 31 日收到一张转账支票 4500 元存入银行，公司已经入账，但银行未入账。

（2）公司开出转账支票一张，金额 1600 元，但持票人尚未去银行转账。

（3）公司委托银行代收款 4800 元，银行收妥，但未通知公司。

（4）银行从公司存款账户上代扣电话费 400 元，但通知尚未送给公司。

（三）要求：根据上述资料编制 8 月份银行存款余额调节表。

学习情境四　应收及预付款项的核算

学习目标

1. 理解应收账款、预付账款、其他应收款和坏账的概念；
2. 了解销售折扣、商业折扣和现金折扣的概念；
3. 了解其他应收款的内容；
4. 掌握应收账款和预付账款的核算方法；
5. 掌握应收票据和其他应收款的核算方法；
6. 掌握坏账的核算方法。

技能目标

1. 具备应收账款和预付账款的核算能力；
2. 具备应收票据和其他应收款的核算能力；
3. 具备坏账的核算能力。

案例导入

某施工企业2014年5月20日，将一台暂时不用的设备对外出租，本月应收取租金5000元。对于这样的一笔业务，财务人员怎样进行账务处理？

这笔业务是关于应收账款的核算问题，我们需要主要解决的问题是：会计分录中应借应贷的账户名称是什么？

为了解决这个问题以及其他应收及预付款项的问题，就要求我们认真学习有关应收及预付款项核算的相关知识。

本章主要介绍应收账款和预付账款的核算方法、应收票据和其他应收款的核算方法和坏账的核算方法。

应收账款及预付账款是指施工企业预计在一个正常营业周期中可以收回的各项债权，在企业的资产负债表中作为流动资产予以列示。主要包括“应收账款”“预付账款”“应收票据”“其他应收款”四项内容。

知识链接

任务一　应收账款的核算

一、应收账款的确认与计价

应收账款是建筑施工企业因承接工程、出售材料、产品、提供劳务和出租企业资产使用权等业务时，应向建设单位（发包单位）、购买单位、接受劳务和租用资产的单位或个人收取的款项。

应收账款的计价有两种情况：一种是按实际发生时的交易金额作为应收账款的入账价值，另一种是按扣除现金折扣后的净额作为应收账款的入账价值。

二、应收账款的核算

账户设置：

建筑施工企业为了核算应收账款的发生和收回及结余情况，应设置“应收账款”科目。该科目属于资产类账户，借方登记应收账款的发生，贷方登记应收账款的收回和核销，期末余额在借方，表示尚未收回的应收账款。

“应收账款”账户应按不同的客户（单位或个人）设置明细账，进行明细核算。

【案例 4-1】 某施工企业 2014 年 3 月发生下列部分业务：

（1）1 日，公司将现在暂时不需用的设备出租给海河公司，本月应收取租金 6000 元。

（2）2 日，赊销给佳能公司库存积压的钢筋 3t，单价 1000 元，并通过银行支付代垫包装费 300 元、运杂费 900 元。

（3）6 日，接银行收账通知，收到佳能公司购买钢筋的价款 3000 元和代垫包装费 300 元、运杂费 900 元。

（4）10 日，某公司月末根据“工程价款结算单”向建设单位强盛公司结算应收工程款 250 000 元。

公司财务人员根据以上业务的相关原始凭证及时编制会计分录。

（1）借：应收账款——海河公司　　6000
　　　　贷：其他业务收入　　6000

（2）借：应收账款——佳能公司　　4200
　　　　贷：其他业务收入　　3000
　　　　　　银行存款　　1200

（3）借：银行存款　　4200
　　　　贷：应收账款——佳能公司　　4200

（4）借：应收账款——强盛公司　　250 000
　　　　贷：主营业务收入　　250 000

案例分析： 以上四笔业务是关于应收账款核算的业务，要通过“应收账款”账户进行核算。收入根据其来源应注意区别“主营业务收入”和“其他业务收入”两个账户的应用。

三、销售折扣的核算

1. 销售折扣的概念

企业为了扩大销售量和尽快收回资金，在销售产品时往往给客户附有一定的优惠条件，即为销售折扣。折扣分为商业折扣和现金折扣。

商业折扣是指建筑施工企业为促进商品销售量而在商品标价上给予的价格折扣。商业折扣通常用百分数表示，如：5%、10%、15%等。

现金折扣是指债权人为鼓励债务人在规定的期限内付款，而向债务人提供的债务扣除。现金折扣通常发生在以赊销方式销售商品及提供劳务的交易中。企业为了鼓励客户在一定期限内尽快偿还货款，通常与债务人达成协议，债务人在不同期限内付款可享受不同比例的折扣。现金折扣一般在合同中表示方法为“折扣/付款期限”，例如：客户在10天内付款，便可以按售价的3%折扣，表示方式为3/10；客户在20天内付款，便可以按售价的2%折扣，表示方式为2/20；在30天内付款，则不给折扣，表示方式为*n*/30。

2. 商业折扣的核算

存在商业折扣的情况下，建筑施工企业应收取的款项是扣除了商业折扣后的实际销售价格。折扣一般在交易时即已确定，它仅仅是确定实际销售价格的一种手段，买卖双方均不需要在账上反映。

【案例4-2】 海亮公司购买某建筑公司甲产品，单价200元、数量100件，根据该客户的购买量，公司给予10%的商业折扣，公司应收产品价款为：200×（1–10%）×100=18 000元。

借：应收账款——海亮公司 18 000

  贷：其他业务收入 18 000

案例分析：这是一笔关于商业折扣的核算业务，“应收账款”账户价值按实际销售价格入账。

3. 现金折扣的核算

在现金折扣的情况下，应收账款入账价值的确定有两种方法，一种是总价法，另一种是净价法。

（1）总价法核算。总价法核算是指应收账款将按未减去现金折扣前的金额入账。在会计上，当顾客在现金折扣期内支付货款时，将给予客户的折扣视作为财务费用处理。

【案例4-3】 赊销给金星公司螺纹钢筋6t，单价3300元，计19 800元，约定的现金折扣条件为：“3/10，2/20，n/30”。在合同规定的前10天金星公司转来支票，款项交存银行。

赊销时

借：应收账款——金星公司 19 800

  贷：其他业务收入 19 800

实际收到货款[19800×（1–3%）=19 206]时

借：银行存款 19 206

  财务费用 594

  贷：应收账款——金星公司 19 800

若30天内付款，则应付全额19 800元，收到时

借：银行存款 19800

  贷：应收账款——金星公司 19 800

案例分析：这是一笔关于现金折扣的核算业务，应收账款的价值按总价法确认。

（2）净价法核算。净价法核算是将扣减现金折扣后的金额作为应收账款的入账价值，将由于客户超过折扣期限而多付的金额，冲减财务费用。

特别说明：目前，在我国的会计实务中，现金折扣一般按总价法进行核算。

任务二 预付账款的核算

一、预付账款

预付账款是指建筑施工企业由于购货、接受劳务而按照购货合同或劳务合同规定，预先

支付给供货方或提供劳务方的账款。

二、账户设置

建筑企业为了核算其预付账款业务，应设置“预付账款”账户。“预付账款”账户属于资产类账户，用来核算预付给供应单位的购货款和预付给承包（分包）单位的工程建设款（工程备料款和工程进度款）。借方登记企业预付或补付给供应单位或承包（分包）单位的款项；贷方登记冲销的预付账款的金额及收到退回多付货款的金额，期末余额一般在借方，反映已预付的款项；若期末余额在贷方，表示尚未补付的款项。

“预付账款”账户按照承包（分包）单位和供应单位设置明细账，进行明细核算。

【案例 4-4】 以下是某施工企业 2014 年 6 月发生的部分经济业务：

（1）22 日，根据与兴盛钢材公司签订的钢材购买规定，预付账款 20 000 元。

（2）22 日，购买的钢材已运到，发票价款为 100 000 元，其余货款暂欠。

（3）30 日，通过银行支付上述的采购余款。

公司财务人员根据以上发生业务的原始凭证及时编制如下会计分录：

（1）借：预付账款——兴盛公司　20 000

　　贷：银行存款　20 000

（2）借：材料采购　100 000

　　贷：预付账款——钢材公司　100 000

（3）借：预付账款——兴盛公司　80 000

　　贷：银行存款　80 000

案例分析： 以上三笔业务是关于预付账款核算的相关业务，核算时要通过“预付账款”账户进行核算。注意把握预付账款预付、补付、冲销和退回时的核算方法。

特别说明： 为了加强对预付账款的管理，一般应单独设置会计科目进行核算，但对于预付账款不多的企业也可以将预付的款项直接计入“应付账款”的借方。但在编制报表时，仍然要将“预付账款”和“应付账款”的金额分开列示。

任务三　应收票据的核算

一、应收票据的内容

1. 应收票据的概念

应收票据指建筑施工企业在采用商业汇票结算方式下，因工程价款结算、对外销售产品、材料等而收到的商业汇票。

2. 商业汇票的分类

（1）商业汇票按承兑人不同，分为商业承兑汇票和银行承兑汇票。

商业承兑汇票是指由付款人签发并承兑，或由收款人签发交由付款人承兑的汇票。商业承兑汇票对收款人而言，即为应收票据，对承兑人而言，即为应付票据。银行承兑汇票是指由在承兑银行开立存款户的存款人签发，由承兑银行承兑的票据。银行承兑汇票对收款人而言，即为应收票据，对出票人而言，即为应付票据。

（2）商业汇票按是否计息可分为不带息商业汇票和带息商业汇票。不带息商业汇票是指到期时，承兑人只按票据面值向收款人或被背书人支付款项的票据。带息商业汇票是指商业汇票到期时，承兑人必须按票面金额加上应计利息向收款人或被背书人支付票款的票据。

3. 应收票据的计价

应收票据的计价即确定应收票据入账金额的方法。我国现行会计制度规定，无论是不计息票据，还是计息票据，应收票据一律按票据面值入账。但对于带息的应收票据，应于期末按应收票据的票面价值和确定的利率计提利息，计提的利息应增加应收票据的账面余额。

4. 应收票据的到期日、到期值

（1）到期日。应收票据的“到期日”的确定有两种表示方法，即按月表示和按日表示。

按月表示的应收票据的“到期日”，是指以到期月份中与签发日相同的日期。对于月末签发的商业汇票到期日，不论月份大小，均以到期月份的月末那一天为“到期日”。

按日表示的应收票据的“到期日”，应从签发日起按实际经历天数计算。

（2）到期值。不带息应收票据的到期值，就是票据的面值。即

票据到期值=票据面值

带息应收票据的到期值是面值加上利息，即

票据到期值=票据面值+票据利息

票据利息=面值×利率×票据期限

上式中，应收票据的票据期限为商业汇票签发日至到期日为止的时间间隔。利率一般是指年利率，在具体计算时，应该换算成与票据期限相适应的利率，如票据期限为月，则利率要换算为月利率（年利率÷12）；如票据期限为日，则利率要换算为日利率（年利率÷360）。

二、应收票据的核算

1. 账户设置

为了核算建筑企业应收票据的增减变化情况，应设置“应收票据”科目。该账户属于资产类账户。借方登记企业收到的开出、承兑的或收到转让的应收票据的面值，贷方登记商业汇票到期收款额及贴现或转让票据金额，期末余额在借方，表示尚未收到款项的应收票据金额和应计利息。

企业还应设置“应收票据备查簿”，逐笔登记每一张应收票据从取得至退出企业的详细情况。

2. 应收票据的核算

（1）不带息应收票据的核算。

【案例 4-5】 某施工企业于 2014 年 6 月 1 日收到乙公司用于抵付工程款的商业承兑汇票 1 张，面值 45 000 元，期限 3 个月。

1）收到商业汇票时

借：应收票据	45 000	
贷：主营业务收入		45 000

2）3 个月到期后，收到乙公司如期付款

借：银行存款	45 000	
贷：应收票据		45 000

3）商业汇票到期，假如乙公司无力支付票据款

借：应收账款	45 000	

贷：应收票据　　45 000

案例分析：这是一笔关于不带息应收票据的核算，要注意把握收到票据、到期付款或到期无力支付票据款的各个环节的核算方法。

（2）带息应收票据的核算。企业应于期末，按规定计算票据利息，并增加应收票据的票面价值，同时冲减财务费用。

【案例 4-6】 假定上述业务的票据为带息票据，期限为 3 个月，票面利率为 5%。

1）收到票据时

借：应收票据——乙公司　　45 000

　　贷：主营业务收入　　45 000

2）6 月末，按规定计提 6 月份的利息

利息=45 000×5%×1/12=187.5

借：应收票据——乙公司　　187.5

　　贷：财务费用　　187.5

3）7 月末，按规定计提 7 月份的利息

借：应收票据——乙公司　　187.5

　　贷：财务费用　　187.5

4）8 月末，按规定计提 8 月份的利息

借：应收票据——乙公司　　187.5

　　贷：财务费用　　187.5

5）当年 9 月 1 日票据到期，分别不同情况处理

到期值=45 000+45 000×5%×3/12=45 562.5

①到期收回票款

借：银行存款　　45 562.5

　　贷：应收票据——乙公司　　45 562.5

②假如到期乙公司无力支付款项,银行将该票据退回

借：应收账款——乙公司　　45 562.5

　　贷：应收票据——乙公司　　45 562.5

案例分析：这是一笔关于带息应收票据的核算业务，说明了带息应收票据的各个环节（收到票据、计提利息、到期收回票款、假如到期乙公司无力支付款项和银行将该票据退回）的核算方法。

案例说明：区别带息票据和不带息票据的到期值的确定方法。

三、应收票据贴现的核算

1．应收票据贴现的含义

企业收到并持有的商业汇票都有一个到期日，而且必须在到期日才能向票据的承兑人收取票款。但是，如果票款的持有者在票据到期之前急需资金，就可以将手头未到期的商业汇票经过背书之后转让给银行，银行受理后，向银行申请贴现，银行根据规定的贴现率扣除一定贴现利息之后将余款支付给贴现企业。

特别说明：应收票据的贴现对企业来说实际上是向银行贴付一定的利息之后所作的票据转让；而对银行来说是一种贷款形式，是将余款付给贴现企业的 -种融资活动。

2. 应收票据的贴现利息、贴现利率和贴现所得

贴现利息：企业付给银行的利息称为贴现利息。

贴现利息=票据到期值×贴现利率×贴现期

式中，贴现期=票据到期日–企业已持有票据期限。

贴现利率：银行计算贴现利息的利率称为贴现利率。一般以年利率表示。

贴现所得=票据到期值–贴现利息

3. 应收票据贴现的核算

企业持未到期的不带息票据向银行贴现时，应按实际收到的贴现值，借记“银行存款”科目，按贴现息借记“财务费用”科目，按应收票据的票面值，贷记“应收票据”科目。如果是带息的应收票据，应按实际收到的贴现所得款，借记“银行存款”账户，按应收票据账面余额（应收票据账面余额=面值+已计提利息），贷记“应收票据”账户，按其差额借或贷记“财务费用”账户。

【案例 4-7】 某建筑施工企业 2014 年 8 月 6 日收到泰华公司用于抵付工程款的银行承兑汇票一张，面值 240 000 元，期限 3 个月，票面年利率 8%，该企业 10 月 6 日向银行申请贴现，银行贴现率为 10%。

（1）收到银行承兑汇票时

借：应收票据——乙公司	240 000
贷：主营业务收入	240 000

（2）持票向银行申请贴现，收到贴现款项

到期值=240 000×（1+8%÷12×3）=244 800（元）

贴现息=244 800×10%÷12×1=2040（元）

贴现净额=244 800-2040=242 760（元）

借：银行存款	242 760
财务费用	440
贷：应收票据	243 200

案例分析：这是一笔关于应收票据贴现的业务，说明了收到应收票据时的账务处理方法和持票向银行申请贴现时贴现净值的确认方法。

任务四　其他应收款的核算

一、其他应收款的内容

其他应收款是指建筑施工企业除了应收票据、应收账款、预付账款等以外的其他各种应收、暂付款项。

其他应收、暂付款项的主要内容包括：

（1）应收的各种赔款、罚款。

（2）应收出租包装物租金。

（3）应向职工收取的各种垫付款项。

（4）备用金（向企业各职能科室、车间等拨出的备用金）。

（5）存出的保证金，如购货时租入对方单位包装而支付的押金。

（6）其他各种应收、暂付款项。

二、账户设置

建筑施工企业为了反映和监督其他应收款的发生和结算情况，应设置“其他应收款”账户。该账户属于资产类账户，借方登记企业发生的各项其他应收、暂付款项；贷方登记企业收回的各种其他应收、暂付款项，期末余额在借方，反映企业尚未收回的各种其他应收款。同时，“其他应收款”应该按照其他应收款的项目分类，并按不同的债务人设置明细账，进行明细核算。

【案例 4-8】 某施工企业 2014 年 12 月发生下列部分经济业务：

（1）2 日，向大庆水泥厂购买水泥时用银行存款支付水泥包装袋押金 2000 元。

（2）31 日，财产清查发现企业的财产物资因自然灾害造成损失，根据财产有关条款，应由保险公司理赔 40 000 元。

（3）31 日，职工王婷，因病向企业申请垫付一笔住院费，经有关人员审批同意垫付，向医院开除一张转账支票 20 000 元。

公司财务人员根据以上发生业务的原始凭证及时编制如下会计分录。

（1）借：其他应收款——大庆水泥厂　　2000
　　　贷：银行存款　　2000

（2）借：其他应收款——保险公司　　40 000
　　　贷：待处理财产损溢——待处理流动资产损溢　　40 000

（3）借：其他应收款——王婷　　20 000
　　　贷：银行存款　　20 000

案例分析：以上三笔业务是关于“其他应收款”核算的相关业务，核算时通过“其他应收款”账户进行核算。

案例说明：要区别“应收账款”账户和“其他应收款”账户的核算内容。

任务五　坏 账 的 核 算

一、坏账及坏账损失的确认

坏账是指建筑施工企业无法收回的应收款项。由于发生坏账而产生的经济损失，称为坏账损失。

确认坏账损失应符合下列条件之一：

（1）债务人被依法宣告破产、撤销或者被政府责令关闭等，应当取得破产宣告、注销工商登记或吊销执照的证明或者政府部门责令关闭的文件等有关资料，在扣除以债务人清算财产清偿的部分后，对仍不能收回的应收款项，认定为坏账损失。

（2）债务人死亡或依法被宣告已失踪、死亡的，在取得公安机关出具的债务人已失踪或死亡的证明后，确定其遗产不足清偿或无法找到承债人追踪债务的，认定为坏账损失。

（3）逾期 3 年以上的应收款项，企业有依法催收磋商记录，确认债务人已资不抵债，连续 3 年亏损或连续停止经营 3 年以上的，并能认定在最近 3 年内没有任何业务往来，认定为坏账损失。

二、坏账损失的核算方法

企业对坏账损失的核算方法一般有直接转销法和备抵法两种。

1．直接转销法

直接转销法是指在实际发生坏账时确认坏账损失，直接将坏账损失计入资产减值损失，并同时注销该笔应收账款。

2．备抵法

备抵法，是指按期估计坏账损失，并将其列入资产减值损失，形成坏账准备，当某一应收账款全部或部分被确认为坏账时，应根据其金额冲减坏账准备，同时转销相应的应收账款金额的一种核算方法。

三、备抵法

1．账户的设置

为了核算建筑企业应收款项的坏账准备的计提、转销等情况，应设置"坏账准备"账户。该账户属于资产类账户，贷方登记企业提取的坏账准备金和已确认并转销的坏账损失以后又收回的金额，借方登记发生坏账损失的冲销额；期末贷方余额，反映企业已提取的坏账准备金。

2．坏账准备金的计提方法

建筑企业采用备抵法进行坏账核算时，首先应按期估计坏账损失。估计坏账损失的方法主要有应收账款余额百分比法、账龄分析法和销货百分比法。

（1）应收账款余额百分比法。应收账款余额百分比法，是指企业于会计期末根据应收款项的余额和估计的坏账损失率计算当期应确认的坏账损失金额，并作为坏账准备的期末余额。

【案例4-9】 某施工企业2012年末，应收账款余额为4 000 000元，提取坏账准备的比例为1%，"坏账准备"账户余额为零。2013年发生坏账损失24 000元，年末应收账款为4 400 000。2014年已冲销的上年乙单位应收账款20 000元又收回，已存入银行，年末应收账款为4 600 000元。

各年确认坏账准备及其会计处理如下。

1）2012年末提取坏账准备时

应提取的坏账准备=4 000 000×1%=40 000

借：资产减值损失　　40 000
　　贷：坏账准备　　40 000

2）2013年发生坏账时

借：坏账准备　　24 000
　　贷：应收账款　　24 000

2013年末提取坏账准备时

"坏账准备"账户余额=40 000–24 000＝16 000

"坏账准备"账户应保留余额=4 400 000×1%＝44 000

"坏账准备"账户应提取金额=44 000–16 000＝28 000

借：资产减值损失　　28 000
　　贷：坏账准备　　28 000

3）2014年已冲销的上年乙单位应收账款20000元又收回

借：应收账款　　20 000
　　贷：坏账准备　　20 000

借：银行存款　　20 000
　　贷：应收账款　　20 000

"坏账准备"账户余额=44 000+20 000=64 000

"坏账准备"账户应保留余额=460 000 0×1%=46 000

"坏账准备"账户应提取金额＝46 000–64 000=–18 000

借：坏账准备　　18 000

　　贷：资产减值损失　　18 000

案例分析：这笔业务说明了坏账准备金的计提方法之一应收账款余额百分比法的计提和相应的会计处理方法。

特别说明：提取坏账准备的比例，可以按照以往的数据资料确定，也可以按规定的百分率计算。会计期末，企业应提取的坏账准备大于已提取的坏账准备时，应按其差额提取；反之，则按其差额冲减坏账准备。提取的坏账准备金的价值记入"资产减值损失"账户。

（2）账龄分析法。账龄分析法是根据应收账款入账时间的长短来估计坏账损失、计提坏账准备的一种方法。虽然应收账款能否收回并不一定完全取决于时间的长短，但一般来说，应收账款的欠期越长，其坏账的风险也就越大。因此，应计提的坏账准备金也就越大。

账龄分析法的一般做法是，将应收账款按入账期限的长短划分为若干区段，计算出各个区段上应收账款的余额，并为每个区段估计一个坏账损失的百分比，然后再计算出坏账损失的估计总额。

会计实务中，企业一般编制"应收账款账龄分析表"计算期末应计提的坏账准备。

【案例 4-10】 某施工企业采用账龄分析法估计坏账损失。本期的应收账款资料及估算情况见表 4-1。

表 4-1　　应收账款账龄分析表

2013 年 12 月 31 日

客户名称	应收账款金额（元）	未过期	已过期				估计损失（%）	坏账损失估计额
			1～30 天	30～60 天	61～90 天	90 天以上		
甲单位	400 000	400 000					1	4000
乙单位	60 000			60 000			6	3600
丙单位	300 000		300 000				3	9000
丁单位	10 000					10 000	20	2000
合计	770 000	400 000	300 000	60 000	—	10 000	—	18 600

假如某企业"坏账准备"账户的期初余额为贷方 13 500 元，于是调整金额应为 18 600–13 500=5 100。

借：资产减值损失　　5100

　　贷：坏账准备　　5100

案例分析：这笔业务说明了如何应用账龄分析法进行坏账损失的估计。

特别说明：账龄分析法进行坏账损失的估计时，不同账龄的应收账款采用不同的计提坏账准备金的比例，这样，账龄分析法估计坏账损失较之应收账款余额百分比法更为精确。

（3）销货百分比法。销货百分比法是根据企业当期赊销金额的一定比例估计坏账损失的一种方法。

【案例 4-11】 某施工企业 2014 年全年的赊销金额为 600 000 元，根据以往的经验，估计坏账损失率为 1.2%。

本期应计提的坏账损失=600 000×1.2%=7200

借：资产减值损失　　　　7200

　贷：坏账准备　　　　7200

案例分析：这笔业务说明了如何应用销货百分比法进行坏账损失的估计。

特别说明：企业会计制度规定，计提坏账准备的方法由企业自行确定。坏账准备计提方法一旦确定，不得随意变更。如需要变更，应当在会计报表中予以说明。

知识梳理与小结

施工企业的应收及预付款项是指企业的各种债权，主要包括应收账款、应收票据、应收利息、应收股利、预付工程款、预付备料款、预付购货款、其他应收款以及长期应收款等。

应收账款是指施工企业因承包工程应向发包单位收取的工程价款和列入营业收入的其他款项，以及销售产品、材料，提供劳务、作业等业务，应向购货单位或接受劳务、作业单位收取贷款及劳务补偿的要求权。应收账款涉及的现金折扣核算方法有总额法和净额法，实务中一般采用总额法。

应收票据是指施工企业因结算工程价款，对外销售产品、材料等业务时，因收到未到期票据所形成的债权。应收票据按其承兑人不同可以分为商业承兑汇票和银行承兑汇票。

应收利息是指施工企业因持有交易性金融资产、持有至到期投资、可供出售金融资产等而应收取的利息；应收股利是指施工企业因金融资产投资或长期股权投资，而应收取的现金股利和应收取其他单位分配的利润。应收股利和应收利息性质相似，同属于企业的短期债权，且与企业的日常施工生产经营活动没有直接关系。

预付账款是指施工企业按照工程合同规定预付给承包单位的款项，包括预付工程款、预付备料款以及按照购货合同规定预付给供应单位的购货款；其他应收款是指施工企业对其他单位和个人除了应收票据、应收账款、预付账款、应收股利、应收利息、长期应收款等经营活动以外的其他各种应收、暂付的款项，包括不设置“备用金”账户的企业拨出的备用金，应收的各种赔款、罚款，应向职工收取的各种垫付款项以及已不符合预付账款性质而按规定转入的预付账款等。

长期应收款是指施工企业作为出租人融资租赁资产时产生的应收款项，以及采用递延方式分期收款、实质上具有融资性质的销售商品和提供劳务等经营活动产生的应收款项。长期应收款从资产的流动性上看，应属于企业非流动资产的范畴。

复习思考题

1. 应收账款、坏账损失的概念。
2. 确认坏账损失应符合的条件。
3. 应收票据的含义。

4. 其他应收款包括的内容。

实 训 练 习 题

练习题一

（一）目的：练习应收、预付款项的核算

（二）资料：某施工企业 2013 年 12 月份发生下列应收、预付业务：

（1）1 日，收到建设单位前进工厂转账支票，支付上月工程价款 60 000 元，已存入银行。

（2）2 日，企业填制“工程价款结算账单”，向甲工程发包单位结算上月已完工程价款，应收工程款为 168 000 元。

（3）3 日，企业出售多余材料一批，价款 40 000 元，代垫运杂费 600 元，按合同采用异地托收承付结算方式，材料已委托运输部门发出，货款尚未收到。

（4）4 日，企业采购员韩勇出差采购材料，预支差旅费 3000 元，以现金付讫。

（5）5 日，企业将乙工程的土建项目分包给某建筑工程公司，预付工程款 100 000 元以银行存款支付。

（6）7 日，企业向某木材供应公司购买一批原木，通过银行预付货款 7000 元。

（7）20 日，本月 3 日向外地某单位售出的一批多余材料已经收到，银行送来异地托收承付收款通知。

（8）26 日，本月 7 日购买的原木运到，实际价款 8000 元，签发一张转账支票 1000 元补足货款。

（9）30 日，采购员韩勇回企业报销差旅费 2600 元，交还现金 400 元。

（三）要求：根据上述资料编制会计分录。

练习题二

（一）目的：练习坏账损失的核算

（二）资料：某施工企业采用应收账款余额百分比法估计坏账损失并提取坏账准备，提取率为 1%。2013 年末应收账款的余额为 4 000 000 元，2014 年 6 月发生坏账损失 50 000 元（甲公司所欠），年末应收账款余额为 4 400 000 元：2015 年 4 月，上年已冲销的甲公司欠款又收回 40 000 元，年末应收账款余额为 4 600 000 元。

（三）要求：列式计算各年度应提、补提或冲回多提的坏账准备，并编制有关会计分录。

练习题三

（一）目的：练习应收票据及票据贴现的核算

（二）资料：某施工企业 2016 年发生下列部分有关票据及票据贴现业务：

（1）4 月 6 日，出售一批多余材料，金额 40 000 元，收到乙单位签发并承兑的一张商业汇票，期限 4 个月，票据年利息率为 5%。

（2）5 月 6 日，企业急需资金，持 4 月 6 日收到的乙单位承兑的 4 个月期商业汇票去银行申请贴现，银行审核之后，同意按年贴现率 9%予以贴现。

（3）5 月 12 日，接银行通知，昨天委托银行收款的一张商业汇票 100 000 元因承兑人甲无款支付而退票（去年 12 月 8 日签发，期限 6 个月）。

（4）9月1日，出售材料一批，价款30 000元，代垫运杂费500元，收到购买方丙单位委托其开户行承兑的商业汇票一张，期限为3个月。

（5）12月1日，持今日到期的一张银行承兑汇票去开户银行，填进账单将汇票解入银行，银行当即予以转账。汇票金额为30 000元。

（三）要求：根据上述资料编制会计分录，贴现业务应列出算式。

学习情境五　存　　货

学习目标

1. 掌握采用实际成本法对原材料进行核算。
2. 掌握采用计划成本法对原材料进行核算。
3. 熟悉存货的分类、存货实际成本的构成。
4. 熟悉周转性材料的核算，熟悉存货清查。
5. 了解周转性材料的摊销方法。
6. 了解低值易耗品的分类及其摊销方法。
7. 了解存货期末计价的方法。

技能目标

1. 能用实际成本法对原材料进行核算。
2. 能用计划成本法对原材料进行核算。
3. 能对周转性材料进行核算。
4. 能进行存货清查。

案例导入

大明建筑工程公司 2014 年 5 月 2 日采购水泥 200t，单价 450 元，增值税税率 17%，另付水泥运费 3000 元，5 月 5 日第一项目部领用水泥 200t。

这是常见的材料收发业务，对材料收发业务的核算，首先要解决的问题是材料核算方法，企业可以采用实际成本法或计划成本法对材料进行核算。企业对材料的核算主要包括两个环节：收入和发出。

材料是企业进行施工生产的重要劳动对象，历来是企业进行成本控制的重点。本学习情境主要介绍原材料的核算，这部分资产使企业流动资产的重要构成内容，但其流动性相对比较差，变现能力不强。

知识链接

任务一　存　货　概　述

一、存货的概念与分类

存货是指企业在日常经营过程中持有以备出售，或仍处在生产过程，或在生产、提供劳务过程中将被消耗的材料或物料等。

为加强存货管理，正确组织对存货的核算，必须对存货进行科学分类。按存货在施工过程中的作用和存放地点不同，可分为以下几类：

（1）原材料。原材料是指企业用于建筑安装工程而存放在仓库的各种材料，包括主要材料、结构件、机械配件和其他材料。

（2）在途物资。在途物资是指企业从外购进，货款已经支付，但尚在运输途中或虽已到达但尚未验收入库的材料。

（3）周转材料。周转材料是指企业在施工生产过程中能够多次使用，并基本保持原有的物质形态，而价值逐渐转移的各种材料，如包装物、低值易耗品以及建筑承包商的模板、挡板、架料等。

（4）委托加工中的存货。委托加工中的存货是指委托外单位加工的各种材料和构件。

（5）在建工程。在建工程指建筑施工单位为客户施工的在建工程项目。为客户施工的在建工程项目属于建筑施工企业的在产品，有别于建筑施工企业自身建造固定资产而进行的在建工程。

（6）在产品和产成品。在产品是指建筑施工企业的附属工业企业和辅助生产部门正在加工尚未完工的产品。产成品是指建筑施工企业的附属工业企业和辅助生产部门已加工完成全部生产过程并验收入库的产品。

特别提示：房屋、建筑物在一般企业通常是作为固定资产进行管理的，但对于施工企业而言，它所建造的房屋、建筑物主要是满足广大建设单位的需要，属于企业生产的产品，因而是企业的存货。但是，如果施工企业建造的房屋、建筑物被用于其本身的生产经营，则应作为企业的固定资产，而不属于企业的存货。

二、存货的计价

存货计价就是对存货进行估价，确定库存存货和被消耗存货的成本或价值，以确定计账价值的方法。存货计价主要是利用货币形式进行价值核算，以综合反映和监督存货资金的增减变动情况，计算存货的实际成本。存货计价可以分为按实际成本计价和按计划成本计价两种方法。

（一）存货按实际成本计价

存货按实际成本计价是指材料物资的取得、发出及结存均按存货取得时发生的实际支出计价。

1. 取得存货实际成本的确定

建筑施工企业的存货由于其来源渠道不同，其实际成本的构成内容也不完全相同。

（1）外购存货的实际成本。外购存货的实际成本包括下列各项：

1）买价，指进货发票所注明的货款金额。

2）运杂费，指存货从来源地运到仓库或施工现场堆放材料的地点以前所发生的包装费、运输费、装卸费、保险费以及途中合理损耗等费用。

3）税金，是指取得存货过程中，应缴纳的各种税费，如增值税，消费税等。与其他工业企业不同，建筑施工企业在采购存货过程缴纳的增值税应计入存货成本，税率为17%。

特别提示：施工企业不属于增值税的纳税人，不缴纳增值税。因此，企业在购入材料、物资时取得的增值税专用发票上注明的增值税应计入材料成本。

（2）自制存货的实际成本。按制造过程中的各项实际支出计价，包括耗用材料的实际成本、应承担的职工薪酬和其他费用。

（3）委托加工存货的实际成本。按委托加工过程中的各项实际支出计价，包括加工中耗用的存货实际成本、支付的加工费用和为加上存货支付的往返运杂费等。

（4）投资者投入存货的实际成本。按投资各方确认的价格计价，即以合同或协议价格计价。

（5）接受捐赠存货的实际成本。如果捐赠方提供了有关凭据（如发票、报关单和有关协议）的，按凭证上标明的金额加上有关税费，作为实际成本；如果捐赠方没有提供有关凭据的，则以同类存货的市场价格为基础确定实际成本。

（6）盘盈存货的实际成本。以同类或类似存货的市场价格为基础确定实际成本。

2. 发出存货实际成本的确定

存货按实际成本计价，由于存货采购的时间不同、地点不同，各批存货即便品种、规格、数量相同，实际成本也不相同。因此，必须采取一定的方法，对发出存货的实际成本重新确定，以便正确计算工程成本和辅助、附属企业产品成本。建筑施工企业计算发出存货的实际成本的方法有以下几种。

（1）先进先出法。先进先出法是指以先取得的存货先发出为假定前提，按取得存货的先后顺序及它们的实际成本，确定各批发出存货的实际成本的计价方法。采用这种计价方法应在材料明细账中逐笔登记取得的每一批存货的数量和单价。发出存货时，其单位成本要按照库存存货中最先取得的那批存货的实际单位成本计价。如果发出存货的数量较大，跨两批或三批存货时，那么该批发出存货的实际成本就应由几种价格组成。

假定，某建筑施工企业 2014 年 3 月份钢材的取得、发出和结存采用先进先出法计算，其结果见表 5-1。

表 5-1　　原材料明细账（先进先出法）　　单位：元

2014 年		摘要	取得			发出			结存		
月	日		数量	单价	金额	数量	单价	金额	数量	单价	金额
3	1	期初余额							200	1100	220 000
	10	购进	300	1500	450 00				200 300	1100 1500	220 000 450 000
	15	领用				100	1100	110 000	100 300	1100 1500	110 000 450 000
	21	购进	500	1250	625 000				100 300 500	1100 1500 1250	110 000 450 000 625 000
	28	领用				100 300 100	1100 1500 1250	110 000 450 000 125 000	400	1250	500 000
	31	本期发生额与期末余额	800		1 075 000	600		795 000	400	1250	500 000

（2）加权平均法。又称月末一次加权平均法，是以存货的数量作为权数，于月末计算出该种存货的平均单价，并以此平均单价计算本月发出存货和期末结存存货实际成本的一种计

价方法。其计算公式为

$$加权平均单位成本=\frac{期初结存存货实际成本+本期取得各批存货实际成本之和}{期初结存存货数量+本期取得各批存货数量之和}$$

$$本期发出存货实际成本=本期发出实际数量\times加权平均单位成本$$

$$期末结存存货实际成本=期末结存存货数量\times加权平均单位成本$$

采用加权平均法，日常取得存货时应按数量、单价和金额记账，而对于本期发出的存货，平时只登记数量，不登记单价和金额。

依上例，按加权平均法计算，其计算结果见表 5-2。

表 5-2 **原材料明细账（加权平均法）** 单位：元

2014 年		摘要	取得			发出			结存		
月	日		数量	单价	金额	数量	单价	金额	数量	单价	金额
3	1	期初余额							200	1100	220 000
	10	购进	300	1500	45 000				500		
	15	领用				100			400		
	21	购进	500	1250	625 000				900		
	28	领用				500			400		
	31	本期发生额及期末余额	800		1 075 000	600	1295	777 000	400	1295	518 000

$$加权平均单位成本=\frac{220\ 000+1\ 075\ 000}{200+800}=1295\ 元$$

（3）移动平均法。移动平均法是指用以前结存存货数量与本期取得存货数量之和作为权数来计算发出存货的平均单位成本的一种方法。采用这种方法，企业每取得一批存货，就重新计算一次存货的加权平均单价，并以此来计算在下一次取得存货之前各批发出存货的实际成本。其计算公式为

$$移动平均单位成本=\frac{上次结存存货成本+本次取得存货成本}{上次结存存货数量+本次取得存货数量}$$

$$发出存货的实际成本=本期发出存货数量\times本次移动加权平均单位成本$$

依上例，按移动加权平均法计算，其计算结果见表 5-3。

$$3\ 月\ 10\ 日移动平均单位成本=\frac{220\ 000+450\ 000}{200+300}=1340\ 元$$

$$3\ 月\ 21\ 日移动平均单位成本=\frac{536\ 000+625\ 000}{400+500}=1290\ 元$$

表 5-3 **原材料明细账（移动平均法）** 单位：元

2014 年		摘要	取得			发出			结存		
月	日		数量	单价	金额	数量	单价	金额	数量	单价	金额
3	1	期初余额							200	1100	220 000
	10	购进	300	1500	450 000				500	1340	670 000

续表

2014年		摘要	取得			发出			结存		
月	日		数量	单价	金额	数量	单价	金额	数量	单价	金额
	15	领用				100	1340	134 000	400	1340	536 000
	21	购进	500	1250	625 000				900	1290	1 161 000
	28	领用				500	1290	645 000	400	1290	516 000
	31	本期发生额及期末余额	800		1 075 000	600		779 000	400	1290	516 000

（4）个别计价法。个别计价法也称为具体辨认法，是指发出存货时具体辨认所发出存货的单价，并计算发出存货成本的方法。这种方法适用于用量少且单价高或不能替代使用的存货，或为特定项目专门购入或制造的存货的计价。

《企业会计准则第 1 号——存货》规定，企业应当采用先进先出法、加权平均法或个别计价法，确定发出存货的实际成本。对于性质和用途相似的存货，应当采用相同的成本计算方法，确定发出存货的成本。

采用实际成本计价，可以直接计算各种库存存货及发出存货的实际成本，核算结果基本符合实际，能够比较准确地核算工程或产品成本中的材料费和材料资金的实际占用额。但是，存货实际成本的变动，使材料收发核算的工作量比较繁重，计算手续复杂，往往影响核算的及时性。因此按实际成本计价的方法一般适用于规模小、存货品种规格较少、收发料次数不多的建筑施工企业。

（二）存货按计划成本计价

存货按计划成本计价是指存货的取得、发出及结存均按事先对每项存货制订的计划单价进行计价。

采用计划成本计价：

（1）企业要制订各种存货的计划成本目录，存货计划成本的构成内容应与实际成本相同。在实际工作中，一般以地区材料预算价格为计划成本。存货计划成本确定后，企业的有关部门必须统一使用，在年度内一般不变动，以利于存货的计价。

（2）计划成本与实际成本的差额，作为“材料成本差异”单独组织核算。

（3）在月末要将本月发出材料的计划成本加上（或减去）应负担的材料成本差异，调整为实际成本。

采用计划成本计价可以简化核算手续，减少核算工作量，有利于考核存货采购业务的成果，及时改进采购工作，便于分析工程或产品耗用材料的升降情况。但这种方法所反映的工程或产品成本中的材料费用和材料资金实际占用额的准确性较差。因此，按计划成本计价的方法，一般适用于规模较大、存货实际成本变动较小、存货的品种规格较多、存货收发业务频繁的建筑施工企业。

建筑施工企业存货日常核算采用哪一种计价方法，由企业根据实际情况自行决定，但要遵守一致性原则，一经确定之后，不能随意变更，如需变更应在财务报告中加以说明。

三、存货数量的确定

企业存货的数量需要通过盘存来确定，常用的存货数量盘存方法主要有实地盘存制和永续盘存制两种。

建筑施工企业可根据存货类别和管理要求，对有些存货实行永续盘存制，而对另一些存货实行实地盘存制，不论采用何种方法，前后各期应保持一致。

任务二 材料的核算

一、材料的分类与计价

1. 材料的分类

为了做好材料核算工作，加强材料管理，正确反映各种材料在工程或产品成本中的比重，就需要对材料进行科学合理的分类。按照材料在施工生产过程中的用途，建筑施工企业的材料一般可以分为以下几类：

（1）主要材料。主要材料是指用于工程施工或产品生产并构成工程或产品实体的各种材料，包括黑色金属材料（如钢材）、有色金属材料（如钢材、铝材）、木材、硅酸盐材料（如水泥、砖瓦、石灰、砂、石等）、小五金材料、陶瓷材料、电器材料和化工材料（如油漆材料）等。

（2）结构件。结构件是指经过吊装、拼砌或安装即能构成房屋建筑物实体的各种金属的、钢筋混凝土的、混凝土的和木质的结构件、构件、砌块等，如钢窗、木门、预制件等。

（3）机械配件。机械配件是指为施工机械、生产设备、运输设备等各种机械设备替换、维修用的各种零件和配件，以及为机械设备准备的各种备品、备件，如曲轴、活塞、轴承、齿轮、阀门等。

（4）其他材料。其他材料是指不构成工程或产品实体，但有助于工程或产品的形成或便于施工生产进行的各种材料，如燃料、油料、速凝剂、冷冻剂、爆炸材料、防腐材料、绳索等。

（5）周转材料。周转材料是指在施工生产过程中能够多次使用，可以基本保持其原有的实物形态，并逐渐转移其价值的工具性材料（如模板、挡板、架料等及塔吊使用的轻轨、枕木等）以及低值易耗品（如各种工具、管理用具、劳保用品、玻璃器皿等）。

2. 材料的计价

对于材料的核算主要是利用货币形式进行价值核算。依据《企业会计准则——存货》规定：各种存货应该按取得时的实际成本进行初始计量，资产负债表按照成本与可变现净值孰低重新计量。即材料价格应以企业取得或生产该种材料实际发生的全部支出为基础。但在材料的日常收发核算中，企业一般可以依据实际情况，分别采用按实际成本计价和按计划成本计价两种计价方法。

二、材料按实际成本计价的核算

1. 应设置的会计账户

采用实际成本进行材料日常核算的企业，为了总括地核算和监督材料的收发和结存情况，应设置下列会计账户：

（1）“原材料”账户。本账户的借方核算外购、自制、委托外单位加工完成、发包单位转账拨入、其他单位投入、接受捐赠、盘盈等原因增加的材料物资的实际成本；贷方核算领用、发出加工、对外销售以及盘亏、毁损等原因减少的材料物资的实际成本；期末余额在借方，反映库存材料的实际成本。在该账户下，应按主要材料、结构件、机械配件、其他材料设二级明细账户，再在二级账户下按品种、规格设三级明细账户。

（2）“在途物资”账户。“在途物资”是指企业已经支付货款或已开出承兑商业汇票但尚在运输途中或已运抵企业但尚未验收入库的各种外购材料物资。“在途物资”账户借方登记在途物资的实际买价和运杂费，贷方登记在途物资验收入库的实际成本，期末余额在借方，表示货款已经支付，但尚未到达或尚未验收入库的各种在途物资的实际成本。在该账户下，应按供应原材料种类和单位设置明细账户，进行明细核算。

2. 材料购入的总分类核算

（1）当月付款，当月收料。

【案例 5-1】 某建筑施工企业于 2015 年 3 月 5 日向包头钢铁公司购入圆钢 50t，3000 元/t，增值税税率 17%，运杂费 6000 元，价税合计 181 500 元，以银行存款支付，材料已验收入库。

借：原材料——主要材料（钢材）　　156 000
　　应交税费——应交增值税（进项税额）　　25 500
　　贷：银行存款　　181 500

（2）当月付款，以后月份收料。

1）材料的运输时间超过银行结算凭证传递和承付的时间，产生在途材料。

【案例 5-2】 某建筑施工企业于 2015 年 3 月 8 日向草原水泥厂购买水泥 200t，400 元/t，增值税税率为 17%，运杂费 2000 元。

①已开出银行承兑汇票，但水泥尚未运到

借：在途物资——主要材料（水泥）　　82 000
　　应交税费——应交增值税（进项税额）　　13 600
　　贷：应付票据——银行承兑汇票　　95 600

②2015 年 4 月 2 日，上述水泥运抵企业，并验收入库

借：原材料——主要材料（水泥）　　82 000
　　贷：在途物资——主要材料（水泥）　　82 000

2）企业根据合同规定预付给供货单位的购货定金或部分货款。

【案例 5-3】 某建筑施工企业于 2015 年 3 月 10 日向元和预制构件厂订购预制板一批，根据合同规定预付构件厂购货定金 3000 元，以银行存款支付。

①借：预付账款— 预付供应单位款　　3000
　　贷：银行存款　　3000

②2015 年 4 月 18 日，上述预制板到货并已验收入库，发票账单也已收到，预制板的价款为 10 000 元，增值税税率为 17%，对方代垫运杂费 500 元，企业以银行存款补付购料款。

借：原材料——结构件　　10 500
　　应交税费——应交增值税（进项税额）　　1700
　　贷：预付账款——预付供应单位款　　3000
　　　　银行存款　　9200

（3）当月收料，以后月份付款。

1）发票账单已到，企业无力支付货款。

【案例 5-4】 某建筑施工企业于 2015 年 3 月 11 日，向包头钢铁公司购进钢材 80t，2800

元/t，增值税税率为 17%，运杂费 3800 元，发票账单已到，材料已验收入库，货款尚未支付。

借：原材料——主要材料（钢材）　　227 800
　　应交税费——应交增值税（进项税额）　　38 080
　　贷：应付账款——包头钢铁公司　　265 880

2）发票账单尚未收到，不便于支付货款。

此时可暂不进行账务处理。但如果月末发票账单仍未到达，则应按合同价格（或计划价格、预算价格）暂估入账，借记“原材料”等账户，贷记“应付账款——暂估应付款”账户，待下月初用红字予以冲回。

【案例 5-5】 某建筑施工企业于 2015 年 3 月 12 日向清河砂石厂购买砂石 40t，材料已验收入库。月末结算账单尚未到达，货款暂未支付，按合同价 80 元/t 暂估入账。

（1）借：原材料——主要材料（砂石）　　3200
　　　　贷：应付账款——暂估应付款　　3200

（2）2015 年 4 月初，用红字冲转暂估入账

借：原材料——主要材料（砂石）　　3200
　　贷：应付账款——暂估应付款　　3200

（3）2015 年 4 月 8 日结算账单到达，该批砂石买价为 3600 元，增值税税率为 17%，运杂费 200 元，以银行存款支付

借：原材料——主要材料（砂石）　　3800
　　应交税费——应交增值税（进项税额）　　612
　　贷：银行存款　　4412

3. 购入材料短缺或毁损的核算

企业外购材料物资在验收时发现短缺或毁损，应及时查明原因，分清责任，区别不同情况分别处理。

（1）属于运输途中的合理损耗。即定额内损耗，只按实收数量登记材料明细账，相应地提高入库材料的实际单价，不另作账务处理。

特别提示： 途中合理损耗不影响原材料总成本，但影响原材料的单位成本。

（2）不属于运输途中合理损耗。按不同情况分别处理：

1）当时不能查明原因和需要报经批准才能转销的途中损耗，应先计入“待处理财产损溢——待处理流动资产损溢”账户，待查明原因或经过批准后，根据不同情况分别进行处理。

2）查明原因后，应分清经济责任，分别处理。

①属于应由供应单位负责赔偿的损失，应计入“应付账款”账户借方。

②属于运输部门、保险公司或其他过失人负责赔偿的损失，应计入“其他应收款”账户。以上两种情况索赔金额均按短缺数量和发票单价及增值税率计算。

③属于自然灾害等非正常原因造成的损失，应将扣除残料价值、过失人和保险公司赔款后的净损失，计入“营业外支出——非常损失”账户。

【案例 5-6】 某建筑施工企业于 2016 年 3 月 16 日，向白象水泥厂购买水泥 200t，380 元/t，增值税税率为 17%，运杂费 2000 元，均以银行存款支付，水泥运抵企业，经验收发现短缺 20t，经查明属白象水泥厂发货短缺 15t，运输部门责任短缺 5t。

（1）支付货款。

借：在途物资——水泥　　78 000
　　应交税费——应交增值税（进项税额）　　12 920
　　贷：银行存款　　90 920

（2）材料验收入库。

借：原材料——主要材料——水泥　　70 200
　　贷：在途物资——水泥　　70 200

（3）索赔。

借：应收账款——白象水泥厂　　5850
　　其他应收款——运输部门　　1950
　　贷：在途物资——水泥　　7800

4. 领用材料的核算

由于建筑施工企业材料发出业务频繁，各种领料凭证数量较多，如果按每一领料凭证逐日进行核算，手续十分烦琐，加大了核算的工作量。为了简化核算，平时根据发料凭证只登记材料明细账，编制记账凭证和领用材料的核算集中在月末进行。月末，财会部门对已标价的领料凭证，按材料的类别和用途，编制发出材料汇总分配表，作为材料发出总分类核算的依据。发出材料汇总分配表的一般格式见表 5-4。

表 5-4　　**发出材料汇总分配表**

2014 年 3 月 31 日　　单位：元

材料类别 用途	主要材料				结构件	机械配件	其他材料	合计
	钢材	水泥	其他	小计				
工程施工	107 000	30 000	45 000	182 000	60 000		11 000	253 000
其中：甲工程	87 000	12 000	22 000	121 000	40 000		6000	167 000
乙工程	20 000	18 000	23 000	61 000	20 000		5000	86 000
机械作业部门						2000	1300	3300
辅助生产部门	10 000		200	10 200			2000	12 200
管理部门			1400	1400			1700	3100
合计	117 000	30 000	46 600	193 600	60 000	2000	16 000	271 600

领用材料时，企业应根据领料部门和用途借记有关账户，其中工程施工直接耗用材料记入“工程施工”账户，机械部门领用材料记入“机械作业”账户，辅助生产部门领用材料记入“生产成本——辅助生产”账户，管理部门领料记入“管理费用”账户，对外销售的各种材料实际成本记入“其他业务成本”账户，专项工程领用材料记入“在建工程”账户。

【案例 5-7】 某建筑施工企业 2014 年 3 月份各有关部门领用材料见表 5-4。财会部门根据“发出材料汇总表”，编制会计分录。

借：工程施工——甲工程　　167 000
　　　　　　——乙工程　　86 000
　　机械作业　　3300

生产成本——辅助生产 12 200

管理费用 3100

贷：原材料——主要材料 193 600

——结构件 60 000

——机械配件 2000

——其他材料 16 000

三、材料按计划成本计价的核算

1. 应设置的会计账户

采用计划成本进行材料物资日常核算的企业，为了总括地核算和监督材料物资的收发和结存情况，确定采购材料的实际成本以及实际成本与计划成本相比较所发生的成本差异，应设置下列会计账户：

（1）“材料采购”账户。本账户借方核算企业外购材料物资支付的价款、增值税、发生的运杂费以及发包单位拨入抵作备料款的材料价款；贷方核算已经付款或已开出承兑商业汇票和发包单位拨入的并已验收入库材料物资的计划成本以及应向供应单位、运输单位等收回的材料短缺或其他应冲减采购成本的赔偿款项。已验收入库材料的实际成本大于计划成本的差额为借差，反映采购成本的超支；反之，则称为贷差，表示采购成本的节约。月末，将本账户的超支或节约差异分别转入“材料成本差异”账户的借方或贷方。材料成本差异结转之后，“材料采购”账户若还有借方余额，则反映已经付款或已开出承兑商业汇票，但尚未到达或尚未验收入库的在途材料的实际成本。该账户应按材料物资品种、规格及类别设置明细账，进行明细分类核算。

（2）“原材料”账户。本账户借方核算从各种来源渠道增加并已验收入库材料物资的计划成本；贷方核算用于各种用途已出库材料物资的计划成本；期末有借方余额，反映库存原材料的计划成本。本账户按材料的类别、品种、规格和保管地点设置明细账户，进行明细分类核算。

（3）“材料成本差异”账户。本账户属于资产类账户，用来核算企业各种材料物资的实际成本与计划成本的差异，是“原材料”账户的备抵调整账户。本账户借方核算各种验收入库材料物资实际成本大于计划成本的差异数；贷方则核算各种验收入库材料物资的实际成本小于计划成本的差异数和发出材料应负担的成本差异数（实际成本小于计划成本的差异额用红字登记）。期末借方余额，表示各种库存原材料物资实际成本大于计划成本的差异，即成本超支差异；期末贷方余额，表示各种库存材料物资实际成本小于计划成本的差异，即成本节约差异。本账户应按材料物资的类别、品种和规格组织明细分类核算，并同“材料采购”明细分类核算的口径一致。

特别提示： 采用计划成本核算的企业，“原材料”账户核算的是各种材料的计划成本。

2. 材料购入的核算

（1）当月付款，当月收料。

【案例 5-8】 某建筑施工企业于 2014 年 3 月 5 日向包头钢铁公司购入圆钢 50t，3000 元/t，增值税税率 17%，运杂费 6000 元，均以银行存款支付，圆钢已验收入库，该批钢材计划成本 3100 元/t。

1）根据结算凭证。

借：材料采购——主要材料（钢材） 156 000

应交税费——应交增值税（进项税额） 25 500

贷：银行存款 181 500

2）材料验收入库时，根据收料单按计划成本编制分录。

借：原材料——主要材料（钢材） 155 000

贷：材料采购——主要材料（钢材） 155 000

（2）当月付款，以后月份收料。

1）发票及结算凭证已经到达，货款已付，材料尚未到达或尚未验收入库。

【案例 5-9】 某建筑施工企业于 2014 年 3 月 8 日向草原水泥厂购买水泥 200t，400 元/t，增值税税率为 17%，运杂费 2000 元，已开出银行承兑汇票，但水泥尚未运到，该批水泥计划成本 480 元/t。

①根据银行结算账单。

借：材料采购——主要材料（水泥） 82 000

应交税费——应交增值税（进项税额） 13 600

贷：应付票据——银行承兑汇票 95 600

②2014 年 4 月 2 日，上述水泥运抵企业，并验收入库，根据收料单及计划成本编制分录。

借：原材料——主要材料（水泥） 96 000

贷：材料采购——主要材料（水泥） 96 000

如果上述材料月末尚未到货，其实际支付的买价和运杂费仍保留在“材料采购”账户中，作为在途材料，待以后月份材料到货并验收入库后，再按计划成本作结转入库的账务处理。

2）按照供应合同要求预付货款的账务处理方法与按实际成本计价的基本相同。只是应通过“材料采购”账户核算实际成本。

（3）当月收料，以后月份付款。

1）发票账单已到，企业因资金不足无力支付货款。

【案例 5-10】 某建筑施工企业于 2014 年 3 月 11 日向包头钢铁公司购入钢材 80t，2800 元/t，增值税税率为 17%，运杂费 3800 元，发票账单已到，材料已验收入库，因资金不足，货款尚未支付，该材料计划成本为 3100 元/t。

①根据发票账单。

借：材料采购——主要材料（钢材） 227 800

应交税费——应交增值税（进项税额） 38 080

贷：应付账款——包头钢铁公司 265 880

②根据收料单及计划成本。

借：原材料——主要材料（钢材） 248 000

贷：材料采购——主要材料（钢材） 248 000

2）发票账单尚未到达，不便支付货款。

【案例 5-11】 某建筑施工企业于 2014 年 3 月 12 日向清河砂石厂购买砂石 40t，月末发票账单尚未到达，货款暂未支付，按计划成本 4500 元暂估入账。

①借：原材料——主要材料 4500

贷：应付账款——暂估应付款 4500

②2014 年 4 月初，用红字冲销上项暂估应付款。

借：原材料——主要材料 4500

　　贷：应付账款——暂估应付款 4500

③2014 年 4 月 8 日，收到清河砂石厂的发票账单，实际买价为 3600 元，增值税税率为 17%，运杂费 200 元。以银行存款支付。

a. 根据发票账单和结算凭证。

借：材料采购——主要材料（砂石） 3800

　　应交税费——应交增值税（进项税额） 612

　　贷：银行存款 4412

b. 同时根据收料单和计划成本。

借：原材料——主要材料（砂石） 4500

　　贷：材料采购——主要材料（砂石） 4500

3. 购入材料物资短缺或毁损的核算

材料验收入库时发现短缺、毁损、数量不符等情况，应及时查明原因分别不同情况进行处理。具体处理方法与按实际成本核算相同，不再赘述。

【案例 5-12】 某建筑施工企业于 2016 年 3 月 16 日，向白象水泥厂购买水泥 200t，380 元/t，增值税税率为 17%，运杂费 2000 元，款项均以银行存款支付，水泥运抵企业，经验收发现短缺 20t，经查明属白象水泥厂发货短缺 15t，运输责任短缺 5t。该批水泥的计划成本为 460 元/t。

（1）支付货款。

借：材料采购——主要材料（水泥） 78 000

　　应交税费——应交增值税（进项税额） 12 920

　　贷：银行存款 90 920

（2）材料验收入库。

借：原材料——主要材料（水泥） 92 000

　　贷：材料采购——主要材料（水泥） 92 000

（3）索赔。

借：应收账款——白象水泥厂 5850

　　其他应收款——运输部门 1950

　　贷：材料采购——主要材料（水泥） 7800

4. 材料成本差异的确定和结转

按计划成本组织材料物资日常核算的企业，月末应根据采购并验收入库材料物资的实际成本与计划成本计算确定材料成本差异。对于超支差异，应借记“材料成本差异”账户，贷记“材料采购”账户；节约差异，应借记“材料采购”账户，贷记“材料成本差异”账户。

【案例 5-13】 某建筑施工企业 2016 年 3 月购入水泥实际成本为 82 028 元，计划成本为 82 800 元，节约差异为 772 元，购入钢材实际成本为 447 380 元，计划成本为 403 000 元，超支差异为 44 380 元。

借：材料成本差异——主要材料（钢材） 44380

　　物资采购——主要材料（水泥） 772

贷：材料采购——主要材料（钢材）　　44 380

　　材料成本差异——主要材料（水泥）　　772

5. 材料领用的总分类核算

（1）领用材料实际成本的确定。按计划成本组织材料物资日常核算的企业，平时领用材料所用收料、领料凭证均是按计划成本计价，而工程或产品中的材料费用需反映实际成本，所以月末必须将领用材料的计划成本调整为实际成本，即材料计划成本加上（或减去）材料成本差异，就是材料的实际成本。其计算公式为

$$\text{领用材料的实际成本}=\text{领用材料的计划成本}\pm\text{领用材料应负担的材料成本差异}$$

$$\text{领用材料的计划成本}=\text{领用数量}\times\text{计划单位成本}$$

$$\text{领用材料应负担的材料成本差异}=\text{领用材料的计划成本}\times\text{材料成本差异率}$$

材料成本差异率是材料成本差异额占材料计划成本的比率，为了达到既简化工作又保证相对准确的目的，材料成本差异率应分主要材料、结构件、机械配件、其他材料、周转材料等计算分类成本差异率。材料成本差异率的计算公式为

$$\text{本月材料成本差异率}=\frac{\text{月初结存材料成本差异}+\text{本月收入材料成本差异}}{\text{月初结存材料计划成本}+\text{本月收入材料计划成本}}$$

发出材料应负担的材料成本差异，必须按月分摊，不得在季末或年末计算，更不得任意多摊、少摊或不摊。材料成本差异率确定后，即可计算本月发出材料应分配的材料成本差异。

（2）领用材料的账务处理。采用计划成本进行材料物资日常核算的企业，计算出发出材料应分配的材料成本差异后，一并编入“发出材料汇总表”，据以进行发出材料的账务处理。发出材料汇总表的格式见表5-5。

表5-5　　发出材料汇总表

年　　月

单位：元

材料类别 / 用途	主要材料								结构件		机械配件		其他材料		合计	
	钢材		水泥		其他		小计									
	计划成本	差异2%	计划成本	差异1%	计划成本	差异1.5%	计划成本	差异	计划成本	差异2%	计划成本	差异4%	计划成本	差异−2%	计划成本	差异
工程施工	107 000	2140	30 000	300	45 000	675	182 000	3115	60 000	1200			11 000	−220	253 000	4095
其中：甲工程	87 000	1740	12 000	120	22 000	330	121000	2190	40 000	800			6000	−120	167 000	2870
乙工程	20 000	400	18 000	180	23 000	345	61 000	925	20 000	400			5000	−100	86 000	1225
机械作业											2000	80	1300	−26	3300	54
辅助生产	10 000	200	200	2			10 200	202					2000	−40	12 200	162
管理部门					600	9	600	9					1500	−30	2100	−21
合计	117 000	2340	30 200	302	45 600	684	192 800	3326	60 000	1200	2000	80	15 800	−316	270 600	4290

【案例5-14】 根据发出材料汇总表（表5-5），编制如下分录。

（1）发出材料计划成本

借：工程施工——甲工程　　167 000

　　　　　　——乙工程　　86 000

机械作业 3300
生产成本——辅助生产 12 200
管理费用 2100
贷：原材料——主要材料 192 800
——结构件 60 000
——机械配件 2000
——其他材料 15 800

（2）分配材料成本差异

借：工程施工——甲工程 2870
——乙工程 1225
机械作业 54
生产成本——辅助生产 162
管理费用 21
贷：材料成本差异——主要材料 3326
——结构件 1200
——机械配件 80
——其他材料 316

6. 材料其他收发业务的核算

建筑施工企业所需要的材料，大部分是从外部采购的，绝大部分是用于施工和生产的，这是材料核算的主要内容。此外还有材料的其他收发业务。

（1）委托加工材料的核算。委托加工材料是指建筑施工企业将某种材料委托外单位加工改制成另一种性能和用途的材料。加工后的材料物资不仅改变了原来的实物形态和用途，而且由于发生了加工费和往返运杂费，也增加了材料的价值。因此，企业应对委托加工材料进行单独核算，以正确反映和监督委托加工材料的发出、收回以及与加工单位的往来结算，并正确计算材料委托加工后的实际成本。

为了总括地反映确定委托加工材料物资的实际成本，企业应设置“委托加工物资”账户。本账户借方核算发送外单位加工的材料物资的实际成本（或计划成本和成本差异）和发生的加工费用及往返运杂费，贷方核算加工完成并验收入库的材料物资的实际成本（或计划成本和成本差异）和退回材料物资的实际成本（或计划成本和成本差异）；本账户期末如有借方余额反映委托加工但尚未完成或尚未验收入库的材料物资的实际成本和发生的加工费及运杂费。本账户应按加工合同和受托加工单位设置明细账户，进行明细核算。

【案例 5-15】 某建筑施工企业，2014 年 4 月 8 日发出钢材一批，委托红星钢铁厂加工成线材，该批钢材的计划成本为 9000 元，应分配的材料成本差异率为 1%。

借：委托加工物资——红星钢材厂 9090
贷：原材料——主要材料（钢材） 9000
材料成本差异——主要材料 90

【案例 5-16】 企业以现金支付上述委托加工材料运杂费 150 元，以银行存款支付加工单位加工费用 300 元。

借：委托加工物资——红星钢材厂 450

贷：库存现金　150

　　银行存款　300

【案例 5-17】 线材加工完成验收入库，其计划成本为 9200 元。

1）根据委托加工材料入库单

借：原材料——主要材料　9200

　贷：委托加工物资——红星钢铁厂　9200

2）同时结转材料成本差异

借：材料成本差异——主要材料　340

　贷：委托加工物资——红星钢铁厂　340

（2）自制材料的核算。自制材料是指建筑施工企业内部非独立核算的辅助生产部门，为工程施工或产品生产加工制作的各种金属材料、木制材料、预制材料等。

为了核算材料加工制作所发生的各项费用，正确计算自制材料的实际成本，企业应设置“生产成本——辅助生产”账户。本账户借方核算领用材料的实际成本（或计划成本和成本差异）、加工改制材料所发生的人工费和其他费用，贷方核算自制加工完成验收入库材料的实际成本，期末有借方余额反映自制加工但尚未完成材料的实际成本。

【案例 5-18】 某建筑施工企业辅助生产部门领用木材一批，加工板材，该批木材的计划成本为 4500 元，应负担的材料成本差异率为-1%。

借：生产成本——辅助生产　4455

　贷：原材料——主要材料　4500

　　材料成本差异——主要材料　45

【案例 5-19】 月末，分配加工板材工人的工资 200 元，计提固定资产折旧 150 元。

借：生产成本——辅助生产　350

　贷：应付职工薪酬　200

　　累计折旧　150

【案例 5-20】 板材加工完毕验收入库，其计划成本为 5000 元。

借：原材料——主要材料　5000

　贷：生产成本——辅助生产　4805

　　材料成本差异——主要材料　195

特别提示： 为了确定各类材料物资的实际成本以及实际成本与计划成本之间的差异，企业应设置“材料采购明细账”和“材料成本差异明细账”，进行明细分类核算。

任务三　周转材料的核算

一、周转材料的概念

周转材料指建筑施工企业在施工生产过程中多次周转使用并基本保持原有实物形态而价值逐渐转移的各种工具性材料，包括包装物、低值易耗品以及钢模板、木模板、挡板、脚手架和其他周转材料等。

二、周转材料的分类和计价

周转材料按其在施工生产过程中的用途可以分为以下几类：

（1）包装物。包装物是指在生产经营活动中为了包装本企业的产品而储备的各种保证容器，如桶、箱瓶、坛、袋等。

（2）低值易耗品。低值易耗品是指使用年限在一年以下，或单位价值在固定资产标准以下的物品，如一般工具、管理用具、劳动保护用品等。

（3）模板。模板是指浇灌混凝土用的木模、组合钢模以及配合模板使用的支撑材料、滑模材料、扣件等。按固定资产管理的固定钢模和现场固定大型钢模板不包括在内。

（4）挡板。挡板是指土方工程使用的挡土板等，包括支撑材料在内。

（5）架料。架料是指搭设脚手架用的竹竿、木杆、跳板、钢管及其附件等。

（6）其他。指除以上各类外，作为流动资产管理的其他周转材料，如塔吊使用的轻轨、枕木（不包括属于塔吊的钢轨）以及安全网等。

周转材料的计价方法与材料相同，不再赘述，

三、周转材料的摊销方法

由于周转材料在生产过程中能够多次周转使用，价值随同其损耗程度，逐渐转移、摊销计入工程成本或有关费用，因此，周转材料的摊销方法应视周转材料价值的多少、耐磨程度、使用期限长短等因素确定。周转材料的摊销方法一般有以下几种。

（1）一次摊销法。一次摊销法是指在领用周转材料时，将其全部价值一次计入工程成本或有关费用。这种方法一般适用于易腐、易糟或价值较低、使用期限较短的周转材料，如安全网、玻璃器皿等。

（2）分期摊销法。分期摊销法是指根据周转材料的预计使用期限、原值、预计残值确定每期摊销额，将其价值分期计入工程成本或有关费用。这种方法适用于脚手架、跳板、塔吊轻轨、枕木等周转材料。其计算公式为

$$\text{周转材料每月摊销额}=\frac{\text{周转材料原价}\times(1-\text{残值率})}{\text{预计使用月数}}$$

（3）分次摊销法。分次推销法是指根据周转材料的预计使用次数、原值、预计残值确定每次摊销额，将其价值分次计入工程成本或有关费用。这种方法适用于预制钢筋混凝土构件时所使用的定型模板、模板、挡板等周转材料。其计算公式为

$$\text{周转材料每次摊销额}=\frac{\text{周转材料原价}\times(1-\text{残值率})}{\text{预计使用次数}}$$

$$\text{本期摊销额}=\text{每次摊销额}\times\text{本期使用次数}$$

（4）定额摊销法。定额推销法是指根据实际完成的实物工作量和预算定额规定的周转材料消耗定额确定本期周转材料摊销额，计入本期工程成本或有关费用。这种方法适用于各种模板等周转材料。其计算公式为

$$\text{周转材料本期摊销额}=\text{本期完成的实物工程量}\times\text{单位工程量周转材料消耗定额}$$

（5）五五摊销法。五五摊销法是指领用时摊销 50%，报废时再摊销 50%（扣除回收的残料），适用于价值较大、使用期限较长的低值易耗品。

《企业会计准则第 1 号——存货》规定，包装物和低值易耗品应当采用一次摊销法或五五摊销法进行摊销，建筑施工企业的钢模板、木模板、脚手架和其他周转材料等，可以采用一次摊销法、五五摊销法或者分次摊销法进行摊销。

四、周转材料的核算

1. 应设置的会计账户

为了总括核算和监督周转材料的取得、领用、摊销和结存情况，企业应设置“周转材料”账户。本账户借方登记企业库存、在用周转材料的计划成本或实际成本，贷方登记周转材料的摊销额以及盘亏、报废、毁损、短缺等原因减少的周转材料价值，期末有借方余额，表示在库周转材料的计划成本或实际成本以及在用周转材料的摊余价值。本账户可按周转材料的种类，分“在库周转材料”“在用周转材料”和“周转材料摊销”进行明细核算。若企业的包装物、低值易耗品用量较大并要求单独管理的，也可设置“包装物”“低值易耗品”一级账户。

采用计划成本进行周转材料日常收发核算的企业，周转材料的计划成本与实际成本之间的差额，应在“材料成本差异”账户核算，并应随着计划成本的转销而转入有关账户。采用一次摊销法的周转材料，应于领用当月的月末计算其应负担的材料成本差异；采用其他摊销方法的周转材料，应于月末或报废时计算其应负担的材料成本差异。

2. 周转材料的主要账务处理

【案例 5-21】 某建筑施工企业的甲工程于 2014 年 9 月 8 日领用一次摊销的安全网一批，计划成本 2800 元，材料成本差异率为–2%。

借：工程施工——甲工程　2744
　　贷：周转材料——在库周转材料　2800
　　　　材料成本差异——周转材料　56

【案例 5-22】 某建筑施工企业的乙工程于 2014 年 9 月 12 日，领用全新脚手架 10m^3，计划成本为 6000 元，采用分期摊销法，预计残值占计划成本的 10%，预计使用 10 个月。

（1）领用时，根据周转材料领用单

借：周转材料——在用周转材料　6000
　　贷：周转材料——在库周转材料　6000

（2）计提 2014 年 9 月份摊销额

$$每月摊销额=\frac{6000\times(1-10\%)}{10}-540\ 元$$

借：工程施工——乙工程　540
　　贷：周转材料——周转材料摊销　540

【案例 5-23】 使用 5 个月后，2015 年 2 月 16 日，乙工程将领用的脚手架 3m^3 退回仓库，其计划成本为 1800 元，退回时估计成色为 50%，在用脚手架账面已提摊销额为 2700 元。

（1）根据退库脚手架应补提摊销额

$$应提摊销额=1800\times（1-50\%）=900\ 元$$

$$已提摊销额=1800\times\frac{2700}{6000}=810\ 元$$

$$应补提摊销额=900-810=90\ 元$$

借：工程施工——乙工程　90
　　贷：周转材料——周转材料摊销（在用）　90

（2）退回的脚手架验收入库

借：周转材料——在库周转材料 1800

贷：周转材料——在用周转材料 1800

（3）结转退库脚手架的已提摊销额

借：周转材料——周转材料摊销（在用） 900

贷：周转材料——周转材料摊销（在库） 900

任务四 低值易耗品的核算

一、低值易耗品的定义与分类

低值易耗品是指单位价值较低、使用年限较短，不能作为固定资产管理的各种工具、用具和物品。低值易耗品，从其性质上看，属于劳动资料，它可以多次周转使用而不改变其原有实物形态，有的在使用中需要经常修理，报废时也有一定的残值，其价值在整个使用过程中随着磨损的程度逐渐地转移到成本费用中。因此，低值易耗品具有固定资产的一般特征。但是，由于它的价值较低，使用期限短，易于损耗，需要经常补充和更换，所以它又具有周转材料的特征。基于上述的特点，低值易耗品的管理和核算应按固定资产和周转材料的方法结合使用，即对于低值易耗品的计价，采购、收发，结存和实物的清查盘点，应按照周转材料的管理和核算方法进行；对于使用中低值易耗品的价值转移、计提摊销、修理和清理报废等，则应比照固定资产的办法处理。

施工企业的低值易耗品品种、规格繁多，为了便于管理和核算，通常按用途将其分为以下几类。

（1）生产工具。生产工具是指在施工过程中使用的各种工具，器具和仪器，如铁锹、小平车等。

（2）管理用具。管理用具是指在管理和服务工作中使用的各种用具和器具，如办公用具、消防器具等。

（3）劳保用品。劳保用品是指在施工过程中用于保护职工安全的各种用品，如工作服、安全帽等。

（4）其他用具。其他用具是指不属于上述各类的其他低值易耗品，如医疗器械、炊事用具、试验用具、玻璃器皿等。

低值易耗品按其使用情况，可分为在库低值易耗品和在用低值易耗品；按其摊销方法，可分为一次摊销的低值易耗品和分次摊销的低值易耗品。

特别提示：低值易耗品与固定资产的区别，虽然原则上是按其单位价值和使用年限两种标准来区分，但在具体划分上，往往不易确定。因此，应编制低值易耗品目录，作为具体划分低值易耗品的依据。低值易耗品目录，通常由主管部门制定，各施工企业可结合具体情况作适当的补充。

二、低值易耗品的摊销法

低值易耗品的价值随其实物形态的磨损而逐渐地转移，为了正确反映低值易耗品价值的损耗情况以及为成本费用核算提供依据，对于领用的低值易耗品，应采用合理的方法摊销其价值。对于其逐渐转移的价值采用合理的摊销方法计入各项成本费用中。低值易耗品的摊销方法有以下两种。

1. 一次摊销法

这种摊销法是在领用低值易耗品时，将其全部价值一次计入成本费用。对于价值较小、使用期限短的低值易耗品，可在领用时一次计入成本费用，玻璃器皿等易碎物品，不论价值大小，在领用时均一次计入成本费用。该方法主要适用于单位价值较低、使用期限较短、或者容易破损的低值易耗品的摊销。

2. 五五摊销法

这种摊销法是在领用低值易耗品时摊销 50%，报废时再摊销 50%，对价值较大、使用期限较长的低值易耗品，可以采用五五摊销法。这种方法适用于对在用低值易耗品按工程项目、使用部门进行数量和金额核算的企业。

低值易耗品的摊销方法，由企业根据具体情况自行确定，不同的低值易耗品可采用不同的摊销方法。摊销方法确定之后，不应随意改变。

三、低值易耗品的核算

为了反映和监督低值易耗品的购入、领用、结存和价值摊销情况，施工企业应设置“周转材料——低值易耗品”账户。本账户核算所有低值易耗品的计划成本或实际成本。本账户的借方核算企业库存及在用低值易耗品的计划成本或实际成本，贷方核算低值易耗品摊销价值及盘亏、报废、毁损等减少的低值易耗品价值，期末余额反映期末所有在库低值易耗品的计划成本或实际成本以及在用低值易耗品的摊余价值。本账户应按低值易耗品的类别、品种、规格进行数量和金额的明细核算。

本账户下设“在库低值易耗品”“在用低值易耗品”和“低值易耗品摊销”三个明细账户。“在库低值易耗品”用来核算和监督企业库存低值易耗品的计划成本或实际成本，其明细核算与原材料账户相同；“在用低值易耗品”用来核算和监督企业领用并采用五五摊销法的低值易耗品的计划成本或实际成本，应按使用部门设置明细账进行明细核算；“低值易耗品摊销”是用来核算企业在用低值易耗品摊销增减变化情况，是“在用低值易耗品”的备抵调整账户。每次计提摊销时，记入其贷方，低值易耗品报废时，将累计计提的摊销额与“在用低值易耗品”相冲销时记入借方，其余额反映在用低值易耗品的累计摊销额。

低值易耗品的日常收发可按实际成本计价核算，也可按计划成本计价核算。采用计划成本核算的企业，应于月份终了时，结转当月领用低值易耗品应分摊的成本差异。

购入低值易耗品和库存低值易耗品的核算，与原材料核算基本相同，在此不再介绍。

下面主要介绍低值易耗品领用、摊销和报废的账务处理。

1. 领用一次摊销的低值易耗品

领用一次摊销的低值易耗品时，将其全部价值直接转入有关成本费用，并同时结转应负担的材料成本差异。

【案例 5-24】 2014 年 8 月明朗建筑工程公司行政管理部门领用一次摊销的管理用具一批，计划成本 1800 元，应负担的材料成本差异率为 2%。作如下会计分录。

借：管理费用　　1836

　贷：周转材料——低值易耗品（在库）　　1800

　　材料成本差异——低值易耗品差异　　36

2. 领用五五摊销的低值易耗品

【案例 5-25】 明朗建筑工程公司第一工程项目部为树立企业形象，改善办公条件，购进一批办公用具，实际成本为7200元，当时投入使用。该批办公用具采用五五摊销法核算。

（1）购入时，作如下会计分录。

借：周转材料——低值易耗品（在库） 7200

　　贷：银行存款 7200

（2）领用时，作如下会计分录。

借：周转材料——低值易耗品（在用） 7200

　　贷：周转材料——低值易耗品（在库） 7200

借：工程施工——间接费用 3600

　　贷：周转材料——低值易耗品（摊销） 3600

（3）报废时，假定可收回残料价值50元，作如下会计分录。

借：工程施工——间接费用 3550

　　原材料 50

　　贷：周转材料——低值易耗品（摊销） 3600

借：周转材料——低值易耗品（摊销） 7200

　　贷：周转材料——低值易耗品（在用） 7200

在采用五五摊销法的情况下，企业应加强在用低值易耗品的实物管理，按部门和个人设置“低值易耗品领用备查簿”，反映低值易耗品的领用、交回和报废情况。

任务五　存货的期末计价

一、存货期末价值的确定

建筑施工企业的存货在取得时按成本进行初始计量，在使用过程中，由于市价下跌，存货陈旧、过时、毁损等原因，导致存货价值减少。为真实地反映存货的价值，根据谨慎性要求，《企业会计准则——存货》规定，资产负债表日，存货应当按照成本与可变现净值孰低计量。可变现净值，是指在日常活动中，存货的估计售价减去至完工时估计将要发生的成本、估计的销售费用以及相关税费后的金额。存货成本高于其可变现净值的，应当计提存货跌价准备，计入当期损益。

企业持有存货的目的不同，确定存货可变现净值的方法也不同。产成品、商品等直接用于出售的商品存货，没有销售合同约定的，其可变现净值应为在正常生产经营活动中，产成品或商品的市场销售价格减去估计的销售费用和相关税费后的金额；用于出售的材料等应当以市场价格减去估计的销售费用和相关税费后的金额作为其可变现净值；需要经过加工的材料存货，用以其生产的产成品的可变现净值与该产品的成本进行比较，若该产品的可变现净值高于其成本，则该材料应当按照其成本计量，若材料价格的下降表明以其生产的产成品的可变现净值低于其成本，则该材料应当按可变现净值计量，其可变现净值为在正常生产经营过程中以该材料生产的产成品估计售价减去至完工时估计将要发生的成本、估计的销售费用以及相关税费后的金额确定；为执行销售合同或者劳务合同而持有的存货，其可变现净值应当以完成合同所需存货的合同价减去估计的销售费用和相关税费后的金额确定。

二、存货减值迹象的判断

存货存在下列情况之一的，表明存货的可变现净值低于成本：

（1）该存货的市场价格持续下跌，并且在可预见的未来无回升的希望。

（2）企业使用该项原材料生产的产品的成本大于产品的销售价格。

（3）企业因产品更新换代，原有库存原材料已不适应新产品的需要，而该原材料的市场价格又低于其账面成本。

（4）因企业所提供的商品或劳务过时或消费者偏好改变而使市场的需求发生变化，导致市场价格逐渐下跌。

（5）其他足以证明该项存货实质上已经发生减值的情形。

若存货出现减值迹象的，应计算其可变现净值，并按可变现净值低于存货账面价值的差额计提减值准备。

存货存在下列情形之一的，表明存货的可变现净值为零：

（1）已霉烂变质的存货。

（2）已过期且无转让价值的存货。

（3）生产中已不再需要，并且已无使用价值和转让价值的存货。

（4）其他足以证明已无使用价值和转让价值的存货。

可变现净值为零时，将其账面价值全额结转至当期损益。

三、存货减值的核算

为了总括核算和监督企业计提的存货跌价准备，建筑施工企业应设置“存货跌价准备”账户，该账户属资产类账户，是有关存货账户的备抵调整账户。该账户贷方登记企业于期末或年末实际计提的存货跌价准备，借方登记结转存货账面价值时冲销的已计提的存货跌价准备，以及因已计提存货跌价准备的存货价值得以恢复，而按恢复增加的数额冲销已计提的存货跌价准备，但按恢复增加数冲销的存货跌价准备金额，应以本账户的余额冲减至零为限，该账户期末有贷方余额，反映企业已提取的存货跌价准备。

当存货的可变现净值低于账面价值时，按其差额借记“资产减值损失”，贷记“存货跌价准备”，当存货的可变现净值大于账面价值时，若前期曾经计提减值准备，则应在原已计提的跌价准备的限额内转回可变现净值与账面价值的差额，借记“存货跌价准备”，贷记“资产减值损失”，若前期未曾计提存货跌价准备，则不作会计处理；当已计提减值准备的存货处置时，将已计提的减值准备连同存货一并结转出去，借记“主营业务成本”“资产减值准备”，贷记“库存商品”等。

企业通常应当按照单个项目计提存货跌价准备，那些数量繁多、单价较低的存货，可以按照存货类别计提存货跌价准备，与在同一地区生产和销售的产品系列相关、具有相同或类似最终用途或目的，且难以与其他项目分开计量的存货，可以合并计提存货跌价准备。

【案例 5-26】 某建筑施工企业于 2014 年末，首次计提存货跌价准备，经逐项比较，存货的账面成本为 110 000 元，预计可变现净值为 105 000 元。企业采用成本与可变现净值孰低法对期末存货进行计价，并运用备抵法进行相关的账务处理。

借：资产减值损失　　5000

　　贷：存货跌价准备　　5000

【案例 5-27】 2014 年 6 月末，存货的预计可变现净值为 100 000 元。

借：资产减值损失　　5000

　　贷：存货跌价准备　　5000

【案例 5-28】 2014 年末，存货的可变现净值有所恢复，预计可变现净值为 125 000 元。应冲减已提存货跌价准备 10 000 元。

借：存货跌价准备　　10 000
　　贷：资产减值损失　　10 000

【案例 5-29】 某建筑施工企业库存原木一批，其账面计划成本为 10 000 元，应负担的材料成本差异 2%，已计提的存货跌价准备为 1000 元，由于原木已经腐烂无转让价值，企业将其账面价值全部转入当期损益。

借：管理费用　　9200
　　存货跌价准备　　1000
　　贷：原材料——主要材料　　10 000
　　　　材料成本差异——主要材料　　200

任务六　存货的清查

一、存货清查概述

存货的清查是指对企业各种存货进行实地盘点，确认材料物质的实有数量，并与账面资料进行核对以查明账实是否相符的一种专门方法。通过存货清查：

（1）可以查明各项存货的实存数，确定账实差异以及产生差异的原因；

（2）可以发现存货管理上存在的问题，健全存货保管和核算制度；

（3）也可查明各种存货的储备利用情况以确保生产需要，同时对积压存货作出及时处理，挖掘存货的潜力。

存货一般是在年末编制年度财务决算报告之前进行一次全面清查，以保证年度财务决算报告的真实性和准确性。为了加强企业内部控制，在年度内企业还应根据不同情况，有计划地进行定期或不定期的清查。对于大堆材料，至少应每月盘点一次，对于其他存货应经常进行轮流清查或重点抽查。

二、存货清查的核算

1. 存货盘盈的核算

【案例 5-30】 某建筑施工企业 2015 年 6 月 30 日在盘存清查存货时，盘盈板材一批，计划成本为 1000 元。

（1）盘盈板材

借：原材料——主要材料　　1000
　　贷：待处理财产损溢——待处理流动资产损溢　　1000

（2）报经批准转销

借：待处理财产损溢——待处理流动资产损溢　　1000
　　贷：管理费用　　1000

2. 存货盘亏、毁损的核算

【案例 5-31】 某建筑施工企业 2015 年 6 月 30 日在盘存清查存货时，盘亏小五金材料一批，计划成本 800 元，材料成本差异率−1%。根据“存货盘点报告表”，作分录。

借：待处理财产损溢——待处理流动资产损溢　　720

贷：原材料——主要材料 800

材料成本差异——主要材料 $\boxed{80}$

【案例 5-32】 经查明，上述盘亏材料，属于定额内损耗 80 元，自然灾害造成损失 540 元，由于管理不善造成的损失 100 元，经批准转销。

借：营业外支出——非常损失 540

管理费用 180

贷：待处理财产损溢——待处理流动资产损溢 720

知识梳理与小结

存货是企业日常生产经营过程中持有以备出售或仍然处于生产过程以及在生产或提供劳务过程中将消耗的材料或物料。施工企业的存货包括原材料、未完工程、在产品、产成品、半成品、周转材料等。存货取得应按照实际成本入账。存货实际成本根据存货不同来源渠道加以确定。在实际成本法下，取得原材料通过“原材料”“在途物资”和“采购保管费”账户核算。按照计划成本进行存货核算的企业，对于存货计划成本与实际成本的差额应单独核算。企业领用存货，按照实际成本核算的，应当采用先进先出法、加权平均法、个别计价法等方法确定其实际成本。按计划成本核算的，应按期结转发出材料应负担的成本差异，将发出材料计划成本调整为实际成本。按计划成本计价进行存货的核算，“原材料”科目按计划成本反映各种材料的增减变动。为了核算购入材料的实际成本与计划成本以及入库材料的成本差异额，还应设置“材料采购”和“材料成本差异”科目。企业发出材料时，一律采用计划成本计价，根据不同的用途，借记“工程施工”“生产成本”“机械作业”“管理费用”等账户，贷记“原材料”账户。期末再将发出材料计划成本调整为实际成本。

周转材料是施工企业具有特殊用途的存货，在施工生产过程中起劳动资料作用，其价值损耗通过摊销计入有关成本费用。周转材料的摊销方法一般有一次摊销法、分期摊销法、分次摊销法和定额摊销法，企业可根据自身的具体情况选择使用。

企业应定期对存货进行盘点，每年至少盘点一次，账实不符的应及时调整，并及时查明原因，根据企业管理权限，经批准后分别根据不同情况作出账务处理，如果由于存货毁损、全部或部分陈旧过时或销售价格低于成本等原因，使存货可变现净值低于成本，应计提存货跌价准备。

复习思考题

1. 什么是存货？施工企业的存货可以分为几种类型？
2. 存货的计价方法有哪几种？按实际成本计价时，发出存货的计价方法又有哪几种？
3. 如何确定存货的初始成本？
4. 确定存货数量有哪几种方法？
5. 按计划成本计价时，发出存货的实际成本如何确定？
6. 怎样确定存货的可变现净值？
7. 周转材料摊销有哪几种方法？它们的适用范围是什么？

8．购入存货的实际成本包括哪些内容？

9．原材料的计价方法有哪些？

10．采购保管费的分配在材料采用实际成本法和采用计划成本法时有什么不同？

11．什么是成本与可变现净值孰低法？

12．存货清查方法有哪些？

实 训 练 习 题

练习题一

（一）目的：通过练习掌握材料按实际成本计价的核算。

（二）资料：某建筑施工企业发生下列关于存货购入和领用的经济业务：

（1）上月向市建材公司购入杉原木 $40m^3$，因账单发票未到，已按计划单价 400 元暂估入账，本月初应予以冲回。

（2）上月已付款的生石灰 20t，单价 300 元，增值税税率 17%，运杂费 1000 元，现已收料入库，计划单价 330 元。

（3）向东风水泥厂购入水泥 12t，单价 400 元，增值税税率 17%，运杂费 600 元，已通过银行转账付讫，材料已验收入库，该批水泥计划成本为 5380 元。

（4）接银行托收承付通知，红星建材公司发来的原木，应付货款 10 000 元，增值税税率 17%，代垫运杂费 200 元，经审核单证，同意支付，原木尚未到达。

（5）向红旗机械厂订购轴承一批，材料已验收入库，月末发票账单尚未到达，计划成本 1100 元。

（6）向梅蜂石化厂购入汽油一批，材料已入库，货款税金及运杂费共计 2000 元，企业存款户暂无余额，计划成本为 2300 元。

（7）向长城砖厂订购红砖一批，按合同规定预付货款 10 000 元，已通过银行付讫。

（8）长城砖厂发来红砖，已验收入库，应付买价、税金及运杂费 21 000 元，除预付 10 000 元外，余额 1100 元通过银行付讫。计划成本 24 000 元。

（9）银行通知承付长城钢厂贷款，圆钢 12t，单价 4600 元，计 55 200 元，增值税税率 17%，代垫运杂费 800 元，钢材尚未运到。

（10）向长城钢厂购入的圆钢 12t 已运到，经验收，短少 0.2t，系运输途中丢失。应向铁路局索赔，其余钢材验收入库，计划单价 4600 元。

（三）要求：根据上述资料编制会计分录。

练习题二

（一）目的：通过练习掌握材料按计划成本计价的核算。

（二）资料：某建筑施工企业发生下列关于存货购入和领用的经济业务：

（1）～（10）同练习题一（1）～（10）。

（11）月末，计算并结转本月采购材料的成本差异。

（12）月初，结存原材料 130 000 元，材料成本差异有贷方余额 6000 元，本月领用材料 120 000 元，其中工程领用 100 000 元，管理部门领用 10 000 元，辅助生产部门领用 5000 元，机械部门领用 5000 元，计算材料成本差异率。

（三）要求：

（1）根据上述资料编制会计分录。

（2）本月初，“材料采购”账户有借方余额 7000 元，登记“材料采购”账户的“T”形账户。

练习题三

（一）目的：通过练习掌握按计划成本计价时，材料其他收发业务的核算。

（二）资料：某建筑施工企业发生下列关于材料其他收发业务的经济业务：

（1）辅助生产部门领用主要材料一批，加工制作结构件，其计划成本为 26 000 元，应负担的材料成本差异为 3%。

（2）月末，分配制作结构件工人的工资 5420 元。

（3）制作结构件过程中，发生其他费用 3600 元，其中计提固定资产折旧 1500 元，以银行存款支付其他费用 2100 元。

（4）自制结构件已完工，并验收入库，其计划成本为 35 000 元。

（5）企业发出原木一批，委托立新木材加工厂加工成方材，其计划成本为 40 000 元，应负担的材料成本差异为–2.5%。

（6）以银行存款支付加工费和往返运费 5000 元。

（7）方材已加工完成并验收入库，其计划成本 45 000 元。

（三）要求：根据上述资料，编制会计分录。

练习题四

（一）目的：通过练习掌握周转材料（低值易耗品）的核算。

（二）资料：某建筑施工企业发生下列有关低值易耗品的经济业务：

（1）企业购入低值易耗品一批，买价和运杂费共计 60 000 元，以银行存款支付，该批低值易耗品现已验收入库，其计划成本为 70 000 元。

（2）企业管理部门本月领用一次摊销的劳保用品一批，其计划成本为 10 000 元，应负担的材料成本差异为 2%。

（3）企业所属施工部门本月领用施工生产用的工具、器具一批，其计划成本为 8000 元，应负担的材料成本差异为 2%，按五五摊销法摊销，使用一段时间后，该批工具、器具全部报废，收回的残料价值为 200 元，已验收入库。

（三）要求：根据上述资料编制会计分录。

练习题五

（一）目的：通过练习掌握周转材料（工具性材料）的核算。

（二）资料：某建筑施工企业发生下列有关周转材料的经济业务：

（1）企业购入周转材料一批，买价和运杂费共计 98 000 元，以银行存款支付，该批周转材料已验收入库，其计划成本为 100 000 元。

（2）施工部门本月领用安全网一批，计划成本为 16 000 元，应负担的材料成本差异为–2%，采用一次摊销法核算。

（3）甲工程本月领用全新脚手架一批，其计划成本为 20 000 元，预计使用期限为 12 个月，预计残值率为 10%，采用分期摊销法计算。

（4）乙工程本月领用木模板 $20m^3$，计划成本为 1000 元/m^3，预计使用 10 次，预计残值率为 4%，本月实际使用 5 次，采用分次摊销法核算。

（5）年终对乙工程进行清查盘点，将不需用的木模板 $5m^3$ 退回仓库。

（6）退回仓库的木模板，其成色为 60%，计算补提摊销额。

（7）结转退库木模板的已提摊销额。

（三）要求：根据上述资料编制会计分录。

练习题六

（一）目的：通过练习掌握存货期末计价的核算。

（二）资料：某建筑施工企业发生下列有关存货期末计价的经济业务：

（1）企业采用成本与可变现净值孰低法对期末存货进行计价，并采用备抵法进行相应的账务处理。企业于 2014 年 1 月 31 日首次计提存货跌价准备，月末库存水泥账面成本为 160 000 元，预计其可变现净值为 150 000 元。

（2）2014 年 2 月 28 日，库存水泥的预计可变现净值为 148 000 元。

（3）2014 年 3 月 31 日，库存水泥的可变现净值有所恢复，为 149 000 元。

（4）2014 年 4 月 30 日，库存水泥的可变现净值进一步恢复，为 158 000 元。

（三）要求：根据上述资料，编制会计分录。

练习题七

（一）目的：通过练习掌握存货清查的核算。

（二）资料：某建筑施工企业发生下列有关存货清查的经济业务：

（1）企业在材料清查盘点中，发现盘盈木材 $3m^3$，按同类木材的市场价格确定其成本为 2400 元。

（2）企业在材料的清查盘点中，发现盘亏和损毁水泥 10t，其计划成本为 2000 元，应负担的材料成本差异为 3%。

（3）经查明盘盈的木材 2400 元，是计量错误造成的，报经批准后予以转销。

（4）经查明，盘亏和损毁水泥 2060 元中，属于定额内损耗 200 元，应由过失人赔偿 360 元，自然灾害造成的损失 1000 元，一般管理损失 500 元，报经批准后予以转销。

（三）要求：根据上述资料编制会计分录。

学习情境六　固定资产的核算

学习目标

1. 知道固定资产的概念、特征及分类。
2. 掌握固定资产取得的确认与计量。
3. 掌握固定资产的折旧方法。
4. 掌握固定资产的后续支出、处置、盘盈、盘亏的账务处理方法。
5. 掌握固定资产减值迹象的判断、减值的计提、临时设施摊销的方法。

技能目标

1. 能熟练对各种方式取得的固定资产进行确认与计量。
2. 能熟练用不同方法对固定资产计提折旧。
3. 能正确区分固定资产后续支出的性质并作账务处理。
4. 能熟练对固定资产的处置进行账务处理。
5. 能对固定资产的减值进行账务处理。

案例导入

某建筑施工企业2017年8月10日购买了10套施工机械设备，有关资料如下：

（1）施工机械设备的单价为7200元/套，因该企业一次购买了10套，销售上给予了特殊的价格折扣，总价款63 000元（不含增值税）。该企业以银行存款支付了23 000元，其余40 000元开出了90天的带息商业汇票。票据到期时企业立即支付货款，并连同利息800元。

（2）企业在购买日还支付了购买该批设备的增值税10 710元。

（3）该批设备的运输费为3390元。

（4）企业以每套2250元的价格请承包商安装了6套设备，之后企业又找到了要价更低的承包商以1900元的价格安装了其余的4套设备。

（5）在安装过程中，企业的一名工人不小心损坏了一台设备，修理费用910元由企业承担。

请根据上述业务，确定施工机械设备的入账价值，并说明确定的理由。

这个案例是关于企业购入固定资产的入账价值如何确定的问题，我们需要解决的问题有如何确定该项固定资产的入账价值，以及在确认它的入账价值时会涉及哪些账户？为了解决以上问题，就要求我们认真学习有关固定资产的确认与初始计量的相关知识。

本学习情境中，我们主要介绍了固定资产的确认与初始计量、固定资产折旧、处置、减值以及施工企业临时设施的核算。

知识链接

任务一 固定资产的确认和初始计量

一、固定资产的定义和确认条件

1. 固定资产的定义

《企业会计准则第 4 号——固定资产》规定：固定资产是指为生产商品、提供劳务、出租或经营管理而持有的、使用寿命超过一个会计年度的有形资产。

从固定资产的定义看，固定资产具有以下三个特征：

（1）为生产商品、提供劳务、出租或经营管理而持有。企业持有固定资产的目的是为了生产商品、提供劳务、出租或经营管理，即企业持有的固定资产是企业的劳动工具或手段，而不是用于出售的产品。

（2）使用寿命超过一个会计年度。固定资产的使用寿命，是指企业使用固定资产的预计期间，或者该固定资产所能生产产品或提供劳务的数量。通常情况下，固定资产的使用寿命是指使用固定资产的预计期间，比如自用房屋建筑物的使用寿命表现为企业对该建筑物的预计使用年限。固定资产使用寿命超过一个会计年度，意味着固定资产属于非流动资产，随着使用和磨损，通过计提折旧方式逐渐减少账面价值。对固定资产计提折旧和减值准备，均属于固定资产后续计量。

（3）固定资产是有形资产。固定资产具有实物特征，这一特征将固定资产与无形资产区别开来。

2. 固定资产的确认条件

固定资产在符合定义的前提下，应当同时满足以下两个条件，才能加以确认。

（1）与该固定资产有关的经济利益很可能流入企业。资产最重要的特征是预期会给企业带来经济利益。企业在确认固定资产时，需要判断与该项固定资产有关的经济利益是否很可能流入企业。如果与该项固定资产有关的经济利益很可能流入企业，并同时满足固定资产确认的其他条件，那么，企业应将其确认为固定资产；否则，不应将其确认为固定资产。

固定资产的各组成部分，如果各自具有不同使用寿命或者以不同方式为企业提供经济利益，从而适用不同折旧率或折旧方法的，该各组成部分实际上是以独立的方式为企业提供经济利益，企业应当分别将各组成部分确认为单项固定资产。例如，飞机的引擎，如果其与飞机机身具有不同的使用寿命，适用不同折旧率或折旧方法，则企业应当将其确认为单项固定资产。

（2）该固定资产的成本能够可靠地计量。成本能够可靠地计量是资产确认的一项基本条件。企业在确定固定资产成本时必须取得确凿证据，但是，有时需要根据所获得的最新资料，对固定资产的成本进行合理的估计。比如，企业对于已达到预定可使用状态但尚未办理竣工决算的固定资产，需要根据工程预算、工程造价或者工程实际发生的成本等资料，按估计价值确定其成本，办理竣工决算后，再按照实际成本调整原来的暂估价值。

二、固定资产的分类

建筑施工企业的固定资产种类繁多，型号、规格各异，其经济用途和使用情况也不尽相同。根据不同的管理需要和核算要求以及不同的分类标准，可以对固定资产进行不同的分类。在实际工作中，建筑施工企业的固定资产是按经济用途和使用情况综合分类的，并考虑提供某些特殊资料的要求，将企业的固定资产分为7大类。

1. 生产经营用固定资产

（1）房屋。房屋是指企业所属各施工单位、生产单位和行政管理部门等所使用的各种房屋，如厂房、仓库、办公楼、配电室等。与房屋不可分割的各种附属设备，如水、暖、电、卫生、照明、通风、电梯等设备，其价值均应包括在房屋价值之内。作为固定资产管理的可以搬迁移动的钢、木架活动房屋，也包括在本类之内。活动房屋比较多的企业，也可以单独设置“活动房屋”类组织核算。生产经营和非生产经营共同使用的房屋，可按其主要用途列为生产经营用固定资产或非生产经营用固定资产。

（2）建筑物。建筑物是指除房屋以外的各种建筑物，如烟囱、水塔、蓄水池、储油罐、企业的道路、铁路、停车场、围墙等。

（3）施工机械。施工机械是指施工用的各种机械，如起重机械、挖掘机械、土方铲运机械、凿岩机械、基础及凿井机械、钢筋混凝土机械、筑路机械、皮带螺旋运输机及各种泵类等。随机的附属设施以及装置在机械上的发动机等，其价值均应包括在该机械的价值之内。

（4）钢模。钢模是指按固定资产管理的固定钢模和现场大型钢模板。按流动资产管理的现场预制或现浇混凝土试验的组合钢模，应作为周转材料进行核算，不包括在本类之内。

（5）运输设施。运输设施是指运载物资用的各种运输工具，如铁路运输用的机车、罐车，水路运输用的船舶，公路运输用的汽车、拖车、兽力车（包括役畜）等。所有作为运输设备组成部分的附属装置，都应列入运输设备价值。

（6）生产设备。生产设备是指加工、维修用的各种机器设备，如木工加工设备、金属切削设备、锻压设备、焊接及切割设备、铸造及热处理设备、动力设备、传导设备、维修专用设备和其他加工设备等。机器设备的基座，以及与机器设备连成一体而不具有独立用途的附属设备，均应包括在该机器设备的价值之内。

（7）仪器及试验设备。仪器及试验设备是指对材料、工艺产品进行研究试验用的各类仪器及设备。如计量用的精密天平，测绘用的经纬仪、水准仪，探伤用的探伤机、裂痕测探仪，分析测定用的渗透仪、显微镜、温度测定仪，以及材料试验用的各种试验机、白金坩埚、高压釜等。

（8）其他生产经营用固定资产。其他生产经营用固定资产是指不属于以上各类的其他生产经营用固定资产，包括计量用具（如地磅等）、消防用具、办公用具以及行政管理用的汽车、电话总机等。

2. 非生产经营用固定资产

（1）房屋。房屋是指企业的职工宿舍、招待所、学校、幼儿园、托儿所、俱乐部、食堂、浴室、理发室、医院、疗养院、专设的科学研究机构等单位所使用的房屋。

（2）文体宣教用具。文体宣教用具是指企业的文化、体育、宣传、教育部门所使用的各种设备和器具、如电影放映设备、电视机、摄影机、音响设备、体育器材、健身器材、各种乐器、教学设备和用具（如多媒体教学设备、投影设备、教具等）。

（3）炊事用具。炊事用具是指企业的职工食堂所使用的各种设备和工具、器具，如和面机、绞肉机、切肉机等。

（4）医疗器械。医疗器械是指企业所属的职工医院或医务室所使用的各种医疗设备和器具，如心电图机、脑电图机、B 超机、X 光机等。

（5）其他。除以上各项以外的非生产经营用固定资产，如电冰箱，冷冻机等。

3. 租出固定资产

租出固定资产是指租给外单位使用的多余、闲置的固定资产。

4. 未使用固定资产

未使用固定资产是指尚未使用的新增固定资产，有偿调入尚待安装的固定资产，改建扩建的固定资产，以及按照规定程序报经批准停用的固定资产。

5. 不需用固定资产

不需用固定资产是指本企业不需用的固定资产，以及按照规定封存的固定资产。

6. 融资租入固定资产

融资租入固定资产是指建筑施工企业采取融资租赁方式租入的施工机械、运输设备、生产设备等固定资产。

7. 土地

土地是指过去已经估计单独入账的土地。因征地而支付的补偿费，应计入与土地有关的房屋、建筑物的价值内，不单独作为土地价值入账。企业取得的土地使用权不能作为固定资产进行核算和管理。

三、固定资产的初始计量

固定资产的初始计量，指确定固定资产的取得成本。固定资产应当按照成本进行初始计量。

成本包括企业为购建某项固定资产达到预定可使用状态前所发生的一切合理的、必要的支出。在实务中，企业取得固定资产的方式是多种多样的，包括外购、自行建造、投资者投入以及非货币性资产交换、债务重组、企业合并和融资租赁等，取得的方式不同，其成本的具体构成内容及确定方法也不尽相同。

1. 外购固定资产的成本

企业外购固定资产的成本，包括购买价款、相关税费（不含可抵扣的增值税进项税额）、使固定资产达到预定可使用状态前所发生的可归属于该项资产的运输费、装卸费、安装费和专业人员服务费等。

企业购入的固定资产分为不需要安装的固定资产和需要安装的固定资产两种情形。前者购入后即可发挥作用，因此，购入后即可达到预定可使用状态，它的取得成本为企业实际支付的购买价款、包装费、运杂费、保险费、专业人员服务费和相关税费等，其账务处理为：按应计入固定资产成本的金额，借记“固定资产”科目，按相应税率计算应交增值税，借记“应交税费——应交增值税（进项税额）”，贷记“银行存款”“其他应付款”“应付票据”等科目；后者只有安装调试后，达到设计要求或合同规定的标准，该项固定资产才可发挥作用，才意味着达到预定可使用状态，它的取得成本是在前者取得成本的基础上，加上安装调试成本等，其账务处理为：按应计入固定资产成本的金额，先记入“在建工程”科目，安装完毕交付使用时再转入“固定资产”科目。假如某企业购入一项设备作为固定资产，买价 100 万元，支付增值税进项税额 17 万元，该进项税额当期可以抵扣；假如购入一项不动产，买价 100 万元，适用的增值税税率为 11%，支付增值税进项税额 11 万元。该进项税额第一年可以抵扣 60%，第二年抵扣剩下的 40%。

【案例 6-1】 2017 年 1 月 1 日，甲公司购入一台不需要安装的设备，取得的增值税专用发票上注明的设备价款为 100 万元，增值税进项税额为 17 万元，款项全部付清。假定不考虑其他相关税费。账务处理如下。

借：固定资产　　1 000 000
　　应交税费——应交增值税（进项税额）　　170 000
　　贷：银行存款　　1 170 000

【案例 6-2】 2017 年 2 月 1 日，甲公司购入一台需要安装的机器设备，取得的增值税专用发票上注明的设备价款为 50 万元，增值税进项税额为 85 000 元，支付的运输费为 2500 元（不含增值税），运输费适用的增值税税率为 11%，款项已通过银行支付；安装设备时，领用本公司原材料一批，价值 3 万元；支付安装工人的工资为 4900 元。假定不考虑其他相关税费。甲公司的账务处理如下。

（1）支付设备价款、增值税、运输费合计为 587 775 元。

借：在建工程　　502 500
　　应交税费——应交增值税（进项税额）　　85 275
　　　　（85 000+2500×11%）
　　贷：银行存款　　587 775

（2）领用本公司原材料、支付安装工人工资等费用合计为 34 900 元。

借：在建工程　　34 900
　　贷：原材料　　30 000
　　　　应付职工薪酬　　4900

（3）设备安装完毕达到预定可使用状态。

借：固定资产　　537 400
　　贷：在建工程　　537 400

固定资产成本=502 500+34 900=537 400（元）

【案例 6-3】 2017 年 3 月 1 日，甲公司以银行存款购入一栋办公楼，买价 10 000 万元，增值税 1100 万元，假定不考虑其他相关税费，则相关账务处理如下：

①2017 年 3 月 1 日购入办公楼时：

借：固定资产　　10 000
　　应交税费——应交增值税（进项税额）　　660
　　　　　　——待抵扣进项税额　　440
　　贷：银行存款　　11 100

②2018 年 3 月 1 日将剩余进项税转入可抵扣状态：

借：应交税费——应交增值税（进项税额）　　440
　　贷：应交税费——待抵扣进项税额　　440

企业购买固定资产通常在正常信用条件期限内付款，但也会发生超过正常信用条件购买固定资产的经济业务，如采用分期付款方式购买资产，且在合同中规定的付款期限比较长，超过了正常信用条件（通常在 3 年以上）。在这种情况下，该项购货合同实质上具有融资性质，购入固定资产的成本不能以各期付款额之和确定，而应以各期付款额之和的现值确定。固定资产购买价款的现值，应当按照各期支付的价款选择恰当的折现率进行折现后的金额加以确定。折现率是反映当前市场货币时间价值和延期付款债务特定风险的利率。该折现率实质上是供货企业的必要报酬率。各期实际支付的价款之和与其现值之间的差额，在达到预定可使用状态之前符合《企业会计准则第 17 号——借款费用》中规定的资本化条件的，应当通过在建工程计入固定资产成本，其余部分应当在信用期间内确认为财务费用，计入当期损益。其会计处理为：购入固定资产时，按购买价款的现值，借记“固定资产”或“在建工程”科目，按应支付的金额，贷记“长期应付款”科目，按其差额，借记“未确认融资费用”科目。

【案例 6-4】 2010 年 1 月 1 日，甲公司与乙公司签订一项购货合同，甲公司从乙公司购入一台需要安装的特大型设备。合同约定，甲公司采用分期付款方式支付价款。该设备价款共计 900 万元（不考虑增值税），在 2010 年至 2014 年的 5 年内每半年支付 90 万元，每年的付款日期分别为当年 6 月 30 日和 12 月 31 日。

2010 年 1 月 1 日，设备如期运抵甲公司并开始安装，发生运杂费和相关税费 300 860 元，已用银行存款付讫。2010 年 12 月 31 日，设备达到预定可使用状态，发生安装费 97 670.60 元，已用银行存款付讫。

假定甲公司适用的半年折现率为 10%。

（1）购买价款的现值为

$$900\ 000\times(P/A,10\%,10)=900\ 000\times6.1446=5\ 530\ 140\text{（元）}$$

（P/A，10%，10）：普通年金现值系数

2010 年 1 月 1 日甲公司的账务处理如下。

借：在建工程　　5 530 140
　　未确认融资费用　　3 469 860
　　贷：长期应付款　　9 000 000
借：在建工程　　300 860
　　贷：银行存款　　300 860

（2）确定信用期间未确认融资费用的分摊额，见表 6-1。

表 6-1 未确认融资费用分摊表

2010 年 1 月 1 日　　单位：元

日期	分期付款额	确认的融资费用	应付本金减少额	应付本金余额
①	②	③=期初⑤×10%	④=②-③	期末⑤=期初⑤-④
2010.01.01				5 530 140.00
2010.06.30	900 000	553 014.00	346 986.00	5 183 154.00
2010.12.31	900 000	518 315.40	381 684.60	4 801 469.40
2011.06.30	900 000	480 146.94	419 853.06	4 381 616.34
2011.12.31	900 000	438 161.63	461 838.37	3 919 777.97

续表

日期	分期付款额	确认的融资费用	应付本金减少额	应付本金余额
①	②	③=期初⑤×10%	④=②-③	期末⑤=期初⑤-④
2012.06.30	900 000	391 977.80	508 022.20	3 411 755.77
2012.12.31	900 000	341 175.58	558 824.42	2 852 931.35
2013.06.30	900 000	285 293.14	614 706.86	2 238 224.47
2013.12.31	900 000	223 822.45	676 177.55	1 562 046.92
2014.06.30	900 000	156 204.69	743 795.31	818 251.61
2014.12.31	900 000	81 748.39*	818 251.61	0.00
合计	9 000 000	3 469 860	5 530 140	0.00

* 尾数调整：81 748.39=900 000−818 251.61，818 251.61，为最后一期应付本金余额。

（3）2010 年 1 月 1 日至 2010 年 12 月 31 日为设备的安装期间，未确认融资费用的分摊额符合资本化条件，计入固定资产成本。

2010 年 6 月 30 日甲公司的账务处理如下。

借：在建工程　553 014

　贷：未确认融资费用　553 014

借：长期应付款　900 000

　贷：银行存款　900 000

2010 年 12 月 31 日甲公司的账务处理如下。

借：在建工程　518 315.40

　贷：未确认融资费用　518 315.40

借：长期应付款　900 000

　贷：银行存款　900 000

借：在建工程　97 670.60

　贷：银行存款　97 670.60

借：固定资产　7 000 000

　贷：在建工程　7 000 000

固定资产的成本=5 530 140+300 860+553 014+518 315.40+97 670.60

=7 000 000（元）

（4）2011 年 1 月 1 日至 2014 年 12 月 31 日，该设备已经达到预定可使用状态，未确认融资费用的分摊额不再符合资本化条件。应计入当期损益。

2011 年 6 月 30 日：

借：财务费用　480 146.94

　贷：未确认融资费用　480 146.94

借：长期应付款　900 000

　贷：银行存款　900 000

以后期间的账务处理与 2011 年 6 月 30 日相同，此处略。

2. 自行建造固定资产

自行建造固定资产的成本，由建造该项资产达到预定可使用状态前所发生的必要支出构成。包括工程物资成本、人工成本、交纳的相关税费、应予资本化的借款费用以及应分摊的间接费用等。

企业自行建造固定资产包括自营建造和出包建造两种方式。无论采用何种方式，所建工程都应当按照实际发生的支出确定其工程成本并单独核算。

（1）自营方式建造固定资产。企业以自营方式建造固定资产，意味着企业自行组织工程物资采购、自行组织施工人员从事工程施工。企业如有以自营方式建造固定资产，其成本应当按照直接材料、直接人工、直接机械施工费等计量。

企业为建造固定资产准备的各种物资应当按照实际支付的买价、运输费、保险费等相关税费作为实际成本，并按照各种专项物资的种类进行明细核算。工程完工后，剩余的工程物资转为本企业存货的，按其实际成本或计划成本进行结转。建设期间发生的工程物资盘亏、报废及毁损，减去残料价值以及保险公司、过失人等赔款后的净损失，计入所建工程项目的成本；盘盈的工程物资或处置净收益，冲减所建工程项目的成本。工程完工后发生的工程物资盘盈、盘亏、报废、毁损，计入营业外收支。

建造固定资产领用工程物资、原材料或库存商品，应按其实际成本转入所建工程成本。自营方式建造固定资产应负担的职工薪酬、辅助生产部门为之提供的水、电、运输等劳务，以及其他必要支出等也应计入所建工程项目的成本。符合资本化条件，应计入所建造固定资产成本的借款费用按照《企业会计准则第 17 号——借款费用》的有关规定处理。

企业自营方式建造固定资产，发生的工程成本应通过“在建工程”科目核算，工程完工达到预定可使用状态时，从“在建工程”科目转入“固定资产”科目。

【案例 6-5】 2017 年 6 月 1 日，某建筑公司自行建造一座仓库，当日购入为工程准备的各种物资，取得的增值税专用发票上注明的材料价款为 200 000 元，增值税进项税额为 34 000 元；实际领用工程物资 175 500 元（含增值税）；领用施工生产用原材料一批，实际成本为 2925 元；工程负担工程人员工资 60 800 元；企业辅助生产单位为工程提供有关劳务支出 45 060 元；2017 年 11 月 1 日，工程达到预定可使用状态。剩余工程物资转作企业材料使用。该公司应作如下会计处理。

1）购入为工程准备的物资。

借：工程物资——专用材料　　　　234 000

　　贷：银行存款　　　　　　　　　　234 000

2）工程领用物资。

借：在建工程——建筑工程（仓库）　　175 500

　　贷：工程物资——专用材料　　　　　175 500

3）工程领用原材料。

借：在建工程——建筑工程（仓库）　　2925

　　贷：原材料——主要材料　　　　　　2925

4）计算应付工程人员工资等职工薪酬。

借：在建工程——建筑工程（仓库）　　60 800

　　贷：应付职工薪酬——工资及补贴　　60 800

5）分配并结转辅助单位为工程提供的有关劳务支出。

借：在建工程——建筑工程（仓库） 45 060

贷：辅助生产 45 060

6）工程达到预定可使用状态。

借：固定资产——房屋建筑物（仓库） 284 285

贷：在建工程——建筑工程（仓库） 284 285

7）工程完工，退回多余物资。

借：原材料——主要材料 58 500

贷：工程物资——专用材料 58 500

（2）出包方式建造固定资产。在出包方式下，企业通过招标方式将工程项目发包给建造承包商，由建造承包商（即施工企业）组织工程项目施工。企业要与建造承包商签订建造合同，企业是建造合同的甲方，负责筹集资金和组织管理工程建设，通常称为建设单位，建造承包商是建造合同的乙方，负责建筑安装工程施工任务。

企业以出包方式建造固定资产，其成本由建造该项固定资产达到预定可使用状态前所发生的必要支出构成，包括发生的建筑工程支出、安装工程支出，以及需分摊计入各固定资产价值的待摊支出。

在出包方式下，“在建工程”科目主要是企业与建造承包商办理工程价款的结算科目，企业支付给建造承包商的工程价款，作为工程成本通过“在建工程”科目核算。企业应按合理估计的工程进度和合同规定结算的进度款，借记“在建工程——建筑工程（××工程）”“在建工程——安装工程（××工程）”科目，贷记“银行存款”“预付账款”等科目。工程完成时，按合同规定补付的工程款，借记“在建工程”科目，贷记“银行存款”等科目。企业将需安装设备运抵现场安装时，借记“在建工程——在安装设备（××设备）”科目，贷记“工程物资——××设备”科目；企业为建造固定资产发生的待摊支出，借记“在建工程——待摊支出”科目，贷记“银行存款”“应付职工薪酬”“长期借款”等科目。

在建工程达到预定可使用状态时，首先计算分配待摊支出，待摊支出的分配率可按下列公式计算：

$$\text{待摊支出分配率}=\frac{\text{累计发生的待摊支出}}{\text{建筑工程支出}+\text{安装工程支出}+\text{在安装设备支出}}\times 100\%$$

××工程应分配的待摊支出=（××工程的建筑工程支出+安装工程支出+在安装设备支出）×待摊支出分配率

其次，计算确定已完工的固定资产成本：

房屋、建筑物等固定资产成本=建筑工程支出+应分摊的待摊支出

需要安装设备的成本=设备成本+为设备安装发生的基础、支座等建筑工程支出

+安装工程支出+应分摊的待摊支出

然后，进行相应的账务处理，借记“固定资产”科目，贷记“在建工程——建筑工程”“在建工程——安装工程”“在建工程——待摊支出”等科目。

【案例 6-6】 某建筑公司借款构建一幢办公楼，工程出包给市房建公司承建。按规定预付市房建公司工程款 640 万元。2014 年 12 月末达到预定使用状态，该建筑公司收到市房建公司有关工程结算单据，工程价款总额为 800 万元，该建筑公司补付工程价款 160 万元，支付

建造期间发生的借款利息 100 万元。2015 年 3 月末达到使用状态后至办理竣工结算期间的利息 30 万元。该公司应作如下会计处理。

1）预付工程价款。

借：预付账款——预付工程款（市房建公司）	6 400 000	
贷：银行存款		6 400 000

2）验工计价结算工程款。

借：在建工程——建筑工程（办公楼）	8 000 000	
贷：预付账款——预付工程款（市房建公司）		8 000 000

3）补付工程价款。

借：预付账款——预付工程款（市房建公司）	1 600 000	
贷：银行存款		1 600 000

4）借款利息资本化。

借：在建工程——建筑工程（办公楼）	1 000 000	
贷：银行存款		1 000 000

5）工程达到预定可使用状态。

借：固定资产——房屋建筑物（办公楼）	9 000 000	
贷：在建工程——建筑工程（办公楼）		9 000 000

6）2015 年 3 月末，借款利息费用化。

借：财务费用——利息支出	300 000	
贷：应付利息——××银行		300 000

3. 其他方式取得的固定资产的成本

企业取得固定资产的其他方式与存货类似。也主要包括接受投资者投资、非货币性资产交换、债务重组、企业合并等。

（1）投资者投入固定资产的成本。投资者投入固定资产的成本，应当按照投资合同或协议约定的价值确定，但合同或协议约定价值不公允的除外。在投资合同或协议约定价值不公允的情况下，按照该项固定资产的公允价值作为入账价值。

（2）通过非货币性资产交换、债务重组、企业合并等方式取得的固定资产的成本。企业通过非货币性资产交换、债务重组、企业合并等方式取得的固定资产，其成本应当分别按照《企业会计准则第 7 号——非货币性资产交换》《企业会计准则第 12 号——债务重组》《企业会计准则第 20 号——企业合并》等的规定确定。但是，其后续计量和披露应当执行固定资产准则的规定。

（3）盘盈固定资产的成本。按重置成本作为入账价值。盘盈固定资产与存货和现金盘盈均不同，后两者将损益列入当期，而固定资产则需追溯调整，按前期差错更正原则处理。

任务二　固定资产的后续计量

一、固定资产折旧

1. 固定资产折旧的定义

固定资产可以长期参加企业的施工生产经营活动而仍然保持其原有的实物形态，但其价值将随着固定资产的使用而逐渐转移到工程（或产品）成本或有关费用中去。固定资产的这种价值转移方式成为“折旧”，它是指在固定资产的使用寿命内，按照确定的方法对应计折旧额进行的系统分摊。应计折旧额，是指应当计提折旧的固定资产的原价扣除其预计净残值后的余额。如果已对固定资产计提减值准备，还应当扣除已计提的固定资产减值准备累计金额。

2. 影响固定资产折旧的因素

影响固定资产折旧的因素主要有以下几个方面：

（1）固定资产原价，指固定资产的成本。

（2）预计净残值，指假定固定资产预计使用寿命已满并处于使用寿命终了时的预期状态，企业目前从该项资产处置中获得的扣除预计处置费用后的金额。

（3）固定资产减值准备，指固定资产已计提的固定资产减值准备累计金额。固定资产计提减值准备后，应当在剩余使用寿命内根据调整后的固定资产账面价值（固定资产账面余额扣减累计折旧和累计减值准备后的金额）和预计净残值重新计算确定折旧率和折旧额。

（4）固定资产的使用寿命，指企业使用固定资产的预计期间，或者该固定资产所能生产产品或提供劳务的数量。企业确定固定资产使用寿命时，应当考虑下列因素：

1）该项资产预计生产能力或实物产量；

2）该项资产预计有形损耗，如设备使用中发生磨损、房屋建筑物受到自然侵蚀等；

3）该项资产预计无形损耗，如因新技术的出现而使现有的资产技术水平相对陈旧、市场需求变化使产品过时等；

4）法律或者类似规定对该项资产使用的限制。

3. 计提折旧的固定资产范围

企业应当对所有的固定资产计提折旧，但是，已提足折旧仍继续使用的固定资产和单独计价入账的土地除外。在确定计提折旧的范围时还应注意以下几点：

（1）固定资产应当按月计提折旧，并根据用途计入相关资产的成本或者当期损益。固定资产应自达到预定可使用状态时开始计提折旧，终止确认时或划分为持有待售非流动资产时停止计提折旧。为简化核算，当月增加的固定资产，当月不计提折旧，从下月起计提折旧；当月减少的固定资产，当月仍计提折旧，从下月起不计提折旧。

（2）固定资产提足折旧后，不论能否继续使用，均不再计提折旧，提前报废的固定资产也不再补提折旧。所谓提足折旧是指已经提足该项固定资产的应计折旧额。

（3）已达到预定可使用状态但尚未办理竣工决算的固定资产，应当按照估计价值确定其成本，并计提折旧；待办理竣工决算后再按实际成本调整原来的暂估价值，但不需要调整原已计提的折旧额。

4. 固定资产折旧方法

企业应当根据与固定资产有关的经济利益的预期实现方式，合理选择折旧方法。可选用的折旧方法包括年限平均法、工作量法、双倍余额递减法和年数总和法等。企业选用不同的固定资产折旧方法，将影响固定资产使用寿命期间内不同时期的折旧费用，因此，固定资产的折旧方法一经确定，不得随意变更。如需变更应当符合固定资产准则第十九条的规定。

（1）年限平均法。年限平均法又称直线法，是指将固定资产的应计折旧额均衡地分摊到固定资产预计使用寿命内的一种方法。采用这种方法计算的每期折旧额均相等。计算公式如下：

$$固定资产年折旧额=\frac{固定资产原值-预计净残值}{预计使用年限}$$

$$=\frac{固定资产原值\times(1-预计净残值/固定资产原值)}{预计使用年限}$$

$$=固定资产原值\times年折旧率$$

$$固定资产年折旧率=\frac{固定资产年折旧额}{固定资产原值}\times100\%$$

$$=\frac{1-预计净残值率}{预计使用年限}\times100\%$$

$$月折旧率=年折旧率\div12$$

$$月折旧额=固定资产原值\times月折旧率$$

【案例 6-7】 某建筑公司办公楼的原值为 1000 万元，确定的使用年限为 40 年，预计的净残值率为 4%，该办公楼的年折旧率、月折旧率、月折旧额的计算如下：

年折旧率=（1–4%）÷40×100%=2.4%

月折旧率=2.4%÷12=0.2%

月折旧额=10 000 000×0.2%=20 000（元）

上述固定资产折价率是按单项固定资产单独计算的，称为“个别折旧率”。采用个别折旧率，计提的折旧额比较准确，但同一规格、型号的固定资产，由于原值不同因而会有不同的折旧率，在实际工作中需要分别计算每项固定资产的折旧额，因而计算的工作量较大。为了简化核算手续，现行制度规定，企业一般应采用分类折旧率计算固定资产的折旧额。分类折旧率是指按照固定资产的类别分别计算的平均折旧率。它是以个别折旧率为基础，先计算出企业现有各项固定资产的年折旧率，然后计算出每项固定资产的年折旧额，再用同一类固定资产的年折旧额之和除以该类固定资产原价之和，计算出该类固定资产的年分类折旧率。其计算公式如下：

$$某类固定资产年分类折旧率=\frac{该类各项固定资产年折旧额之和}{该类各项固定资产原值之和}\times100\%$$

$$某类固定资产月分类折旧率=该类固定资产年分类折旧率\div12$$

$$某类固定资产的月折旧额=该类各项固定资产原值之和\times该类固定资产月分类折旧率$$

采用分类折旧率，可以将同类固定资产的原值汇总起来，用同一个折旧率计算折旧额，计算工作比较简单，但不如按个别折旧率计算的折旧额准确。

此外，还有综合折旧率，即按照企业全部固定资产综合平均计算的折旧率。采用综合折旧率计算固定资产的折旧额，计算工作量小，但准确性差，因此，企业一般很少采用。

采用年限平均法计算固定资产折旧比较简便，适合于大多数固定资产，因而应用范围最广泛，但它也存在着一些明显的局限性。首先，固定资产在不同使用年限提供的经济效益是不同的。一般来讲，固定资产在其使用前期工作效率相对较高，所带来的经济利益也就多；

而在其使用后期，工作效率一般呈下降趋势，因而，所带来的经济利益也就逐渐减少。年限平均法不考虑这一因素，明显是不合理的。其次，固定资产在不同的使用年限发生的维修费用也不一样。固定资产的维修费用将随着其使用时间的延长而不断增加，而年限平均法也没有考虑这一因素。

（2）工作量法。工作量法，是根据实际工作量计算每期应提折旧额的一种方法。计算公式如下：

单位工作量折旧额=固定资产原价×（1–预计净残值率）/预计总工作量

某项固定资产月折旧额=该项固定资产当月工作量×单位工作量折旧额

【案例6-8】某建筑公司的一台机器设备原价为800 000元，预计生产产品产量为4 000 000个，预计净残值率为5%，本月生产产品40 000个；假设甲公司没有对该机器设备计提减值准备。则该台机器设备的本月折旧额计算如下：

单个折旧额=800 000×（1–5%）/4 000 000=0.19（元/个）

本月折旧额=40 000×0.19=7600（元）

（3）双倍余额递减法。双倍余额递减法，是指在不考虑固定资产预计净残值的情况下，根据每期期初固定资产原价减去累计折旧后的余额和双倍的直线法折旧率计算固定资产折旧的一种方法。计算公式如下：

年折旧率=2/预计使用寿命（年）×100%

月折旧率=年折旧率÷12

月折旧额=固定资产账面净值×月折旧率

由于每年年初固定资产净值没有扣除预计净残值，因此，在应用这种方法计算折旧额时必须注意不能使固定资产的账面折余价值降低到其预计净残值以下，即实行双倍余额递减法计算折旧的固定资产，应在其折旧年限到期前两年内，将固定资产净值扣除预计净残值后的余额平均摊销。

【案例 6-9】 某建筑公司某项设备原价为 120 万元，预计使用寿命为 5 年，预计净残值率为 4%；假设该公司没有对该机器设备计提减值准备。

该建筑公司按双倍余额递减法计算折旧，每年折旧额计算如下：

年折旧率=2/5×100%=40%

第一年应提的折旧额=120×40%=48（万元）

第二年应提的折旧额=（120–48）×40%=28.8（万元）

第三年应提的折旧额=（120–48–28.8）×40%=17.28（万元）

从第四年起改按年限平均法（直线法）计提折旧：

第四、五年应提的折旧额=（120–48–28.8–17.28–120×4%）÷2

=10.56（万元）

（4）年数总和法。年数总和法，又称年限合计法，是将固定资产的原价减去预计净残值的余额乘以一个以固定资产尚可使用寿命为分子、以预计使用寿命逐年数字之和为分母的逐年递减的分数计算每年的折旧额。计算公式如下

年折旧率=尚可使用年限/预计使用年限的年数总和×100%

月折旧率=年折旧率÷12

月折旧额=（固定资产原价 预计净残值）×月折旧率

【案例 6-10】 沿用[案例 6-9]，采用年数总和法计算的各年折旧额见表 6-2。

表 6-2 折 旧 的 计 算 单位：元

年份	尚可使用年限	原价–净残值	年折旧率	每年折旧额	累计折旧
第 1 年	5	1 152 000	5/15	384 000	384 000
第 2 年	4	1 152 000	4/15	307 200	691 200
第 3 年	3	1 152 000	3/15	230 400	921 600
第 4 年	2	1 152 000	2/15	153 600	1 075 200
第 5 年	1	1 152 000	1/15	76 800	1 152 000

双倍余额递减法和年数总和法都属于加速折旧方法，其特点是在固定资产使用的早期多提折旧，后期少提折旧，其递减的速度逐年加快，从而相对加快折旧的速度，目的是使固定资产成本在预计使用寿命期内加快得到补偿。

5. 固定资产折旧的会计处理

为了核算和监督固定资产折旧的计提情况，建筑施工企业应设置“累计折旧”账户，企业按照规定提取的固定资产折旧，应计入有关成本、费用，其中：

（1）企业所属各施工单位为组织和管理施工生产活动所使用的固定资产，其计提的折旧应计入“工程施工——间接费用”账户。

（2）企业行政管理部门所使用的固定资产的折旧费应计入“管理费用”账户。

（3）企业所属独立核算的机械站、运输队使用的机械或运输设备的折旧费应计入“机械作业”账户。

（4）企业所属非独立核算的辅助生产部门使用的固定资产折旧费应计入“生产成本——辅助生产”账户。

（5）自行建造固定资产过程中使用的固定资产的折旧费应计入“在建工程”账户。

（6）经营租出或经营其他业务使用的固定资产的折旧费应计入“其他业务成本”账户。

（7）未使用的固定资产，其计提的折旧应计入管理费用。

在实际工作中，计提固定资产折旧是通过编制“固定资产折旧计算汇总表”来完成的（见表 6-3）。该表是在上月计提折旧固定资产原值的基础上，对上月固定资产的增减情况进行调整后，计算本月应计提的固定资产折旧额。

【案例 6-11】 某建筑公司 2017 年 5 月份编制的“固定资产折旧计算汇总表”，见表 6-3。

表 6-3 固定资产折旧计算汇总表

2017 年 5 月 31 日 单位：元

固定资产类别	应计折旧固定资产原值	月折旧率（%）	月折旧额	受益对象			
				企业管理部门	施工单位	机械作业单位	辅助生产单位
房屋及建筑物	2 000 000	0.40	8000	5200	2800		
施工机械	2 954 000	0.79	23 337			23 337	

续表

固定资产类别	应计折旧固定资产原值	月折旧率（%）	月折旧额	受益对象			
				企业管理部门	施工单位	机械作业单位	辅助生产单位
运输设备	200 000	1.58	3160				3160
生产设备	300 000	0.79	2370				2370
测量及试验设备	60 000	1.58	948		948		
其他固定资产	80 000	1.58	1264	1264			
合计	5 594 000		39 079	6464	3748	23 337	5530

该公司应作如下会计处理。

借：管理费用——折旧费　6464
　　工程施工——间接费用　3748
　　机械作业　23 337
　　生产成本——辅助生产　5530
　贷：累计折旧　39 079

6. 固定资产使用寿命、预计净残值和折旧方法的复核

由于固定资产的使用寿命长于一年，属于企业的非流动资产，企业至少应当于每年年度终了，对固定资产的使用寿命、预计净残值和折旧方法进行复核。

在固定资产使用过程中，其所处的经济环境、技术环境以及其他环境有可能对固定资产使用寿命和预计净残值产生较大影响。例如，固定资产使用强度比正常情况大大加强，致使固定资产实际使用寿命大大缩短；替代该项固定资产的新产品的出现致使其实际使用寿命缩短，预计净残值减少等。为真实反映固定资产为企业提供经济利益的期间及每期实际的资产消耗，企业至少应当于每年年度终了，对固定资产使用寿命和预计净残值进行复核。如果固定资产使用寿命预计数与原先估计数有差异，应当调整固定资产使用寿命；如果固定资产预计净残值预计数与原先估计数有差异，应当调整预计净残值。

固定资产使用过程中所处经济环境、技术环境以及其他环境的变化也可能致使与固定资产有关的经济利益的预期实现方式发生重大改变。如果固定资产给企业带来经济利益的方式发生重大变化，企业也应相应改变固定资产折旧方法。例如，某企业以前年度采用年限平均法计提固定资产折旧，此次年度复核中发现，与该固定资产相关的技术发生很大变化，年限平均法已很难反映该项固定资产给企业带来经济利益的方式，因此，决定变年限平均法为加速折旧法。

企业应当根据《企业会计准则第 4 号——固定资产》的规定，结合企业的实际情况，制定固定资产目录、分类方法、每类或每项固定资产的使用寿命、预计净残值、折旧方法等，并编制成册，根据企业的管理权限，经股东大会或董事会，或经理（厂长）会议或类似机构批准，按照法律、行政法规等的规定报送有关各方备案，同时备置于企业所在地，以供投资者等有关各方查阅。企业已经确定并对外报送，或备置于企业所在地的有关固定资产目录、分类方法、使用寿命、预计净残值、折旧方法等，一经确定不得随意变更，如需变更，仍然应按照上述程序，经批准后报送有关各方备案。

二、固定资产的后续支出

固定资产的后续支出是指固定资产使用过程中发生的更新改造支出和改、扩建支出、修理费用等。

后续支出的处理原则为：符合固定资产确认条件的，应当计入固定资产成本，同时将被替换部分的账面价值扣除；不符合固定资产确认条件的，应当计入当期损益。

1. 资本化的后续支出

固定资产发生可资本化的后续支出时，企业一般应将该固定资产的原价、已计提的累计折旧和减值准备转销，将固定资产的账面价值转入在建工程，并在此基础上重新确定固定资产原价。因已转入在建工程，因此停止计提折旧。在固定资产发生的后续支出完工并达到预定可使用状态时，再从在建工程转为固定资产，并按重新确定的固定资产原价、使用寿命、预计净残值和折旧方法计提折旧。固定资产发生的可资本化的后续支出，通过“在建工程”科目核算。

【案例 6-12】 某建筑公司有关固定资产更新改造的资料如下：

2017 年 12 月，该公司扩建原 2015 年 12 月建造完成投入使用的办公楼，该办公楼账面原值 600 万元，已提折旧 57 万元。工程委托光明房建公司于 2017 年 12 月份开始扩建，2018 年 12 月份建造完成后，结算光明房建公司工程款 200 万元。扩建后的办公楼预计使用 20 年预计残值率为 5%，采用平均年限法折旧。由于扩建支出符合固定资产的两个确认条件，应予资本化。

该公司应作如下会计处理。

（1）2017 年 12 月，将扩建办公楼的账面价值转入“在建工程”。

借：在建工程——扩建办公楼　　5 430 000

　　累计折旧——房屋建筑物　　570 000

　　贷：固定资产——房屋建筑物　　6 000 000

（2）2018 年 12 月，结算工程款。

借：在建工程——扩建办公楼　　2 000 000

　　贷：银行存款　　2 000 000

（3）2018 年 12 月，结转在建工程支出。

借：固定资产——房屋建筑物　　7 430 000

　　贷：在建工程——扩建办公楼　　7 430 000

（4）2019 年起，计提每月办公楼固定资产折旧。

$$每月应提折旧=7\,430\,000\times（1-5\%）/（20\times12）=29\,410.42（元）$$

借：管理费用——固定资产折旧　　29 410.42

　　贷：累计折旧——房屋建筑物　　29 410.42

企业发生的某些固定资产后续支出可能涉及替换原固定资产的某组成部分，当发生的后续支出符合固定资产确认条件时，应将其计入固定资产成本，同时将被替换部分的账面价值扣除。这样可以避免将替换部分的成本和被替换部分的成本同时计入固定资产成本，导致固定资产成本高计。企业对固定资产进行定期检查发生的大修理费用，有确凿证据表明符合固定资产确认条件的部分，可以计入固定资产成本，不符合固定资产确认条件的，应当费用化，计入当期损益。固定资产在定期大修理间隔期间，照提折旧。

2. 费用化的后续支出

一般情况下，固定资产投入使用之后，由于固定资产磨损、各组成部分耐用程度不同，可能导致固定资产的局部损坏，为了维护固定资产的正常运转和使用，充分发挥其使用效能，企业将对固定资产进行必要的维护。固定资产的日常修理费用在发生时应直接计入当期损益。企业生产车间（部门）和行政管理部门等发生的固定资产修理费用等后续支出计入“管理费用”；企业固定资产更新改造支出不满足固定资产的确认条件，在发生时也应直接计入当期损益。

【案例 6-13】 2017 年 1 月 3 日，某建筑公司对现有的一台机器设备进行日常维护，维护过程中领用本企业原材料一批，价值为 94 000 元，应支付维护人员的工资为 28 000 元；不考虑其他相关税费。

本例中，对机器设备的维护，仅仅是为了维护固定资产的正常使用而发生的，不产生未来的经济利益，因此应在其发生时确认为费用。甲公司的账务处理为

借：管理费用	122 000	
贷：原材料		94 000
应付职工薪酬		28 000

任务三 固定资产的处置

一、固定资产终止确认的条件

固定资产满足下列条件之一的，应当予以终止确认。

1. 该固定资产处于处置状态

固定资产处置包括固定资产的出售、转让、报废或毁损、对外投资、非货币性资产交换、债务重组等。处于处置状态的固定资产不再用于生产商品、提供劳务、出租或经营管理，因此不再符合固定资产的定义，应予终止确认。

2. 该固定资产预期通过使用或处置不能产生经济利益

固定资产的确认条件之一是“与该固定资产有关的经济利益很可能流入企业”，如果一项固定资产预期通过使用或处置不能产生经济利益，那么它就不再符合固定资产的定义和确认条件，应予终止确认。

二、固定资产处置的会计处理

企业出售、转让、报废固定资产或发生固定资产毁损，应当将处置收入扣除账面价值和相关税费后的金额计入当期损益。固定资产处置一般通过“固定资产清理”科目进行核算。

企业因出售、转让、报废或毁损、对外投资、非货币性资产交换、债务重组等处置固定资产，其会计处理一般经过以下几个步骤：

第一，固定资产转入清理。固定资产转入清理时，按固定资产账面价值，借记“固定资产清理”科目，按已计提的累计折旧，借记“累计折旧”科目，按已计提的减值准备，借记“固定资产减值准备”科目，按固定资产账面余额，贷记“固定资产”科目。

第二，发生的清理费用。固定资产清理过程中发生的有关费用以及应支付的相关税费，借记“固定资产清理”科目，贷记“银行存款”“应交税费”等科目。

第三，出售收入和残料等的处理。企业收回出售固定资产的价款、残料价值和变价收入等，应冲减清理支出。按实际收到的出售价款以及残料变价收入等，借记“银行存款”“原材料”等科目，贷记“固定资产清理”科目。

第四，保险赔偿的处理。企业计算或收到的应由保险公司或过失人赔偿的损失，应冲减清理支出，借记“其他应收款”“银行存款”等科目，贷记“固定资产清理”科目。

第五，清理净损益的处理。

（1）因已丧失使用功能或因自然灾害发生毁损等原因而报废清理产生的利得或损失应计入营业外收支。固定资产清理完成后的净损失，属于生产经营期间正常的报废清理产生的损失，借记“营业外支出——处置非流动资产损失”科目，贷记“固定资产清理”科目；属于生产经营期间由于自然灾害等非正常原因造成的，借记“营业外支出——非常损失”科目，贷记“固定资产清理”科目。固定资产清理完成后的净收益，借记“固定资产清理”科目，贷记“营业外收入”科目。

（2）因出售、转让等原因产生的固定资产处置利得或损失应计入“资产处置损益”。产生处置净损失的，应借记“资产处置损益”科目，贷记“固定资产清理”；如为净收益，则做相反分录。

【案例 6-14】 某建筑公司有一台设备，因使用期满经批准报废。该设备原价为 186 400 元，累计已计提折旧 177 080 元、减值准备 2300 元。在清理过程中，以银行存款支付清理费用 4000 元，收到残料变卖收入 5400 元，增值税额为 918 元。有关账务处理如下。

（1）固定资产转入清理。

借：固定资产清理	7020	
累计折旧	177 080	
固定资产减值准备	2300	
贷：固定资产		186 400

（2）发生清理费用和相关税费。

借：固定资产清理	4000	
贷：银行存款		4000

（3）收到残料变价收入。

借：银行存款	6318	
贷：固定资产清理		5400
应交税费——应交增值税（销项税额）		918

（4）结转固定资产净损益。

借：营业外支出——处置非流动资产损失	5890	
贷：固定资产清理		5890

三、固定资产盘亏的会计处理

固定资产是一种价值较高、使用期限较长的有形资产，因此，对于管理规范的企业而言，盘盈、盘亏的固定资产较为少见。企业应当健全制度，加强管理，定期或者至少于每年年末对固定资产进行清查盘点，以保证固定资产核算的真实性和完整性。如果清查中发现固定资产损益的应及时查明原因，在期末结账前处理完毕。

固定资产盘亏造成的损失，应当计入当期损益。企业在财产清查中盘亏的固定资产，按盘亏固定资产的账面价值借记“待处理财产损益——待处理固定资产损益”科目，按已计提的累计折旧，借记“累计折旧”科目，按已计提的减值准备，借记“固定资产减值准备”科目，按固定资产原价，贷记“固定资产”科目。按管理权限报经批准后处理时，按可收回的保险赔偿或过失人赔偿，借记“其他应收款”科目，按应计入营业外支出的金额，借记“营业外支出——盘亏损失”科目，贷记“待处理财产损益”科目。

【案例 6-15】 某建筑公司年末对固定资产进行清查时，发现丢失一台机械设备。该设备原价 52 000 元，已计提折旧 20 000 元，并已计提减值准备 12 000 元。经查，机械设备丢失的原因在于保管员看守不当。经批准。由保管员赔偿 5000 元。有关账务处理如下：

（1）发现机械设备丢失时。

借：待处理财产损益	20 000	
累计折旧	20 000	
固定资产减值准备	12 000	
贷：固定资产		52 000

（2）报经批准后。

借：其他应收款	5000	
营业外支出——盘亏损失	15 000	
贷：待处理财产损益		20 000

任务四 临时设施的核算

一、临时设施的概念及内容

临时设施时施工企业为保证建筑施工和管理的进行而建造的各种简易设施。建筑施工单位所以要搭设临时设施，是由于建筑安装工程总是固定在一定地点，而施工队伍则因施工地点的变动而流动，每当转移到新的工地施工时，就应搭设一部分临时性设施，而工程完工，施工队伍转移以后，则必须报废清理。临时设施的基本特征是它的性质属于施工过程中的劳动资料，其物质形态是房屋及建筑物，在施工中其物质磨损和价值损耗也是逐渐发生的，同样需要修理，报废时又有残值。但它与固定资产有所不同，它只用于一个工地的工程，采用临时的简单结构；它的使用期限主要不是决定于其自然寿命，而取决于所在工地的工程施工期限。

建筑施工企业的临时设施主要包括：

（1）施工现场临时作业棚、机具棚、材料库、办公室、休息室、茶炉棚、厕所、化灰池、储水池、沥青锅灶等设施；

（2）临时铁路专用线、轻便铁道；

（3）临时道路、围墙、护栏、刺丝网等；

（4）临时给排水、供电、供热等管线；

（5）现场预制构件、加工材料等所需的临时建筑物；

（6）临时性简易周转房；

（7）现场临时搭建的职工宿舍、食堂、医务室、浴室、理发室、托儿所等临时性福利设施。

建筑施工企业在施工场所使用的临时设施一般有两种情况：

（1）由建设单位或总包单位提供。这种情况下的临时设施，不属于建筑施工企业的临时设施核算范围；

（2）由建筑施工企业向建筑单位或总包单位收取临时设施包干费，负责搭建施工所需的临时设施。收取的临时设施费，有施工企业包干使用，超支不补，节约归己。

二、临时设施的摊销方法

临时设施的价值通过摊销转移到工程中去。临时设施的摊销方法，应当根据其服务年限和服务对象合理地加以确定。原则上说，临时设施的摊销可以采用工作量法，也可以采用工期法。当月增加的临时设施，当月不摊销，从下月起开始摊销；当月减少的临时设施，当月继续摊销，从下月起停止摊销。

三、临时设施的核算方法

1. 应设置的账户

（1）“固定资产——临时设施”账户。本账户是固定资产账户的明细账户，用来核算企业搭建的各种临时设施的实际成本。其借方登记企业购置或搭建各种临时的实际成本；贷方登记企业出售、拆除、报废不需要或不能继续使用的临时设施的实际成本；期末借方余额反映企业在用临时设施时实际成本。本账户应按临时设施的种类使用部门设置明细账，进行明细分类核算。

（2）“累计折旧——临时设施摊销”账户。本账户是累计折旧账户的明细账户，也是“临时设施”明细账户的备抵调整账户，用来核算企业临时设施价值的摊销情况。其贷方登记企业按月计提摊入工程成本的临时设施摊销额；借方登记企业出售、拆除、报废、毁损和盘亏临时设施的已提摊销额；期末贷方余额反映企业在用临时的已提摊销额。需要查明某项临时设施的累计摊销额，可以根据临时设施卡片上所记载的该项临时设施的原价、摊销率和实际使用年限等资料进行计算。

（3）“固定资产——临时设施清理”账户。本账户是固定资产清理账户的明细账户，用来核算企业因出售、拆除、报废和毁损等原因而转入清理的临时设施净值以及发生的清理费用和取得的清理收入。其借方登记出售、拆除、报废或毁损临时设施的净值以及发生的清理费用；贷方登记收回出售临时设施的价款和清理过程中取得的残料价值或变价收入；期末借方余额反映临时设施清理后的净损失；如为贷方余额，则反映临时设施清理后的净收益。临时设施清理工作结束后，应将净损失或净收益分别转入“营业外支出”和“营业外收入”账户，转账后，本账户应无余额。

2. 临时设施的账户处理

【案例 6-16】 企业在施工现场搭建临时作业棚。领用原材料的计划成本为 20 000 元，应负担的材料成本差异为 2%，应承担搭建人员的薪酬合计 7980 元，以银行存款支付的其他费用为 1620 元，作业棚为 24 个月。临时作业棚净残值率为 5%。其账户处理如下。

（1）搭建临时设施所发生各项费用。

借：在建工程——临时设施——临时作业棚	30 000	
贷：原材料		20 000
材料成本差异		400
应付职工薪酬		7980
银行存款		1620

（2）作业棚搭建完成交付使用。

借：固定资产——临时设施——临时作业棚	30 000	
贷：在建工程——临时设施——临时作业棚		30 000

（3）计算每月摊销额。

临时作业棚的月摊销额=30 000 元×（1−5%）÷24=1187.50 元

借：工程施工——间接费用　　1187.50

　　贷：累计折旧——临时设施摊销　　1187.50

【案例 6-17】 上述临时作业棚实际使用 20 个月后报废，转入清理，其账面累计已提摊销额为 23 750 元，以银行存款支付清理费用 500 元，收回残料 5000 元，已验收入库，清理工作已结束，其账户处理方法如下。

（1）注销临时设施原值和累计已提摊销额。

借：固定资产清理——临时作业棚　　6250

　　累计折旧——临时设施摊销　　23 750

　　贷：固定资产——临时设施——临时作业棚　　30 000

（2）支付清理费用。

借：固定资产清理——临时作业棚　　500

　　贷：银行存款　　500

（3）材料验收入库。

借：原材料　　5000

　　贷：固定资产清理——临时作业棚　　5000

（4）结转清理后的净损失 1750 元（6250+500−5000）。

借：营业外支出——处理临时设施净损失　　1750

　　贷：固定资产清理——临时作业棚　　1750

任务五　固定资产减值准备的核算

一、固定资产减值迹象的判断

固定资产减值，是指固定资产发生损坏、技术陈旧或其他经济原因，导致其可收回金额低于其账面价值。预计可收回金额通常可以按照市价确定。

对于已经发生的固定资产价值减值如果不予以确认，必定导致虚夸资产的价值，这既不符合真实性原则，也有悖于稳健原则。因此，对那些已经没有经济价值、不能给企业带来经济利益的固定资产，必须计提固定资产减值准备。例如，在技术上已经被淘汰的机器设备等，尽管实物仍然存在，但它实际上已经不能再用于企业的生产经营活动，不能为企业带来未来的经济利益，这样的机器设备就不能再确认为资产。

判断固定资产是否发生减值，企业一般至少应考虑以下迹象：

（1）固定资产的市价在当期大幅下跌，其跌幅大大高于因时间推移或正常原因而引起的下跌。

（2）技术、市场、经济或法律等企业经营环境，或固定资产的营销市场，在当期或近期发生重大变化，对企业产生负面影响。

（3）市场利率或市场的其他投资回报率在当期已经提高，从而很可能影响企业计算固定资产使用价值时采用的折现率，并大幅度降低固定资产的可收回金额。

（4）企业的净资产账面金额大于其市场资本化金额。

（5）有证据表明，固定资产已经陈旧过时或实体损坏。

（6）固定资产的使用或预计使用方式或程度已在当期发生或近期将发生重大变化，对企业产生负面影响。这些变化包括计划终止或重组固定资产所属的经营业务，或计划在以前预定的日期之前处置该固定资产。

（7）内部报告提供的证据表明，固定资产的经济绩效已经或将要比预期的差。从内部报告中获得的表明固定资产可能已经减值的证据包括：

1）为获取固定资产而发生的现金流量，或随后为经营或维护该资产而发生的现金需求，远远高于最初的预算；

2）与预算相比，固定资产的实际现金净流量或经营损益已经明显恶化；

3）固定资产的预算现金流量或经营利润大幅下跌，或预算损失大幅增加；

4）当期数字与未来期间的预算数字累计，其结果是经营损失或现金净流出。

企业应当在期末或至少在每年年度终了，对固定资产逐项进行检查，如果由于市价持续下跌，或技术陈旧、损坏、长期闲置等原因导致其可回收金额低于账面价值的，应当将可回收金额低于其账面价值差额作为固定资产减值准备。固定资产减值准备应按单项资产计提。

如果企业的固定资产实质上已经发生了减值，应当计提减值准备。当存在下列情况之一时，应当按照该固定资产的账面价值金额计提固定资产减值准备：

1）长期闲置不用，在可预见的未来不会再使用，且已无转让价值的固定资产；

2）由于技术进步等原因，已不可使用的固定资产；

3）虽然固定资产尚可使用，但使用后产生大量不合格的固定资产；

4）已遭毁损，以至于不再具有使用价值或转让价值的固定资产；

5）其他实质上已经不能再给企业带来经济效益的固定资产。

已全额计提减值准备的固定资产，不再计提折旧。

二、固定资产减值的核算

为了核算和监督固定资产价值准备的增减变动和结存情况，建筑设施企业应设置“固定资产减值准备”账户。它属于资产类账户，也是“固定资产”账户的备抵调整账户。其贷方登记企业实际提取的固定资产减值准备；借方登记企业因处置固定资产时或涉及债务重组、非货币性交易等而同时结转的已计提的固定资产减值准备；期末贷方余额反映企业已提取的固定资产减值准备。

需要指出的是：

（1）固定资产计提减值准备后，企业在计提固定资产折旧时，不再按照固定资产原价计提，而应当按照固定资产的账面价值（即固定资产原价减去累计折旧和已计提的减值准备后的金额）以及尚可使用年限重新计算确定折旧率和折旧额；

（2）企业因计提固定资产减值准备而调整固定资产折旧率和折旧额时，对计提固定资产减值准备之前已计提的累计折旧不再进行调整；

（3）企业因变更固定资产期末计价政策，即由期末按固定资产净值计价改按账面价值与可回收金额孰低计价，作为会计政策变更，采用追溯调整法调整期初留存收益和相关项目时，对此次因追溯调整计提的减值准备而影响的累计折旧，也不再进行调整。

【案例 6-18】 某建筑施工企业所属内部独立核算的机械站有塔式起重机一台，其账面原价为 500 000 元，预计使用年限为 10 年，预计净残值为零，采用平均年限法计提折旧，已使用两年，累计已提折旧为 100 000 元。第三年年末，企业预计该设备的可回收金额为 280 000 元，预计尚可使用年限为 7 年，预计净残值不变，企业按规定计提固定资产减值准备，以后各年均未再发生减值。第三年及以后年度的账务处理如下：

（1）第三年计提折旧额 50 000 元（500 000÷10）。

借：机械作业 50 000

　　贷：累计折旧 50 000

（2）第三年末，计算应提取的固定资产减值准备。

应计提的减值准备=固定资产账面价值−可收回金额

=（500 000 元−50 000 元×3）−280 000 元=70 000 元

借：资产减值损失——计提的固定资产减值准备 70 000

　　贷：固定资产减值准备 70 000

（3）第四年，计算应提取的折旧额。

应提折旧额=固定资产账面价值÷尚可使用年限

=280 000 元÷7=40 000（元）

借：机械作业 40 000

　　贷：累计折旧 40 000

以后各年计提的折旧额及其账务处理均与第四年相同。

知识梳理与小结

固定资产是指同时具有以下特征的有形资产：①为生产商品、提供劳务、出租或经营管理而持有的；②使用寿命超过一个会计年度。

固定资产应当按其成本进行初始计量。这里的成本指历史成本，亦称原始价值。由于固定资产价值比较高，其价值会随着其磨损程度而逐渐减少，这就要揭示固定资产净值。因此，固定资产的计价方法主要有原始价值、重置完全价值、净值和现值。

施工企业固定资产初始计量的历史成本包括企业为购建某项固定资产达到预定可使用状态前所发生的一切合理的、必要的支出。施工企业固定资产取得的方式，主要有外购的固定资产、自行建造的固定资产、投资者投入的固定资产、融资租入的固定资产、对原有固定资产进行改、扩建形成的固定资产、债务重组取得的固定资产，非货币性资产交换换入的固定资产、接受捐赠的固定资产、盘盈的固定资产等。

施工企业固定资产处置的方式，主要有固定资产的出售、报废、毁损和投资等。不论是何种原因造成的固定资产处置，企业都应当按照规定程序办理手续，填制有关凭证，据以进行账务处理。

施工企业应对固定资产定期进行清查盘点，每年至少实地盘点清查一次。在清查过程中，如果发现有盘盈、盘亏、毁损的固定资产，应查明原因，填制固定资产盘盈、盘亏报告表和写出书面报告，并根据企业的管理权限，经股东大会或董事会，或经理（厂长）会议或类似机构批准后，在期末结账前处理完毕。

施工企业应当在期末或者至少在每年年度终了，对固定资产逐项进行检查，如果发现存在减值情况，应当计算固定资产的可收回金额，以确定资产是否已经发生减值。

复习思考题

1．什么是固定资产？其确认标准有哪些？
2．施工企业固定资产有哪些类别？
3．如何确定固定资产取得时的入账价值？
4．为何要对固定资产计提折旧？计算固定资产折旧时要考虑哪些因素？
5．如何计提固定资产折旧？方法有哪些？
6．什么是固定资产后续支出？如何进行处理？
7．固定资产的盘盈、盘亏如何核算？
8．固定资产的清理如何核算？
9．固定资产发生减值时，如何进行会计处理?
10．处置固定资产时，如何进行会计处理?

实训练习题

练习题一

（一）目的：练习固定资产折旧的计算。

（二）资料：某建筑施工企业一台固定资产原值 120 000 元，折旧年限 6 年，残值率 4%。

（三）要求：

（1）根据上述资料，按双倍余额递减法计算各年的折旧额。

（2）根据上述资料， 按年数总和法计算各年的折旧额。

练习题二

（一）目的：练习超过正常信用条件购买固定资产的核算方法。

（二）资料：

某建筑施工企业于 2018 年 1 月 1 日从乙公司购入 A 生产设备作为固定资产使用，购货合同约定，A 设备的总价款为 2000 万元，当日支付 800 万元，余款分 3 年于每年末平均支付。设备交付安装，支付安装等相关费用 20.8 万元，设备于 3 月 31 日安装完毕达到预定可使用状态并交付使用。设备预计净残值为 30 万元，预计使用年限为 5 年，采用年数总和法计提折旧。假定同期银行借款年利率为 6%。[（P/A，6%，3）=2.6730，（P/A，6%，4）=3.4651]

（三）要求：

（1）计算该设备的入账价值及未确认融资费用；

（2）计算甲公司 2018 年、2019 年应确认的融资费用及应计提的折旧额；

（3）编制 2018 年、2019 年以及 2020 年与该设备相关的会计分录。

练习题三

（一）目的：练习固定资产增减变化的核算方法。

（二）资料：某建筑施工企业发生下列经济业务：

（1）购入不需要安装的设备一台，买价 200 000 元，支付包装费、运杂费 1000 元，均以银行存款付讫，已办完交接手续。

（2）接受A公司投入的一台设备，该设备在原单位原价为100 000元，已提折旧为20 000元，投资双方合同确认的价值为75 000元（假定是公允的），设备已交付使用。

（3）企业将挖掘机一台出售，原值为250 000元，已提折旧100 000元，处置费用2500元，用银行存款支付，售价180 000元，已存入银行。

（4）盘盈设备一台，同类设备市场价格为40 000元，估计有五成新，盘盈的设备的处理已经批准。（假定不考虑盈余公积的影响）

（5）企业的5t卷扬机一台报批准报废，原值为20 000元，已提折旧15 000元，支付清理费用1000元，残值收入3000元，存入银行。

（6）企业发现闲置未用的测绘仪器一台，账面原价为60 000元，累计折旧为20 000元，由于其市价持续下跌，预计可收回金额为25 000元，企业按规定计提固定资产减值准备15 000元。

（三）要求：根据上述资料，编制有关会计分录。

学习情境七　无形资产和其他资产

学习目标

1. 了解无形资产的概念、特征和构成。
2. 掌握无形资产取得的确认和计量。
3. 掌握无形资产的摊销、处置以及减值准备的计提的处理方法。
4. 熟悉其他资产的核算内容和方法。

技能目标

1. 能熟练对无形资产的取得进行确认与计量。
2. 能熟练计算无形资产摊销额并进行账务处理。
3. 能熟练进行无形资产处置业务的核算。
4. 能对无形资产的减值进行会计处理。
5. 能对长期应收款、商誉、长期待摊费用进行会计处理。

案例导入

某建筑施工企业2011年1月1日以银行存款120万元取得一项无形资产，根据有关法律规定，该无形资产的有效年限为10年，已使用1年。该企业估计该无形资产还可使用6年。

2012年12月31日，由于与该无形资产相关的经济因素发生不利变化，预计可收回金额为25万元；2014年12月31日，该企业发现，导致该无形资产减值的因素已消失，预计可收回金额为40万元；2015、2016年，该项无形资产未出现减值的情形。该公司的胡会计在2016年12月31日转销该无形资产时，所作的会计分录为借：无形资产减值准备 27.5万元；贷：无形资产 27.5万元。该公司的财务总监夏天先生发现后，狠狠地批评了胡会计：你在哪里学的会计？无形资产摊销完毕，其会计分录肯定是借：管理费用；贷：无形资产。哪有像你这样作分录的？胡会计想了想，好像夏总说的也对呀。你认为，夏总的说法错在何处？能否替胡会计证明，他作的会计分录是正确的。

这个案例是关于无形资产的摊销和减值的问题，我们要解决的问题有：要确定该项无形资产每年的摊销额是多少,摊销时要涉及哪些账户？无形资产发生减值时，如何进行账务处理？会涉及哪些账户？为了解决以上问题，就要求我们认真学习有关无形资产核算的相关知识。

本学习情境中，我们主要介绍了无形资产的确认、摊销、处置、减值的核算以及其他资产的会计处理方法。

知识链接

任务一　无形资产的确认和初始计量

一、无形资产的定义与特征

无形资产是指企业拥有或者控制的没有实物形态的可辨认非货币性资产。无形资产具有以下特征：

1. 由企业拥有或者控制并能为其带来未来经济利益的资源

通常情况下，企业拥有或者控制的无形资产应当拥有其所有权并且能够为企业带来未来经济利益。但在某些情况下并不需要企业拥有其所有权，如果企业有权获得某项无形资产产生的经济利益，同时又能约束其他人获得这些经济利益，则说明企业控制了该无形资产，或者说控制了该无形资产产生的经济利益，具体表现为企业拥有该无形资产的法定所有权或者使用权并受法律的保护。

2. 无形资产不具有实物形态

无形资产通常表现为某种权利、某项技术或是某种获取超额利润的综合能力。比如，土地使用权、非专利技术等。不具有实物形态是无形资产区别于其他资产的特征之一。

需要指出的是，某些无形资产的存在有赖于实物载体。比如，计算机软件需要存储在介质中。但这并不改变无形资产本身不具有实物形态的特性。

3. 无形资产具有可辨认性

要作为无形资产进行核算，该资产必须是能够区别于其他资产可单独辨认的，如企业持有的专利权、非专利技术、商标权、土地使用权、特许权等。从可辨认性角度考虑，商誉是与企业整体价值联系在一起的，无形资产的定义要求无形资产是可辨认的，以便与商誉清楚地区分开来。符合以下条件之一的，则认为其具有可辨认性：

（1）能够从企业中分离或者划分出来，并能单独用于出售或转让等，而不需要同时处置在同一获利活动中的其他资产，则说明无形资产可以辨认。某些情况下无形资产可能需要与有关的合同一起用于出售、转让等，这种情况下也视为可辨认无形资产。

（2）产生于合同性权利或其他法定权利，无论这些权利是否可以从企业或其他权利和义务中转移或者分离。如一方通过与另一方签订特许权合同而获得的特许使用权，通过法律程序申请获得的商标权、专利权等。

4. 无形资产属于非货币性资产

非货币性资产，是指企业持有的货币资金和将以固定或可确定的金额收取的资产以外的其他资产。无形资产由于没有发达的交易市场，一般不容易转化成现金，在持有过程中为企业带来未来经济利益的情况不确定，不属于以固定或可确定的金额收取的资产属于非货币性资产。

二、无形资产的内容

无形资产通常包括专利权、非专利技术、商标权、著作权、特许权、土地使用权等。

1. 专利权

专利权，是指国家专利主管机关依法授予发明创造专利申请人，对其发明创造在法定期限内所享有的专有权利，包括发明专利权、实用新型专利权和外观设计专利权。发明，是指对产品、方法或者其改进所提出的新的技术方案。实用新型，是指对产品的形状、构造或者其结合所提出的适于实用的新的技术方案。外观设计，是指对产品的形状、图案或者其结合以及色彩与形状、图案的结合所作出的富有美感并适用于工业应用的新设计。发明专利权的期限为 20 年，实用新型专利权和外观设计专利权的期限为 10 年，均自申请日起计算。

2. 非专利技术

非专利技术，也称专有技术。它是指不为外界所知、在生产经营活动中已采用了的、不享有法律保护的、可以带来经济效益的各种技术和诀窍。非专利技术一般包括工业专有技术、商业贸易专有技术、管理专有技术等。非专利技术并不是专利法的保护对象，非专利技术用自我保密的方式来维持其独占性，具有经济性、机密性和动态性等特点。

3. 商标权

商标是用来辨认特定的商品或劳务的标记。商标权指专门在某类指定的商品或产品上使用特定的名称或图案的权利。经商标局核准注册的商标为注册商标，包括商品商标、服务商标和集体商标、证明商标；商标注册人享有商标专用权，受法律保护。注册商标的有效期为 10 年，自核准注册之日起计算，期满前可继续申请延长注册期。

4. 著作权

著作权又称版权，指作者对其创作的文学、科学和艺术作品依法享有的某些特殊权利。著作权包括作品署名权、发表权、修改权和保护作品完整权，还包括复制权、发行权、出租权、展览权、表演权、放映权、广播权、信息网络传播权、摄制权、改编权、翻译权、汇编权以及应当由著作权人享有的其他权利。

5. 特许权

特许权，又称经营特许权、专营权，指企业在某一地区经营或销售某种特定商品的权利或是一家企业接受另一家企业使用其商标、商号、技术秘密等的权利。通常有两种形式，一种是由政府机构授权，准许企业使用或在一定地区享有经营某种业务的特权，如水、电、邮电通信等专营权、烟草专卖权等；另一种指企业间依照签订的合同，有限期或无限期使用另一家企业的某些权利，如连锁店分店使用总店的名称等。

6. 土地使用权

土地使用权，指国家准许某企业在一定期间内对国有土地享有开发、利用、经营的权利。根据我国《土地管理法》的规定，我国土地实行公有制，任何单位和个人不得侵占、买卖或者以其他形式非法转让。企业取得土地使用权的方式大致有行政划拨取得、外购取得及投资者投资取得几种。通常情况下，作为投资性房地产或者作为固定资产核算的土地，按照投资性房地产或者固定资产核算；以缴纳土地出让金等方式外购的土地使用权、投资者投入等方式取得的土地使用权作为无形资产核算。

三、无形资产的分类

1. 无形资产按其取得的来源分类

（1）外部取得的无形资产。根据其取得的方式不同又可分为购入的无形资产、换入的无形资产、投资转入的无形资产、接受捐赠取得的无形资产、债务重组取得的无形资产等。

（2）内部开发的无形资产。内部开发形成的无形资产是指企业内部科研部门开发研制的科研成果或专有技术形成的无形资产，如申请的专利权、非专利技术等。

此分类方法便于对不同来源取得的无形资产进行计价。不同来源取得的无形资产的成本构成内容不同、核算的依据不同，应分别确定其成本并入账。

2. 无形资产按其使用寿命是否确定分类

（1）使用寿命有限的无形资产。是指无形资产的使用寿命是有限的和可以根据可靠的证据确定的。这些无形资产在法定期限内受法律的保护。如专利权、特许权、商标权等。

（2）使用寿命不确定的无形资产。是指无形资产为企业带来经济利益的期限是无法预见的。这些无形资产使用期限的长短取决于科技发展的快慢和技术保密工作的好坏以及企业自身对其维护的程度等因素。如非专利技术等。

此分类方法便于正确进行无形资产摊销的核算。对于使用寿命有限的无形资产根据其使用寿命确定无形资产的摊销期限，而对于使用寿命不确定的无形资产不应摊销。

四、无形资产的初始计量

无形资产通常是按实际成本计量，即以取得无形资产并使之达到预定用途而发生的全部支出，作为无形资产的成本。对于不同来源取得的无形资产，其初始成本构成也不尽相同。

1. 外购的无形资产成本

外购的无形资产，其成本包括购买价款、相关税费以及直接归属于使该项资产达到预定用途所发生的其他支出。按应计入无形资产成本的金额，借记“无形资产”，贷记“银行存款”等账户；

如果购入的无形资产超过正常信用条件延期支付价款，实质上具有融资性质的，应按所取得无形资产购买价款的现值计量其成本，借记“无形资产”账户；按应支付的金额，贷记“长期应付款”账户，按现值与应付价款之间的差额，借记“未确认融资费用”账户。

【案例 7-1】 企业购买某项专利权，专利转让费及有关的手续费共计 300 000 元，款项已通过银行转账支付。该企业应作如下会计处理。

借：无形资产——专利权	300 000	
应交税费——应交增值税（进项税额）	18 000	
贷：银行存款		318 000

2. 投资者投入的无形资产成本

投资者投入的无形资产的成本，应当按照投资合同或协议约定的价值确定无形资产的取得成本，借记“无形资产”账户，贷记“股本”或“实收资本”等账户。如果投资合同或协议约定价值不公允的，无形资产按公允价值入账，差额通过“资本公积”账户调整。

【案例 7-2】 因乙公司创立的商标已有较好的声誉，甲公司预计使用乙公司商标后可使其未来利润增长 30%。为此，甲公司与乙公司协议商定，乙公司以其商标权投资于甲公司，双方协议价格（等于公允价值）为 500 万元，甲公司另支付印花税等相关税费 2 万元，款项已通过银行转账支付。

甲公司的账务处理如下。

借：无形资产——商标权	5 020 000	
贷：实收资本（或股本）		5 000 000
银行存款		20 000

3. 通过非货币性资产交换取得的无形资产成本

企业通过非货币性资产交换取得的无形资产，包括以投资、存货、固定资产或无形资产换入的无形资产等。非货币性资产交换具有商业实质且公允价值能够可靠计量的，在发生补价的情况下，支付补价方应当以换出资产的公允价值加上支付的补价（即换入无形资产的公允价值）和应支付的相关税费，作为换入无形资产的成本；收到补价方，应当以换入无形资产的公允价值（或换出资产的公允价值减去补价）和应支付的相关税费，作为换入无形资产的成本。

4. 通过债务重组取得的无形资产成本

通过债务重组取得的无形资产，是指企业作为债权人取得的债务人用于偿还债务的非现金资产，且企业作为无形资产管理的资产。通过债务重组取得的无形资产成本，应当以其公允价值入账。

5. 通过政府补助取得的无形资产成本

通过政府补助取得的无形资产成本，应当按照公允价值计量；公允价值不能可靠取得的，按照名义金额计量。

6. 土地使用权的处理

企业取得的土地使用权，通常应当按照取得时所支付的价款及相关税费确认为无形资产。土地使用权用于自行开发建造厂房等地上建筑物时，土地使用权的账面价值不与地上建筑物合并计算其成本，而仍作为无形资产进行核算，土地使用权与地上建筑物分别进行摊销和提取折旧。但下列情况除外：

（1）房地产开发企业取得的土地使用权用于建造对外出售的房屋建筑物，相关的土地使用权应当计入所建造的房屋建筑物成本。

（2）企业外购的房屋建筑物，实际支付的价款中包括土地以及建筑物的价值，则应当对支付的价款按照合理的方法（例如，公允价值比例）在土地和地上建筑物之间进行分配；如果确实无法在地上建筑物与土地使用权之间进行合理分配的，应当全部作为固定资产，按照固定资产确认和计量的规定进行处理。

企业改变土地使用权的用途，将其用于出租或增值目的时，应将其转为投资性房地产。

【案例 7-3】 2018 年 6 月 1 日，A 建筑公司购入一块土地的使用权，以银行存款转账支付 200 万元，并在该土地上自行建造办公楼等工程，发生材料支出 120 万元，工资费用 80 万元，其他相关费用 100 万元等。该工程已经完工并达到预定可使用状态。为简化核算，不考虑其他相关税费。

A 公司的账务处理如下。

（1）支付转让价款。

借：无形资产——土地使用权	2 000 000	
应交税费——应交增值税（进项税额）	200 000	
贷：银行存款		2 200 000

（2）在土地上自行建造厂房。

借：在建工程	3 000 000	
贷：工程物资		1 200 000
应付职工薪酬		800 000
银行存款		1 000 000

（3）厂房达到预定可使用状态。

借：固定资产　　3 000 000

　　贷：在建工程　　3 000 000

7. 内部开发的无形资产

（1）研究阶段和开发阶段的划分。企业自行进行的研究开发项目，应当区分研究阶段与开发阶段两个部分分别进行核算。

1）研究阶段。研究阶段是指为获取新的技术和知识等进行的有计划的调查，有关研究活动的例子包括：意于获取知识而进行的活动；研究成果或其他知识的应用研究、评价和最终选择；材料、设备、产品、工序、系统或服务替代品的研究等。

研究是否能在未来形成成果，即通过开发后是否会形成无形资产具有很大的不确定性，企业也无法证明其能够带来未来经济利益的无形资产的存在，因此，研究阶段的有关支出在发生时，应当予以费用化计入当期损益。

2）开发阶段。开发阶段是指在进行商业性生产或使用前，将研究成果或其他知识应用于某项计划或设计，以生产出新的或具有实质性改进的材料、装置、产品等。

由于开发阶段相对于研究阶段更进一步，相对于研究阶段来讲，进入开发阶段，则很大程度上形成一项新产品或新技术的基本条件已经具备，此时如果企业能够证明满足无形资产的定义及相关确认条件，所发生的开发支出可资本化，确认为无形资产的成本。

（2）开发阶段有关支出资本化的条件。在开发阶段，判断可以将有关支出资本化计入无形资产成本的条件包括：

1）完成该无形资产以使其能够使用或出售在技术上具有可行性。

2）具有完成该无形资产并使用或出售的意图。

3）无形资产产生经济利益的方式，包括能够证明运用该无形资产生产的产品存在市场或能证明无形资产自身存在市场，若无形资产将在内部使用，也应当证明其有用性。

4）有足够的技术、财务资源和其他资源支持，以完成该无形资产的开发，并有能力使用或出售该无形资产。

5）归属于该无形资产开发阶段的支出能够可靠地计量。

（3）内部开发的无形资产的计量。

内部研发活动形成的无形资产成本，由可直接归属于该资产的创造、生产并使该资产能够以管理层预定的方式运作的所有必要支出组成。可直接归属成本包括：开发该无形资产时耗费的材料、劳务成本、注册费、在开发该无形资产过程中使用的其他专利权和特许权的摊销，以及按照借款费用的处理原则可资本化的利息支出。在开发无形资产过程中发生的除上述可直接归属于无形资产开发活动的其他销售费用、管理费用等间接费用、无形资产达到预定用途前发生的可辨认的无效和初始运作损失、为运行该无形资产发生的培训支出等不构成无形资产的开发成本。

值得说明的是，内部开发无形资产的成本仅包括在满足资本化条件的时点至无形资产达到预定用途前发生的支出总和，对于同一项无形资产在开发过程中达到资本化条件之前已经费用化计入当期损益的支出不再进行调整。

（4）内部研究开发费用的会计处理。

1）基本原则。企业内部研究和开发无形资产，其在研究阶段的支出全部费用化，计入当期损益（管理费用）；开发阶段的支出符合条件的资本化，不符合资本化条件的计入当期损益

（管理费用）。如果确实无法区分研究阶段的支出和开发阶段的支出，应将其所发生的研发支出全部费用化，计入当期损益。

2）具体账务处理方法。企业自行开发无形资产发生的研发支出，不满足资本化条件的，借记“研发支出——费用化支出”科目，满足资本化条件的，借记“研发支出——资本化支出”科目，贷记“原材料”“银行存款”“应付职工薪酬”等科目。企业以其他方式取得的正在进行中的研究开发项目，应按确定的金额，借记“研发支出——资本化支出”科目，贷记“银行存款”等科目。以后发生的研发支出，应当比照上述第一条原则进行处理。研究开发项目达到预定用途形成无形资产的，应按“研发支出——资本化支出”科目的余额，借记“无形资产”科目，贷记“研发支出——资本化支出”科目。

【案例 7-4】 某建筑公司经董事会批准自行研发一项技术用于工程施工，该公司董事会认为，研发该项目具有可靠的技术和财务等资源的支持，并且一旦研发成功将降低该公司的生产成本。该公司在研究开发过程中发生材料费 500 万元、人工工资 100 万元，以及其他费用 400 万元，总计 1000 万元，其中，符合资本化条件的支出为 600 万元。2017 年 12 月 31 日，该项技术已经达到预定用途。

公司的账务处理如下。

（1）发生研发支出。

借：研发支出——费用化支出	4 000 000	
——资本化支出	6 000 000	
贷：原材料		5 000 000
应付职工薪酬		1 000 000
银行存款		4 000 000

（2）该项技术已经达到预定用途。

借：管理费用	4 000 000	
无形资产——非专利技术	6 000 000	
贷：研发支出——费用化支出		4 000 000
——资本化支出		6 000 000

任务二　无形资产的后续计量

一、无形资产后续计量的原则

无形资产初始确认和计量后，在其后使用该项无形资产期间内应以成本减去累计摊销额和累计减值损失后的余额计量。要确定无形资产在使用过程中的累计摊销额，基础是估计其使用寿命，而使用寿命有限的无形资产才需要在估计使用寿命内采用系统合理的方法进行摊销，对于使用寿命不确定的无形资产则不需要摊销。

1. 估计无形资产的使用寿命

企业应当于取得无形资产时分析判断其使用寿命。无形资产的使用寿命如为有限的，应当估计该使用寿命的年限或者构成使用寿命的产量等类似计量单位数量；无法预见无形资产为企业带来未来经济利益期限的，应当视为使用寿命不确定的无形资产。

估计无形资产使用寿命应考虑的主要因素包括：

（1）该资产通常的产品寿命周期，以及可获得的类似资产使用寿命的信息；

（2）技术、工艺等方面的现实情况及对未来发展的估计；

（3）以该资产在该行业运用的稳定性和生产的产品或服务的市场需求情况；

（4）现在或潜在的竞争者预期采取的行动；

（5）为维持该资产产生未来经济利益的能力所需要的维护支出，以及企业预计支付有关支出的能力；

（6）对该资产的控制期限，以及对该资产使用的法律或类似限制，如特许使用期间、租赁期间等；

（7）与企业持有的其他资产使用寿命的关联性等。

2. 无形资产使用寿命的确定

某些无形资产的取得源自合同性权利或其他法定权利，其使用寿命不应超过合同性权利或其他法定权利的期限。但如果企业使用资产的预期的期限短于合同性权利或其他法定权利规定的期限的，则应当按照企业预期使用的期限确定其使用寿命。

没有明确的合同或法律规定无形资产的使用寿命的，企业应当综合各方面情况，例如企业经过努力，聘请相关专家进行论证、与同行业的情况进行比较以及参考企业的历史经验等，来确定无形资产为企业带来未来经济利益的期限。如果经过这些努力，仍确实无法合理确定无形资产为企业带来经济利益的期限的，才能将该无形资产作为使用寿命不确定的无形资产。

3. 无形资产使用寿命的复核

企业至少应当于每年年度终了，对无形资产的使用寿命及摊销方法进行复核，如果有证据表明无形资产的使用寿命及摊销方法不同于以前的估计，如由于合同的续约或无形资产应用条件的改善，延长了无形资产的使用寿命则对于使用寿命有限的无形资产，应改变其摊销年限及摊销方法并按照会计估计变更进行处理。

对于使用寿命不确定的无形资产，如果有证据表明其使用寿命是有限的，则应视为会计估计变更，应当估计其使用寿命并按照使用寿命有限的无形资产的处理原则进行处理。

二、使用寿命有限的无形资产

使用寿命有限的无形资产，应在其预计的使用寿命内采用系统合理的方法对应摊销金额进行摊销。应摊销金额，是指无形资产的成本扣除残值后的金额。已计提减值准备的无形资产，还应扣除已计提的无形资产减值准备累计金额。使用寿命有限的无形资产，除下列情况除外，无形资产的残值一般为零：

（1）有第三方承诺在无形资产使用寿命结束时购买该项无形资产；

（2）可以根据活跃市场得到无形资产预计残值信息，并且该市场在该项无形资产使用寿命结束时可能存在。

1. 摊销期和摊销方法

无形资产的摊销期自其可供使用（即其达到预定用途）时起至终止确认时止。即，无形资产摊销的起始和停止日期为：当月增加的无形资产，当月开始摊销；当月减少的无形资产，当月不再摊销。

使用寿命有限的无形资产摊销方法包括直线法、产量法两种。直线法是指无形资产应摊销额在其预计寿命周期内平均分摊的方法。工作量法是指将无形资产应摊销额在其生命周期内预计提供经济利益数量内平均分摊的方法。企业选择的无形资产摊销方法，应当能够反映与该项无形资产有关的经济利益的预期实现方式，并一致地运用于不同会计期间。无法可靠确定其预期实现方式的，应当采用直线法进行摊销。

无形资产的摊销一般应计入当期损益，借记“管理费用”，贷记“累计摊销”。但如果某项无形资产是专门用于生产某种产品或者其他资产，其所包含的经济利益是通过转入到所生产的产品或其他资产中实现的，则无形资产的摊销费用应当计入相关资产的成本。例如，建筑施工企业从事施工生产所用的专利技术，其摊销额应当计入“工程施工——间接费用”。

持有待售的无形资产不进行摊销，按照账面价值与公允价值减去处置费用后的净额孰低进行计量。

2. 使用寿命有限的无形资产摊销的账务处理

使用寿命有限的无形资产应当在其使用寿命内，采用合理的摊销方法进行摊销。摊销时，应当考虑该项无形资产所服务的对象，并以此为基础将其摊销价值计入相关资产的成本或者当期损益。

【案例 7-5】 2018 年 6 月 1 日，A 建筑公司从外单位购得一项非专利技术，支付价款 5000 万元，款项已支付，估计该项非专利技术的使用寿命为 10 年，该项非专利技术用于施工生产；同时，购入一项商标权，支付价款 3000 万元，款项已支付，估计该商标权的使用寿命为 15 年。假定这两项无形资产的净残值均为零，并按直线法摊销。

A 公司的账务处理如下。

（1）取得无形资产时。

借：无形资产——非专利技术	50 000 000	
无形资产——商标权	30 000 000	
应交税费——应交增值税（进项税额）	4 800 000	
贷：银行存款		84 800 000

（2）按年摊销时。

借：工程施工——间接费用	5 000 000	
管理费用	2 000 000	
贷：累计摊销		7 000 000

三、使用寿命不确定的无形资产

根据可获得的相关信息判断，如果无法合理估计某项无形资产的使用寿命的，应作为使用寿命不确定的无形资产进行核算。对于使用寿命不确定的无形资产，在持有期间内不需要摊销，但应当在每个会计期间进行减值测试。其减值测试的方法按照资产减值的原则进行处理，如经减值测试表明已发生减值，则需要计提相应的减值准备，其相关的账务处理为：借记“资产减值损失”科目，贷记“无形资产减值准备”科目。

【案例 7-6】 2016 年 1 月 1 日，A 公司购入一项商标的成本为 6000 万元，该商标按照法律规定还有 5 年的使用寿命，但是在保护期届满时，A 公司可每 10 年以较低的手续费申请延期，同时 A 公司有充分的证据表明其有能力申请延期。此外，有关的调查表明，该商标将在不确定的期间内为企业带来现金流量。

根据上述情况，该商标可视为使用寿命不确定的无形资产，在持有期间内不需要进行摊销。

2017 年年底，A 公司对该商标按照资产减值的原则进行减值测试，经测试表明该商标已发生减值。2017 年年底，该商标的公允价值为 4000 万元。

则 A 公司的账务处理如下。

（1）2016 年购入商标时。

借：无形资产——商标权　60 000 000

　　贷：银行存款　60 000 000

（2）2017 年发生减值时。

借：资产减值损失（60 000 000 – 40 000 000）　20 000 000

　　贷：无形资产减值准备——商标权　20 000 000

四、无形资产减值

1. 无形资产减值的判断标准

为了较真实的反映无形资产的可收回金额，企业应当定期或至少在每年年度终了检查各项无形资产预计给企业带来未来经济利益的能力，对预计可收回金额低于其账面价值的，应当计提减值准备。

当存在下列一项或若干项情况时，应当计提无形资产减值准备：

（1）某项无形资产已被其他新技术所替代，使其为企业创造经济利益的能力受到重大不利影响；

（2）某项无形资产的市价在当期大幅度下跌，并在剩余摊销年限内不会恢复；

（3）某项无形资产已超过法律保护期限，但仍然具有部分使用价值；

（4）其他足以证明某项无形资产实质上已经发生了减值的情形。

2. 无形资产减值的会计处理

期末，企业所持有的无形资产的账面价值高于其可收回金额的，应按其差额，借记“资产减值损失——无形资产减值准备”账户，贷记“无形资产减值准备”账户。

（1）企业计算的当期应计提的无形资产减值准备金额如果高于已提无形资产减值准备的账面余额，应按其差额补提减值准备，会计分录同上。

（2）企业计算的当期应计提的无形资产减值准备金额如果低于已提无形资产减值准备的账面余额，不做会计处理。无形资产减值损失一经确认，以后会计期间不得转回。

任务三　无形资产的处置

无形资产的处置，主要是指无形资产出售、对外出租、对外捐赠，或者是无法为企业带来未来经济利益时，应予终止确认并转销。

一、无形资产的出售

企业出售某项无形资产，表明企业放弃无形资产的所有权，应将所取得的价款与该无形资产账面价值的差额作为资产处置利得或损失（营业外收入或营业外支出），与固定资产处置性质相同，计入当期损益。

出售无形资产时，应按实际收到的金额，借记“银行存款”等科目，按已计提的累计摊销，借记“累计摊销”科目，原已计提减值准备的，借记“无形资产减值准备”科目，按应支付的相关税费，贷记“应交税费”等科目，按其账面余额，贷记“无形资产”科目，按其差额，贷记“营业外收入——处置非流动资产利得”科目或借记“营业外支出——处置非流动资产损失”科目。

提示：专利技术、非专利技术免征增值税，商标、著作权，则需要按照6%缴纳增值税。土地使用权按照10%缴纳增值税。

【案例 7-7】 某企业拥有某项商标权的成本为800万元，已摊销金额为400万元，已计提的减值准备为20万元。该企业于2018年将该项商标权出售给A公司，取得出售收入500万元，应交纳的增值税为30万元。

该企业的账务处理为：

借：银行存款　　5 000 000

　　累计摊销　　4 000 000

　　无形资产减值准备　　200 000

　贷：无形资产　　8 000 000

　　　应交税费——应交增值税（销项税额）　　300 000

　　　营业外收入——处置非流动资产利得　　900 000

二、无形资产的出租

企业将所拥有的无形资产的使用权让渡给他人，并收取租金，属于与企业日常活动相关的其他经营活动取得的收入，在满足收入确认条件的情况下，应确认相关的收入及成本，并通过其他业务收支科目进行核算。让渡无形资产使用权而取得的租金收入，借记“银行存款”等科目，贷记“其他业务收入”等科目；摊销出租无形资产的成本并发生与转让有关的各种费用支出时，借记“其他业务成本”科目，贷记“累计摊销”等科目。

【案例 7-8】 甲公司将某商标权使用权出租给乙公司，合同规定出租期限为三年，每月租金收入200 000元，每月月末收取当月租金。2018年7月31日收到当月的租金及增值税税额合计212 000元，增值税税率为6%，已办理入账手续。该商标权每月的摊销额为100 000元。甲公司会计处理如下：

借：银行存款　　212 000

　贷：其他业务收入　　200 000

　　　应交税费——应交增值税（销项税额）　　12 000

借：其他业务成本　　100 000

　贷：累计摊销　　100 000

三、无形资产的报废

如果无形资产预期不能为企业带来未来经济利益，例如，该无形资产已被其他新技术所替代或超过法律保护期，不能再为企业带来经济利益的，则不再符合无形资产的定义，应将其报废并予以转销，其账面价值转作当期损益。转销时，应按已计提的累计摊销，借记“累计摊销”科目；按其账面余额，贷记“无形资产”科目；按其差额，借记“营业外支出”科目。已计提减值准备的，还应同时结转减值准备。

【案例 7-9】 某建筑公司的一项专利权已被新技术所替代，企业决定将该专利权提前报废，其账面余额为600万元，摊销期限为10年，采用直线法进行摊销，已累计摊销了300万元，假定该项专利权的残值为零，已累计计提的减值准备为160万元，假定不考虑其他相关因素。

则该公司的账务处理如下：

借：累计摊销　　3 000 000

　　无形资产减值准备　　1 600 000

营业外支出——处置非流动资产损失　　1 400 000
贷：无形资产——专利权　　6 000 000

任务四　其他资产的核算

一、其他资产的内容

一般企业其他资产是指除流动资产、固定资产、长期投资以外的资产，主要包括长期应收款、商誉、长期待摊费用等内容。

二、长期应收款

长期应收款是指企业在经营活动中形成的收款期限在一年以上的债权。主要包括融资租赁产生的应收款项、采用递延方式具有融资性质的销售商品和提供劳务等产生的应收款项等。

“长期应收款”账户借方登记形成的长期应收款，贷方登记长期应收款的收回，期末余额在借方，表示尚未收回的长期应收款。没包括在长期股权投资中的实质上构成对被投资单位净资产拥有长期权益的债权，也在本账户中核算。本账户按债务人进行明细核算。

（1）采用递延方式分期收款销售商品或提供劳务等经营活动产生的长期应收款，满足收入确认条件的，按应收的合同或协议价款，借记“长期应收款”，按应收合同或协议价款的公允价值（折现值），贷记“主营业外收入”等账户，按其差额，贷记“未实现融资收益”科目，涉及增值税的，还应进行相应的处理。

（2）如有实质上构成对被投资单位净投资的长期权益，被投资单位发生的净亏损应由本企业承担的部分，在“长期股权投资”的账面价值减记至零以后，还需承担的投资损失，应以长期应收款中实质上构成了对被投资单位净投资的长期权益部分账面价值减记至零为限，继续确认投资损失，借记“投资收益”科目，贷记“长期应收款”。

三、商誉

商誉是指在非同一控制下的企业合并中，购买方的合并成本大于合并中取得的被购方可辨认净资产公允价值的差额部分。例如被购买方资产总额 2000 万元，债务总额 800 万元，净资产账面价值 1200 万元，净资产的公允价值为 1500 万元，合并方在合并中出价 1600 万元购买该企业，合并对价 1600 万元与被合并方净资产公允价值 1500 万元的差额 100 万元即为商誉。

“商誉”账户核算企业在合并中形成的商誉价值，借方记合并成本大于取得的被合并方净资产公允价值的差额，贷方记转销的商誉价值。

企业合并中形成的商誉，至少应当在每年年度终了进行减值测试，若商誉的账面价值大于其可收回金额，则确认商誉发生了减值，将商誉账面价值大于其可回收金额的差额记在“商誉减值准备”的贷方，以商誉账面价值减至零为限。当商誉账面价值减为零，则需将商誉注销，借记“商誉减值准备”，贷记“商誉”。如上例，合并方于期末对合并资产进行后续计量，商誉发生减值 80 万元，则作如下处理。

借：资产减值损失　　800 000
　　贷：商誉减值准备　　800 000

第二年年末对其进行减值测试，又发生减值 200 000 元，则作如下处理。

借：资产减值损失　　　　　　　　　　　　　　　　200 000

　　贷：商誉减值准备　　　　　　　　　　　　　　　　200 000

此时，“商誉”账面价值已经减至零，应将其注销。作如下处理。

借：商誉减值准备　　　　　　　　　　　　　　　　1 000 000

　　贷：商誉　　　　　　　　　　　　　　　　　　　　1 000 000

四、长期待摊费用

长期待摊费用是指企业的支出已经发生，但需要在一年或一年以上的时间内摊销的各项费用。如经营性租入固定资产的改良支出等。

“长期待摊费用”账户专门用来核算摊销期限在一年以上的各种费用，其借方记发生的各项费用，贷方记摊销的费用，期末余额在借方，反映尚未摊销完的长期待摊费用。长期待摊费用在受益期限内分期平均摊销。

企业经营性租入固定资产发生改良支出时，借记“长期待摊费用”，贷记“银行存款”等账户，以后每期摊销时，借记“管理费用”或“工程施工——间接费用”等，贷记“长期待摊费用”。

知识梳理与小结

无形资产是指企业拥有或者控制的没有实物形态的可辨认非货币性资产。施工企业的无形资产主要包括专利权、商标权、著作权、土地使用权、非专利技术、特许权等。

施工企业无形资产取得的方式，主要有外购的无形资产、投资者投入的无形资产、债务重组取得的无形资产、非货币性资产交换换入的无形资产、接受捐赠的无形资产、自行开发的无形资产等。自行开发的无形资产，应将研究开发项目分为研究阶段和开发阶段。企业内部研究开发项目研究阶段的支出，应当于发生时计入当期损益。企业内部研究开发项目开发阶段的支出，符合资本化条件的计入无形资产的成本。

企业的无形资产摊销方法，应当反映与该项无形资产有关的经济利益的预期实现方式，并一致地运用于不同会计期间。无形资产摊销存在很多方法，包括直线法、生产总量法等。无形资产的应摊销金额为其成本扣除预计残值后的金额。已计提减值准备的无形资产，还应扣除已计提的无形资产减值准备累计金额。

施工企业的无形资产可以依法对外转让，转让的方式有两种，即转让所有权和转让使用权，其会计处理是有差别的。施工企业应当定期或者至少每年年度终了，检查各项无形资产预计给企业带来未来经济利益的能力，对预计可收回金额低于其账面价值的，应当计提减值准备。

复习思考题

1．什么是无形资产？无形资产有哪些特征？

2．如何确定无形资产的摊销期限？

3．无形资产具体包括哪些内容？

4．影响无形资产摊销的因素有哪些？如何确定无形资产的摊销年限？

5．什么是商誉？如何理解只有非同一控制下企业合并时商誉才能入账？

6．研发阶段如何划分？怎样理解研发费用的资本化与费用化？

7．什么是其他资产？其他资产包括哪些内容？

8．无形资产发生减值时，如何进行会计处理？

实训练习题

练习题一

（一）目的：练习无形资产购买、摊销、出租及转让的会计处理。

（二）资料：2018 年某建筑公司购买一项专利权，支付款项 150 000 元。

（1）购买时，以银行存款支付专利价款。

（2）该专利权法定有效期为 10 年，企业估计其经济年限为 8 年。

（3）买入 3 年后将其使用权出租给另一企业，收取价款 70 000 元。

（4）购入的第 6 年初将该专利出售给另一企业，收取价款 70 000 元。

（三）要求：根据上述资料编制会计分录。

练习题二

（一）目的：练习超过正常信用条件延期支付价款购买的无形资产的核算。

（二）资料：某建筑公司 2016 年 1 月 11 日，从 A 公司购买一项专利权，经与 A 公司协议采用分期付款方式支付款项。假定合同规定，该项专利权总计 9 000 000 元，每年末付款 3 000 000 元，三年付清。假定银行同期贷款利率为 6%，3 年期年金现值系数为 2.673。

（三）要求：根据上述资料编制会计分录。

练习题三

（一）目的：练习无形资产减值的会计处理。

（二）资料：某建筑公司发生下列经济业务：

（1）2016 年 12 月 31 日，该公司购入一项专利技术，价值 800 000 元，预计使用年限为 8 年。

（2）2017 年 12 月 31 日，由于与该项专利技术有关的各种因素发生不利变化，致使该专利技术发生价值减值，估计可收回金额 490 000 元。

（3）2018 年 12 月 31 日，发现导致该专利技术减值的因素基本已全部消失，且此时估计该专利技术可收回金额 600 000 元。

（三）要求：根据上述资料编制有关会计分录。

练习题四

（一）目的：练习企业内部自行研制无形资产的会计处理。

（二）资料：某建筑施工企业正在研究和开发一项新工艺，2017 年 1 至 7 月发生的各项研究、调查、试验等费用 120 万元，2017 年 10 月至 12 月发生材料人工等各项支出 70 万元，在 2017 年 9 月末，该公司已证实该项新工艺能够研发成功，并满足无形资产确认标准。2018 年 1 至 6 月又发生材料费用、直接参与开发人员的工资、场地设备等租金和注册费等支出 210 万元。2018 年 6 月末该项新工艺完成，达到预定用途。

（三）要求：根据上述资料编制有关会计分录。

学习情境八 流 动 负 债

学习目标

1. 了解负债的概念、特征、分类。
2. 了解流动负债的概念和特征。
3. 掌握短期借款的核算方法。
4. 掌握应付及预收款项应设置的账户及核算方法。
5. 掌握应付职工薪酬的核算内容、方法。
6. 掌握应交税费、应付股利、其他应付款的核算方法。

技能目标

1. 能熟练进行短期借款的核算。
2. 能熟练进行应付及预收款项的会计处理。
3. 能熟练进行应付职工薪酬的核算。
4. 能熟练处理有关应交税费、应付股利、其他应付款的业务。

案例导入

某公司共有职工1000名，2015年1月，公司发生以下业务。

1. 将外购的每台不含税价格为2200元的电暖气作为福利发放给公司每名职工。公司购买的电暖气开具了增值税专用发票，增值税率为17%。

2. 公司为10名部门经理各提供一辆公务用车，每辆车每月计提折旧2800元。

3. 公司还为其4名副总裁以上高级管理人员每人租赁一套公寓免费使用，月租金为每套8000元（假定上述人员发生的费用无法认定受益对象）。

请你根据上述业务，确定应付职工薪酬的入账金额，并说明企业提供的各类非货币性福利的会计处理方法。

这个案例是关于应付职工薪酬中的非货币性福利的问题，我们需要解决的问题有了解企业的非货币性福利包含的内容有哪些？各类非货币性福利的账务处理方法是什么？会涉及哪些账户？为了解决以上问题，就要求我们认真学习有关应付职工薪酬的相关知识。

本学习情境中，我们介绍了企业的流动负债的内容，给出了企业的短期借款、应付、预收款项、应付职工薪酬、应交税费、应付股利以及其他应付款的核算内容与方法。

知 识 链 接

任务一　流动负债基本概念认知

一、负债的特征

1. 负债的确认条件

负债是指企业过去的交易或事项形成的、预期会导致经济利益流出企业的现时义务。其中：现时义务是指企业在现行条件下已承担的义务。作为负债，还应同时满足以下条件：

（1）与该义务有关的经济利益很可能流出企业；

（2）未来流出的经济利益的金额能够可靠地计量。

2. 负债的特征

作为负债一般具有以下特点：

（1）负债是指已经发生的，并在未来一定时期内必须偿付的经济义务。这种偿付可以是用货币、物品、提供劳务等债权人能够接受的形式来实现。

（2）负债是可以计量的，有确切的或可预计的金额。

（3）负债一般有确切的债权人和到期日。

（4）负债只有偿还或债权人放弃债权以后才能消失。

负债按偿还期限，可分为流动负债和长期负债。

二、流动负债的特点

流动负债是指将在一年或超过一年的一个营业周期内偿还的债务，包括短期借款、应付票据、应付账款、预收账款、其他应付款、应付职工薪酬、应交税费、应付股利、预提费用和一年内到期的长期借款。

1. 流动负债的分类

（1）按照流动负债金额是否肯定分类。负债按照金额是否肯定可以分为：可以肯定的负债、视经营情况而定的负债、金额应予估计的负债和或有负债。

1)金额可以肯定的负债是指根据契约或法律规定，到期日须予以偿还有肯定金额的债务，如预收账款、应付账款、应付票据等.

2）负债金额视经营情况而定的负债是指需视一定期间的经营情况，到期末才能决定金额为多少的负债，如应交税金、应付股利等。

3）金额应予估计的负债是指发生于过去已完成的经济业务中，但无确切的应付金额，有时其偿还日期和收款人也无法确定的负债，如预提费用、产品质量担保负债等。

4）或有负债是指由于将来可能出现的意外事故或损失，而要由企业负责偿还的负债，如应收票据贴现。企业收入的应收票据已向银行申请贴现，如果该票据到期时，付款方无力支付到期票据款，票据贴现的企业对银行负有偿还的责任，这就形成了企业的或有负债。

（2）按流动负债形成的原因划分。

1）借贷形成的流动负债。如短期借款。

2）结算过程中形成的流动负债。如应付账款、应付票据、预收账款等。

3）经营过程中形成的流动负债。如应付职工薪酬、应交税费、预提费用等。

4）利润分配形成的流动负债。如应付股利或应付利润等。

2. 流动负债的特点

流动负债除具有负债的一般特点外，还具有以下特点：

（1）偿还期限较短。需要在 1 年或超过 1 年的一个营业周期内偿还。

（2）负债金额较小。举借短期负债的目的是为了满足生产经营的临时周转需要，周转快。

三、流动负债的计价

根据流动负债的特点，遵循重要性及稳健性原则，对流动负债的计价均按实际发生额入账。

任务二 短期借款的核算

一、短期借款的概念

短期借款是指企业向银行或其他金融机构等借入的期限在一年（含一年）以内的各种借款。短期借款一般是企业为维护正常的生产经营需要或为抵偿某种债务而借入的款项。

二、短期借款的核算

企业借入的短期借款构成了一项负债。对于企业发生的短期借款，应设置“短期借款”科目核算；每个资产负债表日，企业应计算确定短期借款的应计利息，按照应计的金额，借记“财务费用”“利息支出（金融企业）”等科目，贷记“应付利息”等科目。

【案例 8-1】 企业于 2015 年 3 月 1 日从商业银行取得临时借款 100 000 元存入银行，月利率为 5‰，期限 3 个月，定于 2015 年 5 月 31 日一次性还本付息。

该企业会计处理为。

（1）2015 年 3 月 1 日借入时。

借：银行存款	100 000	
贷：短期借款——商业银行		100 000

（2）3 月 31 日、4 月 30 日计提短期借款利息时。

借：财务费用	500	
贷：应付利息		500

（3）2015 年 5 月 31 日，还本付息时。

借：短期借款——商业银行	100 000	
应付利息	1000	
财务费用	500	
贷：银行存款		101 500

任务三 应付、预收款项的核算

一、应付账款

1. 应付账款概述

应付账款指因购买材料、商品或接受劳务供应等而应付给供应单位的款项，以及因分包工程应付给分包单位的工程价款。这是买卖双方由于取得物资与支付货款在时间上不一致而产生的负债。

应付账款入账时间的确定，一般应以与所购买物资所有权有关的风险和报酬已经转移或劳务已经接受为标志。但在实际工作中，一般是区别下列情况处理：

（1）在物资和发票账单同时到达的情况下，应付账款一般待物资验收入库后，才按发票账单登记入账，这主要是为了确认所购入的物资是否在质量、数量和品种上都与合同上订明的条件相符，以免因先入账而在验收入库时发现购入物资错、漏、破损等问题再行调账。在会计期末仍未完成验收的，则应先按合理估计金额将物资和应付债务入账，事后发现问题再行更正；

（2）在物资和发票账单未同时到达的情况下，由于应付账款需根据发票账单登记入账，有时货物已到，发票账单要间隔较长时间才能到达，由于这笔负债已经成立，应作为一项负债反映。为在资产负债表上客观反映企业所拥有的资产和承担的债务，在实际工作中采用在月份终了将所购物资和应付债务估计入账，待下月初再用红字予以冲回的办法。

应付账款一般按应付金额入账，而不按到期应付金额的现值入账。如果购入的资产在形成一笔应付账款时是带有现金折扣的，应付账款入账金额的确定按发票上记载的应付金额的总值（即不扣除折扣）记账。在这种方法下，应按发票上记载的全部应付金额，借记有关科目，贷记“应付账款”科目；获得的现金折扣冲减财务费用。

提示：商业折扣是企业为促进商品销售而在商品标价上给予的价格扣除，应该按折后价计算增值税，按折后价款加计折扣计税额入应收或应付账款，无专门的会计处理；现金折扣是债权人为鼓励债务人在规定的期限内付款而向债务人提供的债务扣除，应按全款计税，按全款价税列应收或应付账款，有专门的会计处理。

2. 应付账款的核算

为了核算和监督应付账款的发生与偿付情况，企业应设置“应付账款”账户。该账户贷方登记企业应付给供应单位和分包单位的款项，借方登记实际支付的应付账款，期末贷方余额表示尚未支付的各项应付账款。本账户设置“应付购货款”和“应付工程款”两个二级账户，并按供应单位和分包单位设置明细账户进行明细核算。

企业购入材料物资，但尚未支付货款时，应根据有关凭证，借记“材料采购”等账户，贷记“应付账款”账户；企业与分包单位结算已完工程款时，根据应付的已完工程价款，借记“工程施工”等账户，贷记“应付账款”账户；企业支付应付款项，借记“应付账款”账户，贷记“银行存款”账户；企业开出商业承兑汇票抵付应付款项时，借记“应付账款”账户，贷记“应付票据”账户。

【案例 8-2】 某建筑施工企业购入钢材一批，货款 20 000 元；增值税率 17%，现金折扣的条件为 3/10（10 日内付款折扣率为 3%），企业第 9 天付款，采用总价法进行账务处理，该企业会计处理如下：

（1）购入钢材时，按发票金额入账。

借：材料采购　　20 000
　　应交税费——应交增值税（进项税额）　　3 400
　　贷：应付账款——应付购货款　　23 400

（2）第 9 天付款时，享受现金折扣为 23 400×3%=702（元）。

借：应付账款——应付购货款　　23 400
　　贷：银行存款　　22 698

财务费用 702

（3）10 天后付款。

借：应付账款——应付购货款 23 400

贷：银行存款 23 400

二、应付票据

我国目前的应付票据仅指应付的商业汇票，即在商品购销活动中，由于采用商业汇票结算方式而发生的，由收款人（或付款人）签发，经承兑人承兑的票据。

应付票据按是否带息分为带息应付票据和不带息应付票据两种。

1. 带息应付票据的处理

应付票据如为带息票据，其票据的面值就是票据的现值。由于我国商业汇票期限较短，在期末，通常对尚未支付的应付票据计提利息，计入当期财务费用；票据到期支付票款时，尚未计提的利息部分直接计入当期财务费用。

2. 不带息应付票据的处理

不带息应付票据，其面值就是票据到期时的应付金额。

为了核算和监督商业汇票的签发和支付情况，建筑施工企业应设置"应付票据"账户进行核算。该账户贷方登记企业开出、承兑商业汇票或以承兑汇票抵付货款、应付账款的款项等；借方登记票据到期支付的款项或票据到期无力支付而转为应付账款的款项等；期末余额在贷方，反映企业持有尚未到期的应付票据的本息。同时，企业应当设置"应付票据备查簿"，详细登记每一应付票据的种类、号数、签发日期、到期日、票面利率、票面金额、合同交易号、收款人姓名或单位名称以及付款日期和金额等资料。应付票据到期结算时，应在备查簿内逐笔注销。

企业开出、承兑商业汇票或以承兑商业汇票抵付货款、工程款、应付账款时，借记"材料采购""原材料""库存商品""工程施工""应付账款"等账户，贷记"应付票据"账户；企业到期支付票款时，借记"应付票据"账户，贷记"银行存款"账户；支付带息票据的利息和银行承兑汇票的手续费时，借记"财务费用"账户，贷记"银行存款"账户；汇票到期，企业无力支付票款，对签发的商业承兑汇票，借记"应付票据"账户，贷记"应付账款"账户，对签发的银行承兑汇票，借记"应付票据"账户，贷记"短期借款"账户。

【案例 8-3】 某建筑公司购买钢材一批，买价 200 000 元，增值税额 34 000 元，企业签发一张面值为 234 000 元，期限为 3 个月，不带息的商业承兑汇票。票据到期，企业支付全部票款，该公司会计处理如下。

（1）签发票据时。

借：材料采购 200 000

应交税费——应交增值税（进项税额） 34 000

贷：应付票据——商业承兑汇票 234 000

（2）到期付款。

借：应付票据——商业承兑汇票 234 000

贷：银行存款 234 000

（3）若票据到期，该建筑公司银行存款账户不足支付票据款。

借：应付票据——商业承兑汇票 234 000

贷：应付账款　234 000

【案例 8-4】 承上例，若该建筑公司签发的是一张银行承兑汇票，签发时支付银行承兑手续费 1000 元，其他条件不变，则会计处理如下。

（1）签发票据时。

借：材料采购　200 000

　　应交税费——应交增值税（进项税额）　34 000

　　贷：应付票据——银行承兑汇票　234 000

（2）支付手续费。

借：财务费用　1000

　　贷：银行存款　1000

（3）到期付款。

借：应付票据——银行承兑汇票　234 000

　　贷：银行存款　234 000

（4）若票据到期，该建筑公司银行存款账户不足支付票据款。

借：应付票据——银行承兑汇票　234 000

　　贷：短期借款　234 000

三、预收账款

预收账款是买卖双方协议商定，由购货方预先支付一部分货款给供应方而发生的一项负债。预收账款的核算应视企业的具体情况而定。如果预收账款比较多的，可以设置“预收账款”科目；预收账款不多的，也可以不设置“预收账款”科目，直接记入“应收账款”科目的贷方。

施工企业的预收账款账户的贷方登记向发包单位预收的工程款、备料款和向购货单位预收的货款；借方登记与分包单位结算已完工程价款时，从应收工程款中扣还的预收工程款和备料款以及销售实现时从应收账款中扣还的预收货款。本账户期末贷方余额，反映企业预收的款项；期末如为借方余额，反映企业尚未转销的款项。

本账户可下设“预收备料款”“预收工程款”“预收购货款”明细账户，并按发包单位和购货单位进行明细核算。

企业预收的工程款和备料款，借记“银行存款”账户，贷记“预收账款”账户，收到发包单位拨入抵作备料款的材料，借记“原材料”账户，贷记“预收账款”账户。与发包单位结算工程价款时，借记“预收账款”账户及“应收账款”账户，贷记“工程结算”等账户。

企业按合同规定预收的销货款，借记“银行存款”账户，贷记“预收账款”账户；结算销货款时，借记“预收账款”账户，贷记“应收账款”账户。

【案例 8-5】某建筑公司 2015 年初与发包单位 A 公司签订了一项金额为 300 万元的建造合同。开工时收到 A 公司银行转账拨付的 30%的备料款。截止到 7 月底，累计 A 公司验工计价 180 万元，7 月份验工计价 30 万元，结算工程款时 A 公司按 5%扣质量保证金，并扣还预付的备料款 15 万元，余额 A 公司以银行存款转账支付。该公司会计处理如下。

（1）收取预收备料款。

借：银行存款　900 000

　　贷：预收账款——预收备料款（A 公司）　900 000

（2）A 公司验工计价。

借：应收账款——应收工程款（应收工程款，A 公司） 285 000

——应收工程款（应收质保金，A 公司） 15 000

贷：工程结算 300 000

（3）扣还预收备料款。

借：预收账款——预收备料款（A 公司） 150 000

贷：应收账款——应收工程款（应收工程款，A 公司） 150 000

（4）收到结算工程款。

借：银行存款 135 000

贷：应收账款——应收工程款（应收工程款，A 公司） 135 000

任务四 应付职工薪酬的核算

一、职工薪酬的内容

职工薪酬是指企业为获得职工提供的服务而给予各种形式的报酬以及其他相关支出。这里所称“职工”比较宽泛，包括三类人员：一是与企业订立劳动合同的所有人员，含全职、兼职和临时职工；二是未与企业订立劳动合同但由企业正式任命的企业治理层和管理层人员，如董事会成员、监事会成员等，尽管有些董事会、监事会成员不是本企业员工，未与企业订立劳动合同，但对其发放的津贴、补贴等仍属于职工薪酬；三是在企业的计划和控制下，虽未与企业订立劳动合同或未由其正式任命，但为其提供与职工类似服务的人员，如通过中介机构签订用工合同，为企业提供与本企业职工类似服务的人员。企业提供给职工配偶、子女、受赡养人、已故员工遗属及其他受益人等的福利，也属于职工薪酬。职工薪酬主要包括短期薪酬、离职后福利、辞退福利和其他长期职工福利。

（一）短期薪酬

短期薪酬是指企业在职工提供相关服务的年度报告期间结束后 12 个月内需要全部予以支付的职工薪酬，因解除与职工的劳动关系给予的补偿除外。因解除与职工的劳动关系给予的补偿属于辞退福利的范畴。短期薪酬主要包括以下内容。

（1）职工工资、奖金、津贴和补贴，是指构成工资总额的计时工资、计件工资、支付给职工的超额劳动报酬和增收节支的劳动报酬、为了补偿职工特殊或额外的劳动消耗和因其他特殊原因支付给职工的津贴，以及为了保证职工工资水平不受物价影响支付给职工的物价补贴等。

（2）职工福利费，一般都是用于改善职工生活条件的，对于非独立法人和非对外营利性的职工医院、浴室、食堂餐饮等均可在福利费中列支。

（3）社会保险费，是指企业按照国务院、各地方政府规定的基准和比例计算，向社会保险经办机构缴纳的医疗保险费、养老保险费、失业保险费、工伤保险费和生育保险费。企业按照年金计划规定的基准和比例计算，向企业年金管理人缴纳的补充养老保险，以及企业以购买商业保险形式提供给职工的各种保险待遇属于企业提供的职工薪酬，应当按照职工薪酬的原则进行确认、计量和披露。

（4）住房公积金，是指企业按照国家规定的基准和比例计算，向住房公积金管理机构缴存的住房公积金。

（5）工会经费和职工教育经费，是指企业为了改善职工文化生活、为职工学习先进技术和提高文化水平和业务素质，用于开展工会活动和职工教育及职业技能培训等相关支出。

（6）短期带薪缺勤，是指企业支付工资或提供补偿的职工缺勤，包括年休假、病假、短期伤残、婚假、产假、丧假、探亲假等。

（7）短期利润分享计划，是指因职工提供服务而与职工达成的基于利润或其他经营成果提供薪酬的协议。

（8）非货币性福利，是指企业以自己的产品或外购商品发放给职工作为福利，企业提供自己拥有的资产或租赁资产供职工无偿使用，比如提供给企业高级管理人员使用的住房等，免费为职工提供诸如医疗保健的服务或向职工提供企业支付了一定补贴的商品或服务等，比如以低于成本的价格向职工出售住房等。

（9）其他短期薪酬。

（二）离职后福利

离职后福利是指企业为获得职工提供的服务而在职工退休或与企业解除劳动关系后，提供的各种形式的报酬和福利，短期薪酬和辞退福利除外。

按其特征可分为：

（1）设定提存计划，是指向独立的基金缴存固定费用后，企业不再承担进一步支付义务的离职后福利计划。即养老保险费和失业保险费。

（2）设定受益计划，是指除设定提存计划以外的离职后福利计划。

（三）辞退福利

辞退福利是指企业在职工劳动合同到期之前解除与职工的劳动关系，或者为鼓励职工自愿接受裁减而给予职工的补偿。

（四）其他长期职工福利

其他长期职工福利是指除短期薪酬、离职后福利、辞退福利之外所有的职工薪酬，包括长期带薪缺勤、长期残疾福利、长期利润分享计划等。

二、职工薪酬的确认和计量

企业应当在职工为其提供服务的会计期间，将应付的职工薪酬确认为负债，根据职工提供服务的受益对象，将本月发生的职工薪酬分配记入有关成本、费用账户，具体分配如下。

（1）直接从事建筑安装工程施工的施工生产人员以及组织施工生产活动人员的工资应计入“工程施工”账户。

（2）企业所属独立核算的工业企业生产人员的工资计入“工业生产”账户。

（3）施工机械作业人员的工资计入“机械作业”账户。

（4）辅助生产人员的工资计入“辅助生产”账户。

（5）材料供应部门人员的工资计入“采购保管费”账户。

（6）企业行政管理人员的工资计入“管理费用”账户。

（7）应由在建工程、研发支出负担的工资，计入“在建工程”“研发支出”账户。

（8）因解除与职工的劳动关系给予的补偿，计入“管理费用”账户。

上述之外的其他工资，计入当期损益。

为了反映企业根据有关规定应付给职工的各种薪酬，应设置“应付职工薪酬”科目。该科目的贷方登记已分配计入有关成本费用项目的职工薪酬的数额，借方登记实际发放、支付和使用职工薪酬的数额，期末余额一般在贷方，表示企业应付而未付的职工薪酬。同时，按职工薪酬的具体内容分别按“工资”“职工福利”“社会保险费”“住房公积金”“工会经费”“职工教育经费”“非货币性福利”“辞退福利”“股利支付”等进行明细核算。

（一）短期薪酬的确认和计量

1. 货币性短期薪酬

对于货币性薪酬，企业一般应当根据职工提供服务情况和职工货币薪酬的标准，计算应计入职工薪酬的金额，按照受益对象计入相关成本或当期费用，在确定应付职工薪酬和应当计入成本费用的职工薪酬金额时，企业应当区分两种情况：

（1）对于国务院有关部门、省、自治区、直辖市人民政府或经批准的企业年金计划规定了计提基础和计提比例的职工薪酬项目，企业应当按照规定的计提标准，计量企业承担的职工薪酬义务和计入成本费用的职工薪酬。比如，应向社会保险经办机构等缴纳的养老保险费、医疗保险费、工伤保险费、失业保险费、生育保险费等社会保险费，应向住房公积金管理机构缴存的住房公积金，以及工会经费和职工教育经费等。按照明确标准计算确定应承担的职工薪酬义务后，再根据受益对象计入相关资产的成本或当期费用。

（2）对于国家（包括省、市、自治区政府）相关法律法规没有明确规定计提基础和计提比例的职工福利费，企业应当根据历史经验数据和自身实际情况，预计应付职工薪酬金额和应计入成本费用的薪酬金额；每个资产负债表日，企业应当对实际发生的福利费金额和预计金额进行调整，其中当期实际发生金额大于预计金额的，应当补提应付职工薪酬，当期实际发生金额小于预计金额的，应当冲回多提的应付职工薪酬。

货币性职工薪酬，主要包括分配、结算职工的工资和计提的各项保险费、住房公积金、工会经费及职工教育经费等内容。施工企业支付、发放货币性职工薪酬的账务处理如下：

（1）企业支付职工工资、奖金、津贴和补贴。根据工资结算汇总表的实发数额，借记“应付职工薪酬——工资”科目，贷记“库存现金”或“银行存款”科目。同时结转各项代扣款项（代垫的房租、代扣的工会会费、个人所得税等）时，借记“应付职工薪酬——工资”科目，贷记“其他应收款”“其他应付款”“应交税费——应交个人所得税”等科目。

（2）企业向社会保险机构和住房公积金管理机构为职工缴纳各种保险费及住房公积金时，借记“应付职工薪酬——社会保险费”或“应付职工薪酬——住房公积金”科目，贷记“银行存款”科目。

（3）企业向本单位工会支付工会经费以及支付职工培训费，借记“应付职工薪酬——工会经费”或“应付职工薪酬——职工教育经费”科目，贷记“银行存款”或“库存现金”科目。

【案例 8-6】 创达建筑公司 2012 年 6 月份职工工资，根据职工的考勤记录由劳动人事部门编制的职工工资结算汇总表见表 8-1。

工资结算汇总表是根据工资结算单编制的，反映了企业在一定时期内应该支付职工的工资总数和实际发放给职工的工资。它是工资核算的原始依据，可以作为计提社会保险费、工会经费、职工教育经费的依据。

表 8-1 创达建筑公司工资结算汇总表

2012 年 6 月 单位：元

职工类别	计时工资	夜班津贴	副食补贴	加班工资	奖金	应付工资	代扣款项			实发工资
							房租	会费	税金	
建筑工人	76 800	1200	1860	1820	3450	85 130	818	319	357	83 636
管理人员	18 600	—	1120	270	960	20 950	230	48	85	20 587
机械作业人员	15 600	—	780	450	2400	19 230	68	35	160	18 967
新产品试制人员	13 600	590	820	780	1510	17 300	150	56	55	17 039
合计	124 600	1790	4580	3320	8320	142 610	1266	458	657	140 229

根据汇总表，创达建筑公司编制如下会计分录。

（1）根据实发数。

借：应付职工薪酬——工资 140 229

贷：银行存款（委托银行转账发放） 140 229

（2）结转代扣款项时（假定房租是企业为职工提前代垫的）。

借：应付职工薪酬——工资 2381

贷：其他应付款——应付工会经费 458

其他应收款——代垫房租 1266

应交税费——应交个人所得税 657

（3）月末进行工资分配（可以单独编制工资分配表，也可以根据工资汇总表），同时根据所在地政府规定，公司分别按照职工工资总额的 10%、12%、2%和 10.5%计提医疗保险费、养老保险费、失业保险费和住房公积金，缴纳给当地社会保险经办机构和住房公积金管理机构。公司分别按照职工工资总额的 2%和 1.5%计提工会经费和职工教育经费。

应计入工程施工的职工薪酬金额

=85 130+85 130×（10%+12%+2%+10.5%+2%+1.5%）=117 479.40（元）

应计入管理费用的职工薪酬金额

=20 950+20 950×（10%+12%+2%+10.5%+2%+1.5%）=28 911.00（元）

应计入机械作业的职工薪酬金额

=19 230+19 230×（10%+12%+2%+10.5%+2%+1.5%）=26 537.40（元）

应计入无形资产研发支出的职工薪酬金额

=17 300+17 300×（10%+12%+2%+10.5%+2%+1.5%）=23 874.00（元）

计提的各项费用金额分别为

社会保险费=142 610×（10%+12%+2%）=34 226.40（元）

住房公积金=142 610×10.5%=14 974.05（元）

工会经费=142 610×2%=2852.20（元）

职工教育经费=142 610×1.5%=2139.15（元）

公司在分配工资、职工福利费、各种社会保险费、住房公积金、工会经费和职工教育经费等职工薪酬时，应当作如下账务处理。

借：工程施工　　117 479.40
　　管理费用　　28 911
　　机械作业　　26 537.40
　　研发支出——资本化支出　　23 874
　　贷：应付职工薪酬——工资　　142 610
　　　　　　　　　——社会保险费　　34 226.40
　　　　　　　　　——住房公积金　　14 974.05
　　　　　　　　　——工会经费　　2852.20
　　　　　　　　　——职工教育经费　　2139.15

（4）企业签发转账支票向当地有关机构缴纳社会保险费和住房公积金以及向本公司工会支付工会经费时。

借：应付职工薪酬——社会保险费　　34 226.40
　　　　　　　——住房公积金　　14 974.05
　　　　　　　——工会经费　　2852.20
　　贷：银行存款　　52 052.65

2. 带薪缺勤

（1）带薪缺勤的内容。

1）累积带薪缺勤，是指带薪缺勤权利可以结转下期的带薪缺勤，本期尚未用完的带薪缺勤权利可以在未来期间使用。

2）非累积带薪缺勤，是指带薪缺勤权利不能结转下期的带薪缺勤，本期尚未用完的带薪缺勤权利将予以取消，并且职工离开企业时也无权获得现金支付。

我国企业职工休婚假、产假、丧假、探亲假、病假期间的工资通常属于非累积带薪缺勤。

（2）累积带薪缺勤的会计处理。

企业应当在职工提供服务从而增加了其未来享有的带薪缺勤权利时，确认与累积带薪缺勤相关的职工薪酬，并以累积未行使权利而增加的预期支付金额计量。

【案例 8-7】甲公司共有 1000 名职工，从 2015 年 1 月 1 日起，该公司实行累积带薪缺勤制度。该制度规定，每个职工每年可享受 5 个工作日带薪年休假，未使用的年休假只能向后结转一个日历年度，超过 1 年未使用的权利作废；职工休年休假时，首先使用当年可享受的权利，不足部分再从上年结转的带薪年休假中扣除；职工离开公司时，对未使用的累积带薪年休假无权获得现金支付。

2015 年 12 月 31 日，每个职工当年平均未使用带薪年休假为 2 天。甲公司预计 2016 年有 950 名职工将享受不超过 5 天的带薪年休假，剩余 50 名职工每人将平均享受 6 天半年休假，假定这 50 名职工全部为总部管理人员，该公司平均每名职工每个工作日工资为 300 元。

【解析】甲公司在 2015 年 12 月 31 日预计由于职工累积未使用的带薪年休假权利而导致预期将支付的工资负债，即为 75 天（50×1.5 天）的年休假工资金额 22 500 元（75×300），并作如下账务处理：

借：管理费用　　22 500
　　贷：应付职工薪酬——累积带薪缺勤　　22 500

（3）非累积带薪缺勤的会计处理。

企业应当在职工实际发生缺勤的会计期间确认与非累积带薪缺勤相关的职工薪酬。即非累积带薪缺勤发生时视为全勤，按正常全勤状态进行会计处理。

3. 非货币性福利

企业向职工提供非货币性福利的，应当按照公允价值计量。公允价值不能可靠取得的，可以采用成本计量。

（1）以自产产品或外购商品发放给职工作为福利。企业以其生产的产品作为非货币性福利提供给职工的，应当按照该产品的公允价值和相关税费，计量应计入成本费用的职工薪酬金额。相关收入及其成本的确认计量和相关税费的处理，与正常商品销售相同。以外购商品作为非货币性福利提供给职工的，应当按照该商品的公允价值和相关税费，计量应计入成本费用的职工薪酬金额。

需要注意的是，在以自产产品或外购商品发放给职工作为福利的情况下，企业在进行账务处理时，应当先通过“应付职工薪酬”科目归集当期应计入成本费用的非货币性薪酬金额，以确定完整准确的企业人工成本金额。

【案例 8-8】 创达建筑公司共有职工 100 名，2016 年 2 月，公司外购 100 台不含税价格为 500 元的电暖气作为春节福利发放给公司职工。公司购买电暖气开具了增值税专用发票，增值税税率为 17%。假定 100 名职工中 85 名为工程一线职工，15 名为总部管理人员。

电暖气的售价金额=85×500+15×500=42 500+7500=50 000（元）

电暖气的进项税额=85×500×17%+15×500×17%=7225+1275=8500（元）

公司决定发放非货币性福利时，应作如下账务处理。

借：工程施工　　49 725
　　管理费用　　8775
　　贷：应付职工薪酬——非货币性福利　　58 500

购买电暖气时，公司应作如下账务处理。

借：库存商品　　50 000
　　应交税费——应交增值税（进项税额）　　8 500
　　贷：银行存款　　58 500

发放时：

借：应付职工薪酬　　58 500
　　贷：库存商品　　50 000
　　　　应交税费——应交增值税（进项税额转出）　　8 500

（2）将拥有的房屋等资产无偿提供给职工使用，或租赁住房等资产供职工无偿使用。企业将拥有的房屋等资产无偿提供给职工使用的，应当根据受益对象，将住房每期应计提的折旧计入相关资产成本或费用，同时确认应付职工薪酬。租赁住房等资产供职工无偿使用的，应当根据受益对象，将每期应付的租金计入相关资产成本或费用，并确认应付职工薪酬。难以认定受益对象的，直接计入当期损益，并确认应付职工薪酬。

【案例 8-9】 某建筑公司为总部各部门经理级别以上职工提供汽车免费使用，同时为副总裁以上高级管理人员每人租赁一套住房。该公司总部共有部门经理以上职工 25 名，每人提供一辆桑塔纳汽车免费使用，假定每辆桑塔纳汽车每月计提折旧 500 元；该公司共有副总裁以上高级管理人员 5 名，公司为其每人租赁一套面积为 100m^2 带有家具和电器的公寓，月租金为每套4000元。

该公司每月应作如下账务处理。

借：管理费用 32 500

贷：应付职工薪酬——非货币性福利 32 500

借：应付职工薪酬——非货币性福利 32 500

贷：累计折旧 12 500

其他应付款 20 000

（二）辞退福利（解除劳动关系补偿）的确认和计量

1. 辞退福利的含义

辞退福利包括两方面的内容：一是在职工劳动合同尚未到期前，不论职工本人是否愿意，企业决定解除与职工的劳动关系而给予的补偿。二是在职工劳动合同尚未到期前为鼓励职工自愿接受裁减而给予的补偿，职工有权利选择继续在职或接受补偿离职。辞退福利通常采取解除劳动关系时一次性支付补偿的方式，也有通过提高退休后养老金或其他离职后福利的标准的方式，或者在职工不再为企业带来经济利益后，将职工工资部分支付到辞退后未来某一期间。

在确定企业提供的经济补偿是否为辞退福利时，应当注意以下两个问题：

（1）辞退福利与正常退休养老金应当区分开来。对于辞退福利，企业应当在辞退时进行确认和计量；职工在正常退休时获得的养老金，企业应当是在职工提供服务的会计期间确认和计量。

职工虽然没有与企业解除劳动合同，但未来不再为企业提供服务，为此企业承诺提供实质上具有辞退福利性质的经济补偿，比照辞退福利处理。

（2）无论职工因何种原因离开都要支付的福利属于离职后福利，不是辞退福利。有些企业对职工本人提出的自愿辞退比企业提出的要求职工非自愿辞退情况下支付较少的补偿，在这种情况下，非自愿辞退提供的补偿与职工本人要求辞退提供的补偿之间的差额，才属于辞退福利。

2. 辞退福利的确认

企业在职工劳动合同到期之前解除与职工的劳动关系，或者为鼓励职工自愿接受裁减而提出给予补偿的建议，同时满足下列条件的，应当确认因解除与职工的劳动关系给予补偿而产生的预计负债，同时计入当期管理费用：

（1）企业已经制定正式的解除劳动关系计划或提出自愿裁减建议，并即将实施。该计划或建议应当包括拟解除劳动关系或裁减的职工所在部门、职位及数量；根据有关规定按工作类别或职位确定的解除劳动关系或裁减补偿金额；拟解除劳动关系或裁减的时间。这里所称解除劳动关系计划和自愿裁减建议应当经过董事会或类似权力机构的批准；即将实施是指辞退工作一般应当在一年内实施完毕，但因付款程序等原因使部分付款推迟到一年后支付的，视为符合辞退福利预计负债确认条件。

（2）企业不能单方面撤回解除劳动关系计划或裁减建议。如果企业能够单方面撤回解除劳动关系计划或裁减建议，则表明未来经济利益流出不是很可能，因而不符合负债确认条件。

【案例 8-10】 某建筑公司2016年9月提出一项自愿裁减员工的计划，要求在2016年年底以前裁减员工100人。根据该项裁员计划，接受自愿裁减的员工每人补偿20 000元。到2016

年 12 月 31 日，该公司如期完成员工裁减计划，补偿金也已支付完毕。

该公司应作如下会计处理。

（1）2016 年末，确认辞退福利金额。

辞退福利金额=100×20 000=2 000 000 元

借：管理费用——职工薪酬 2 000 000

  贷：应付职工薪酬——辞退福利 2 000 000

（2）支付员工辞退福利。

借：应付职工薪酬——辞退福利 2 000 000

  贷：银行存款 2 000 000

任务五 其他流动负债的核算

一、应交税费

施工企业在一定时期内取得的营业收入和实现的利润或发生特定经营行为，要按照规定向国家交纳各种税金，这些税金主要包括增值税、城市维护建设税、教育费附加、房产税、土地使用税、车船使用税、所得税等。这些应交的税金，应按照权责发生制的原则确认。这些应交的税金在尚未交纳之前暂时停留在企业，形成一项负债。

为了核算和监督企业应交税费的增减变动情况，应设置“应交税费”账户。本账户贷方登记按规定计算应缴纳的税费；借方登记已缴纳的税费；期末贷方余额表示应交未交的税费；如有借方余额，则表示多交的税费。本账户按税费种类设置明细账户。

1. 增值税

增值税是以商品和劳务、应税行为在流转过程中产生的增值额作为征税对象而征收的一种流转税。增值税可以有效地防止商品在流转过程中的重复征税问题，具备普遍征收、税收负担由最终消费者承担、实行税款抵扣制度、实行比例税率、价外税等特点。

2016 年 5 月 1 日全面“营改增”之后，增值税的征税范围包括销售货物、提供加工、修理修配劳务、销售服务、销售无形资产、销售不动产、进口货物等，其中建筑企业提供的建筑服务属于销售服务的一种，包括工程服务、安装服务、修缮服务、装饰服务和其他建筑服务。

增值税纳税人划分为一般纳税人和小规模纳税人，他们在税款计算方法、适用税率（征收率）以及管理办法上都有所不同。对一般纳税人实行凭发票扣税、计算扣税、核定扣税的计税方法，对小规模纳税人规定简易的计税方法和征收管理办法。一般纳税人和小规模纳税人划分的标准是纳税人年应税销售额的多少和会计核算水平。对于营改增业务应税行为年销售额超过 500 万元的试点纳税人，应向主管税务机关办理增值税一般纳税人资格登记手续。

我国增值税从 2018 年 5 月 1 日起，17%税率取消，增值税三档税率为 16%、10%、6%，将制造业等行业增值税税率从 17%降至 16%，将交通运输、建筑、基础电信服务等行业及农产品等货物的增值税税率从 11%降至 10%。小规模纳税人不适用税率而适用征收率。

主要业务账务处理：

（1）购销业务的会计处理。

1）采购等业务进项税额允许抵扣的账务处理。

借：原材料等

应交税费——应交增值税（进项税额）

贷：银行存款等

2）购进不动产或不动产在建工程按规定进项税额分年抵扣的账务处理。

借：固定资产等

应交税费——应交增值税（进项税额）（当期可抵扣的增值税额，当月抵扣 60%）

应交税费——待抵扣进项税额（后期可抵扣的增值税额，第 13 个月抵扣 40%）

贷：银行存款等

抵扣剩余 40%时：

借：应交税费——应交增值税（进项税额）

贷：应交税费——待抵扣进项税额

3）销售业务的账务处理。

借：应收账款等

贷：主营业务收入

应交税费——应交增值税（销项税额）

应交税费——简易计税（采用简易计税方法计算的应纳增值税额）

【案例 8-11】某建筑施工企业为增值税一般纳税人，本期从房地产开发企业购入不动产作为行政办公场所，按固定资产核算。企业为购置该项不动产共支付价款和相关税费 8000 万元，其中含增值税 330 万元。根据现行增值税制度规定，企业对上述经济业务，应作如下账务处理：

取得不动产时：

借：固定资产	76 700 000	
应交税费——应交增值税（进项税额）	1 980 000	
应交税费——待抵扣进项税额	1 320 000	
贷：银行存款		80 000 000

第二年允许抵扣剩余的增值税时：

借：应交税费——应交增值税（进项税额）	1 320 000	
贷：应交税费——待抵扣进项税额		1 320 000

（2）小规模纳税企业发生的应税行为适用简易计税方法计税。

在购买商品时，其支付的增值税税额均不计入进项税额，不得由销项税额抵扣，应计入相关成本费用。销售商品时按照销售额和增值税征收率计算增值税额，不得抵扣进项税额。简易计税方法的销售额不包括其应纳税额，纳税人采用销售额和应纳税额合并定价方法的，按照公式“销售额=含税销售额÷（1+征收率）”还原为不含税销售额计算。

【案例 8-12】某工业企业核定为小规模纳税人，本期购入原材料，按照增值税专用发票上记载的原材料价款为 100 万元，支付的增值税税额为 17 万元，企业开出承兑的商业汇票，材料已到达并验收入库（材料按实际成本核算）。该企业本期销售产品，销售价格总额为 90 万元（含税），假定符合收入确认条件，货款尚未收到。该企业适用的增值税征收率为 3%。根据上述经济业务，企业应作如下账务处理：

购进货物时：

借：原材料 1 170 000

贷：应付票据 1 170 000

销售货物时：

不含税价格时=900 000÷（1+3%）=873 786（元）

应交增值税=873 786×3%=26 214（元）

借：应收账款 900 000

贷：主营业务收入 873 786

应交税费——应交增值税 26 214

（3）视同销售的账务处理。

企业发生税法上视同销售的行为，应当按照企业会计准则制度相关规定进行相应的会计处理，并按照现行增值税制度规定计算的销项税额（或采用简易计税方法计算的应纳增值税额），借记“应付职工薪酬”“利润分配”等科目，贷记“应交税费——应交增值税（销项税额）”或“应交税费——简易计税”科目（小规模纳税人应计入“应交税费——应交增值税”科目）。

（4）进行税额不予抵扣的情况及抵扣情况发生变化的会计处理。

按照增值税有关规定，一般纳税人购进货物、加工修理修配劳务、服务、无形资产或不动产，用于简易计税方法计税项目、免征增值税项目、集体福利或个人消费等，其进项税额不得从销项税额中抵扣的，应当计入相关成本费用，不通过“应交税费——应交增值税（进项税额）”科目核算。

因发生非正常损失或改变用途等，导致原已计入进项税额但按现行增值税制度规定不得从销项税额中抵扣的，应当将进项税额转出，计入“待处理财产损益”“应付职工薪酬”等科目，贷记“应交税费——应交增值税（进项税额转出）”科目。一般纳税人购进时已全额抵扣进项税额的货物或服务等转用于不动产在建工程的，其已抵扣进项税额的40%部分应于转用当期转出，借记“应交税费——待抵扣进项税额”科目，贷记“应交税费——应交增值税（进项税额转出）”科目。原不得抵扣且未抵扣进项税额的固定资产、无形资产等，因改变用途等用于允许抵扣进项税额的应税项目的，应当在用途改变的次月调整相关资产账面价值，按允许抵扣的进项税额，借记“应交税费——应交增值税（进项税额）”科目，贷记“固定资产”“无形资产”等科目，并按调整后的账面价值计提折旧或摊销。

【案例 8-13】某建筑企业为增值税一般纳税人，本期购入一批材料增值税专用发票上注明的增值税额为20.4万元，材料价款为120万元。材料已入库，货款已经支付（假如该企业材料采用实际成本进行核算）。材料入库后，该企业将该批材料全部用于发放职工福利。根据该项经济业务，企业可作如下账务处理：

材料入库时：

借：原材料 1 200 000

应交税费——应交增值税（进项税额） 204 000

贷：银行存款 1 404 000

用于发放职工福利时：

借：应付职工薪酬 1 404 000

贷：应交税费——应交增值税（进项税额转出） 204 000

原材料 1 200 000

【案例 8-14】接【案例 8-13】，材料入库后，该企业将该批材料全部用于办公楼工程建设项目。根据该项经济业务，企业可作如下账务处理：

材料入库时：

借：原材料 1 200 000

应交税费——应交增值税（进项税额） 204 000

贷：银行存款 1 404 000

工程领用材料时：

借：在建工程 1 200 000

贷：原材料 1 200 000

借：应交税费——待抵扣进项税额 81 600

贷：应交税费——应交增值税（进项税额转出） 81 600

允许抵扣剩余的增值税时：

借：应交税费——应交增值税（进项税额） 81 600

贷：应交税费——待抵扣进项税额 81 600

（5）交纳增值税的会计处理。

企业当月交纳当月的增值税，通过“应交税费——应交增值税（已交税金）”科目核算，借记“应交税费——应交增值税（已交税金）”科目（小规模纳税人应借记“应交税费——应交增值税”科目），贷记“银行存款”科目；当月交纳以前各期未交的增值税，通过“应交税费——未交增值税”科目，借记“应交税费——未交增值税”科目，贷记“银行存款”科目。

企业预缴增值税，贷记“应交税费——预交增值税”科目，贷记“银行存款”科目。月末，企业应将“预交增值税”明细科目余额转入“未交增值税”明细科目，借记“应交税费——未交增值税”科目，贷记“应交税费——预交增值税”科目。

【案例 8-15】 某房地产开发企业为增值税一般纳税人。企业 2017 年 5 月预售房地产项目收取的总价款为 1410 万元，该项目预计 2018 年 9 月交房，企业按照 5%的预征率在不动产所在地预缴税款。当月，该企业向购房者交付其认购的另一房地产项目，交房项目的总价款为 2265 万元（其中，销项税额为 165 万元，已预缴 113.25 万元），购房者已于 2016 年 7 月预交了房款且该企业预缴了增值税。根据该项经济业务，企业可作如下账务处理：

预售房地产项目时：

借：银行存款 14 100 000

贷：预收账款 14 100 000

借：应交税费——预交增值税 705 000

贷：银行存款 705 000

交付房地产项目时：

借：预收账款 22 650 000

贷：主营业务收入 21 000 000

应交税费——应交增值税（销项税额） 1 650 000

借：应交税费——应交增值税（销项税额） 1 132 500

贷：应交税费——未交增值税 1 132 500

2. 消费税

企业对外销售产品应交纳的消费税，记入“税金及附加”科目。

全面试行营业税改征增值税后，“营业税金及附加”科目名称调整为“税金及附加”科目，该科目核算企业经营活动发生的消费税、城市维护建设税、资源税、教育费附加及房产税、土地使用税、车船税、印花税等相关税费；利润表中的“营业税金及附加”项目调整为“税金及附加”项目。

3. 土地增值税

（1）企业转让国有土地使用权、地上建筑物及其附着物应交的土地增值税，一并在“固定资产”或“在建工程”科目核算的，转让时应交纳的土地增值税，借记“固定资产清理”“在建工程”科目，贷记“应交税费——应交土地增值税”科目。

（2）企业转让的土地使用权在“无形资产”科目核算的，按实际收到的金额，借记“银行存款”科目；按摊销的无形资产金额，借记“累计摊销”科目；按已计提的无形资产减值准备，借记“无形资产减值准备”科目；按无形资产账面余额，贷记“无形资产”科目；按应交的土地增值税，贷记“应交税费——应交土地增值税”科目；按其差额，借记“营业外支出”科目或贷记“营业外收入”科目。

4. 城市维护建设税

为了加强城市的维护建设，扩大和稳定城市维护建设资金的来源，国家开征了城市维护建设税。它是以企业交纳的增值税、消费税为计税依据，分别与增值税、消费税同时交纳的一种特定目的税。

城市维护建设税的税率，按纳税人所在地的不同实行差别税率，其税率分为三个档次：纳税人所在地在城市的，税率为7%；纳税人所在地在县城、镇区的，税率为5%；纳税人所在地在市区、县城、镇区以外的，税率为1%。它的应纳税额计算公式如下：

城市维护建设税应纳税额=实际交纳的增值税、消费税税额×适用税率

企业按规定应交的城市维护建设税，在“应交税费”账户下，设置“应交城市维护建设税”明细账户，进行明细分类核算。

5. 教育费附加

教育费附加是国家为了发展我国的教育事业，提高人民的文化素质而征收的一项费用，按照企业交纳流转税的一定比例计算，并与流转税一起交纳。

教育费附加的征收率为3%。它的应纳税额计算公式如下：

应纳教育费附加=实际交纳的增值税、消费税税额×适用税率

企业按规定应交的教育费附加，在“应交税费”账户下，设置“应交教育费附加”明细账户，进行明细分类核算。

【案例 8-16】 某施工企业本月应交增值税 30 000 元，按增值税的 7%计算城市维护建设税为 2100 元，按增值税的 3%计算教育费附加为 900 元。

会计处理为：

借：税金及附加 3 000

贷：应交税费——应交城市维护建设税 2100

——应交教育费附加 900

6. 房产税、土地使用税、车船税和印花税

房产税是国家对在城市、县城、建制镇和工矿区征收的由产权所有人缴纳的一种税。房产税依照房产原值一次减除10%至30%后的余额计算交纳。没有房产原值作为依据的，由房产所在地税务机关参考同类房产核定；房产出租的，以房产租金收入为房产税的计税依据。

土地使用税是国家为了合理利用城镇土地，调节土地级差收入，提高土地使用效益，加强土地管理而开征的一种税，以纳税人实际占用的土地面积为计税依据，依照规定税额计算征收。

车船税由拥有并且使用车船的单位和个人交纳。施工企业拥有的小汽车、货车、大客车等必须按规定缴纳车船使用税，车船税按照适用税额计算交纳。

企业按规定计算应交的房产税、土地使用税、车船税时，借记“税金及附加”科目，贷记“应交税费——应交房产税（或土地使用税、车船税）”科目；上交时，借记“应交税费——应交房产税（或土地使用税、车船税）”科目，贷记“银行存款”科目。

印花税是对书立、领受购销合同等凭证行为征收的税款，实行由纳税人根据规定自行计算应纳税额，购买并一次贴足印花税票的交纳方法。应纳税凭证包括购销、加工承揽、建设工程承包、财产租赁、货物运输、仓储保管、借款、财产保险、技术合同或者具有合同性质的凭证；产权转移书据；营业账簿；权利、许可证照等。纳税人根据应纳税凭证的性质，分别按比例税率或者按件定额计算应纳税额。

由于企业交纳的印花税，是由纳税人根据规定自行计算应纳税额以购买并一次贴足印花税票的方法交纳的税款。因此，企业交纳的印花税不需要通过“应交税费”科目核算，于购买印花税票时，直接借记“税金及附加”科目，贷记“银行存款”科目。

【案例8-17】 某建筑公司设在市区，根据所在省政府确定的单位组织测定，该企业实际占用的土地面积为9000m^2。当地税务机关核定的税率为8元/m^{2}年税额，按季交纳。该公司作如下会计处理。

（1）每月计提土地使用税。

全年应纳税额=9000×8=72 000（元）

每月应纳税额=72 000÷12=6000（元）

借：税金及附加　　6000

　　贷：应交税费——应交土地使用税　　6000

（2）季末交纳土地使用税。

借：应交税费——应交土地使用税　　18 000

　　贷：银行存款　　18 000

二、应付股利

应付股利是指施工企业经股东大会或类似机构审议批准分配的现金股利或利润。企业股东大会或类似机构审议批准的利润分配方案、宣告分派的现金股利或利润，在实际支付前，形成企业的负债。

企业董事会或类似机构通过的利润分配方案中拟分配的现金股利或利润，不应确认负债，但应在附注中披露。

为了核算企业分配的现金股利或利润，应设置“应付股利”账户。企业经股东大会或类似机构审议批准的利润分配方案，按应支付的现金股利或利润，借记“利润分配”科目，贷

记“应付股利”；实际支付现金股利或利润时，借记“应付股利”，贷记“银行存款”等科目。

【案例 8-18】 某建筑公司 2010 年度实现净利润 300 万元，经股东大会批准，分配给投资者 180 万元，分配的股利已通过银行转账支付。该公司应作如下会计处理。

（1）分配现金股利。

借：利润分配——应付现金股利　　1 800 000

　　贷：应付股利　　1 800 000

（2）银行转账支付。

借：应付股利　　1 800 000

　　贷：银行存款　　1 800 000

三、其他应付款

其他应付款，是指企业除应付票据、应付账款、预收账款、应付职工薪酬、应付利息、应付股利、应交税费、长期应付款等以外的其他各项应付、暂收的款项。主要包括：

（1）应付经营租入固定资产的租金。

（2）职工未按期领取的工资。

（3）存入保证金。

（4）其他应付、暂收所属单位、个人的款项。

（5）其他应付、暂收款项。

为了核算企业发生的其他各项应付、暂收款项，应设置“其他应付款”账户。该账户属负债类账户，贷方登记其他应付款的增加数，借方登记其他应付款的偿还数，期末贷方余额表示尚未偿还的其他应付款。本账户应按照应付、暂收款项种类和债权人设置明细账进行明细分类核算。

企业发生的其他各种应付、暂收款项，借记“银行存款”等账户，贷记“其他应付款”账户，支付时，借记“其他应付款”，贷记“银行存款”等账户。

知识梳理与小结

负债是指企业过去的交易或者事项形成的，预期会导致经济利益流出企业的现时义务。负债按照偿还期限的长短可以分为流动负债和非流动负债。

施工企业的流动负债包括短期借款、应付票据、应付账款、预收账款、应付职工薪酬、应交税费、应付利息、应付股利、其他应付款、或有负债等。施工企业持有的流动负债中，短期借款是指企业向银行或其他金融机构等借入的期限在 1 年以下(含 1 年)的各种借款。以公允价值计量且其变动计入当期损益的金融负债包括交易性金融负债和直接指定为以公允价值计量且其变动计入当期损益的金融负债。应付账款是指施工企业因购买材料、商品和接受劳务供应等而应付给供应单位的款项，以及因出包工程而应付给其他单位的工程价款等，在核算上具体包括应付购货款核算和应付工程款的核算。应付账款是施工企业流动负债的重要组成部分。应付票据是施工企业在商品购销活动中由于采用商业汇票结算方式而发生的，由收款人（或承兑申请人）签发，承兑人承兑的票据，它包括商业承兑汇票和银行承兑汇票。预收账款，是指企业按照合同或协议规定向购货方预收的购货款，以及向发包单位收取的预收备料款和预收工程款等。预收账款是施工企业目前承担的主要流动负债。

复习思考题

1. 什么是负债？负债是如何进行分类的？

2. 什么是短期借款？什么是长期借款？二者有何不同？其利息费用如何处理？

3. 什么是应付账款？带有现金折扣的应付账款入账价值的确定方法有哪几种？

4. 什么是应付票据？对应付票据的利息如何进行处理？

5. 什么是职工薪酬？职工薪酬总额由哪几部分组成？如何进行职工薪酬的核算？

6. 施工企业主要涉及哪些税费？

7.“应交税费”、“其他应付款”账户核算的内容有哪些？

实训练习题

练习题一

（一）目的：训练短期借款核算的操作技能。

（二）资料：振兴建筑公司 2017 年发生下列有关短期借款的经济业务：

（1）1 月 1 日向建设银行借入 80 万元，期限 9 个月，年利率 4.5%，该借款的利息按季支付，本金到期归还；

（2）月末预提短期借款利息；

（3）3 月末支付本季度借款利息；

（4）10 月 1 日偿还借款本金。

（三）要求：根据上述资料，作出有关短期借款的会计处理。

练习题二

（一）目的：训练应付票据核算的操作技能。

（二）资料：振兴建筑公司 2017 年发生下列有关应付票据的经济业务：

（1）3 月 1 日向水泥厂购入一批价值为 80 000 元、增值税为 13 600 元的散装水泥，同时开具了一张期限为 5 个月，年利率为 5%的银行承兑汇票。材料已验收入库（按实际成本核算）。

（2）3 月 1 日银行按货款价值的 1%收取手续费。

（3）3 月 31 日计提银行承兑汇票利息。

（4）2017 年 8 月 1 日，支付到期的银行承兑汇票款。

（5）假设 8 月 1 日到期日，该公司因资金不足，仅能先偿还 50 000 元票款，其余票款银行转作短期借款处理。

（6）8 月 11 日，该公司归还短期借款，银行按每日票面额的 1‰计收罚息。

（7）9 月 1 日，开出一张面值为 120 000 元、期限为 3 个月的商业承兑汇票，用以抵付分包单位工程款。

（8）12 月 1 日，支付到期的商业承兑汇票款。

（三）要求：根据上述资料，作出有关应付票据的会计处理。

练习题三

（一）目的：训练应付及预收账款核算的操作技能。

（二）资料：振兴建筑公司 2017 年发生下列有关应付及预收账款的经济业务：

（1）3 月 5 日，收到业主华南公司转账支票，拨付工程预付款 15 710 000 元。

（2）3 月 12 日，签发转账支票，预付分包单位长城建筑公司工程款 2 800 000 元。

（3）3 月 20 日，收到业主华南公司拨付钢材一批，价款 12 000 000 元，水泥一批，价款 9 000 000 元（按实际成本核算）。

（4）12 月 8 日，本年向业主华南公司验工计价 60 000 000 元，其中：隧道 24 000 000 元、桥梁 16 000 000 元、路基 20 000 000 元（长城建筑公司分包）。

（5）12 月 8 日，业主华南公司根据合同规定，按计价款的 5%扣质量保证金并代扣代缴“两税一费”及预付的工程进度款（营业税率 3%，城市维护建设税 1%，教育费附加 3%）。

（6）12 月 10 日，收到业主华南公司拨付工程结算款 27 418 000 元（按计价 80%拨付，并代扣“两税一费”、质保金、工程款进度款）。

（7）12 月 11 日，为分包路基的长城建筑公司验工计价 20 000 000 元。

（8）12 月 12 日，根据分包合同规定，按计价款的 5%扣质量保证金并代扣代缴“两税一费”及预付的工程进度款。

（9）12 月 24 日，拨付分包单位长城建筑公司工程结算款（按计价 80%拨付，并代扣“两税一费”、质保金、工程款进度款）。

（三）要求：根据上述资料，作出有关应付及预收账款的会计处理。

练习题四

（一）目的：练习流动负债的核算。

（二）资料：某建筑施工企业某月份发生下列经济业务：

（1）向银行借入期限为 6 个月，利率为 6%的借款 10 万元，存入企业银行账户（分别采用按月预提利息到期还本付息和每月付息到期还本两种方法进行账户处理）。

（2）购入钢材一批，买价 50 000 元，运杂费 2000 元，现金折扣的条件为 4/10，若企业第 12 天付款（采用净价法核算），若企业第 8 天付款（采用总价法核算）。

（3）购水泥一批，金额 20 000 元，企业签发了一张期限为 5 个月不带息的银行承兑汇票，签发时支付银行承兑手续费 20 元。

（4）假设上述票据到期，企业如期付款。

（5）假设上述票据到期，企业银行存款账户不足支付票款付款。

（6）向银行提取现金 100 000 元，准备发放工资；同日发放工资，并结转代扣养老保险 4000 元，住房公积金 6000 元；当月末进行工资分配：施工生产人员 60 000 元，行政管理人员 30 000 元，施工现场技术管理人员 5000 元，施工机械作业人员工资 3000 元，仓库保管人员 4000 元，医务部门人员 2000 元，辅助生产人员 6000 元。

（三）要求：根据上述业务编制会计分录。

学习情境九 长 期 负 债

学习目标

1. 了解长期负债的概念、特点及内容。
2. 掌握长期借款费用的会计处理方法。
3. 掌握长期借款的核算方法。
4. 掌握债券的发行价格的确定以及债券溢、折价的摊销方法。
5. 掌握应付债券的核算方法。
6. 了解长期应付款的核算内容、方法。

技能目标

1. 能熟练进行长期借款费用的会计处理。
2. 能熟练对长期借款进行会计处理。
3. 能熟练确定债券的发行价格。
4. 能够熟练运用实际利率法进行债券溢、折价的摊销。
5. 能够熟练对应付债券进行会计处理。
6. 能学会进行长期应付款的会计处理。

案例导入

某建筑公司2017年5月1日以98元的价格发行了面值为100元的债券6000万元、利率5%、期限10年。利息于每年5月1日和11月1日支付，债券的溢价或折价采用实际利率法摊销。

你认为，该公司为什么要按98元发行这批债券，而不是按100元的面值发行？换言之，企业发行债券，其发行价格的决定因素有哪些？债券的折价如何摊销？

这个案例是关于企业发行债券的价格如何确定的问题。企业溢价或折价发行债券，是因为市场利率与债券的票面利率不一致造成的；债券折价发行，是因为票面利率低于市场利率，企业为了弥补债权人将来的利息损失，所以发行时在价格上作出了补偿。要解决案例中的问题，就要求我们认真学习有关应付债券核算的相关知识。

本学习情境中，我们主要介绍了企业的长期借款费用、长期借款、应付债券、长期应付款的核算内容与方法。

知识链接

任务一　长期负债概念、特点的认知

长期负债是指偿还期限在一年或超过一年的一个营业周期以上的债务。它是除了投资人

投入的资金以外，企业向债权人筹集，可供企业长期使用的资金。建筑施工企业的长期负债一般可分为长期借款、应付债券和长期应付款三类。

建筑施工企业为了扩大生产经营规模，购置大型设备，进行固定资产的改建、扩建等，需要投入大量长期占用的资金，而企业所拥有的施工生产经营资金，往往无法满足这种需要，如果仅仅等待企业内部形成的资本积累扩大生产规模，很可能使企业丢掉发展的有利时机。因此，企业举借长期借款，是筹集资金的重要方式，是企业扩大生产经营规模的需要。

长期负债不同于流动负债：

（1）长期负债具有借款金额较大，偿还期较长的特点，流动负债借款金额较少，偿还时间较短；

（2）长期负债主要用于扩展经营规模，如添置大型设备、增建或扩建厂房等，而流动负债的主要目的是满足企业对生产经营资金的需要。

企业举借长期借款一般要提供一定财物作保障，并须定期支付数额较大的利息费用。如果企业经营状况欠佳，到期不能还本付息，不仅要承受大数额的罚息，抵押财物也将不能收回，会使企业背上沉重的财务负担。因此，企业在筹集长期资本时，必须权衡得失，选择正确的筹资方法。

任务二 长期借款的核算

一、长期借款概述

1. 长期借款的概念

长期借款，是指企业从银行或其他金融机构借入的偿还期限在一年以上（不含一年）的借款，也包括向其他单位和个人借入的款项。

2. 长期借款的主要用途

（1）企业借入长期借款可以弥补企业流动资金的不足，在某种程度上，还起着施工企业正常施工生产经营所需垫底资金的作用。

（2）企业为了扩大施工生产经营、搞多种经营，需要添置各种机械设备，建造厂房，这些都需要企业投入大量的长期占用的资金，而企业所拥有的经营资金，往往无法满足这种需要，如等待用企业内部形成的积累资金再去购建，则可能丧失企业发展的有利时机。

（3）举借长期借款，可以为投资人带来获利的机会。企业的长期资金主要来自两个方面：一是增加投资人投入的资本金；二是举借长期借款。前者企业要付给投资人利润，而后者只付利息。对投资人而言，举借长期借款往往更有利，因为：

1）企业支付长期借款的利息费用较之付给新投资人的利润要低。

2）目前企业的投资人仍想对企业进行控制，而长期借款并不会改变企业的权益结构，有利于保持原投资人控制企业的权利。

3）长期借款的利息费用，在税前利润中列支，从而使企业在盈利的情况下少交一部分所得税；而付给新投资人的利润则在税后利润中分配。

二、长期借款费用的处理

1. 借款费用的范围

借款费用是企业因借入资金所付出的代价，它包括借款利息、折价或者溢价的摊销、辅助费用以及因外币借款而发生的汇兑差额等。对于企业发生的权益性融资费用，不应包括在借款费用中。

借款包括专门借款和一般借款。专门借款是指为购建或者生产符合资本化条件的资产而专门借入的款项。专门借款通常应当有明确的用途，即为购建或者生产某项符合资本化条件的资产而专门借入的，并通常应当具有标明该用途的借款合同。例如，某房地产开发企业为了开发某住宅小区向某银行专门贷款 2 亿元、某施工企业为了完成承接的某运动场馆建造合同向银行专门贷款 5000 万元等，均属于专门借款，其使用目的明确，而且其使用受与银行签订的相关合同限制。

一般借款是指除专门借款之外的借款，相对于专门借款而言，一般借款在借入时，其用途通常没有特指用于符合资本化条件的资产的购建或者生产。

符合资本化条件的资产是指需要经过相当长时间的购建或者生产活动才能达到预定可使用或者可销售状态的固定资产、投资性房地产和存货等资产。建造合同成本、确认为无形资产的开发支出等在符合条件的情况下，也可以认定为符合资本化条件的资产。

符合资本化条件的存货，主要包括房地产开发企业开发的用于对外出售的房地产开发产品、企业制造的用于对外出售的大型机械设备等，这类存货通常需要经过相当长时间的建造或者生产过程，才能达到预定可销售状态。其中，“相当长时间”应当是指为资产的购建或者生产所必需的时间，通常为 1 年以上（含 1 年）。

发生在不符合资本化条件的资产上的借款费用不能予以资本化。当所购建或生产的资产一旦达到预定可使用或可销售状态之后，发生的借款费用就不能再资本化，而应当计入当期损益。

【案例 9-1】 某公司于 2017 年 1 月 1 日，用银行借款开工建设一幢简易厂房，厂房于当月 25 日完工，达到预定可使用状态。

在本例中，尽管公司借款用于固定资产的购建，但是由于该固定资产建造时间较短，不属于需要经过相当长时间的购建才能达到预定可使用状态的资产，因此，所发生的相关借款费用不应予以资本化计入在建工程成本，而应当根据发生额计入当期财务费用。

【案例 9-2】 甲企业向银行借入资金分别用于生产 A 产品和 B 产品，其中，A 产品的生产时间较短，为 15 天；B 产品属于大型发电设备，生产时间较长，为 1 年零 3 个月。

为生产存货而借入的借款费用在符合资本化条件的情况下应当予以资本化，但本例中，由于 A 产品的生产时间较短，不符合需要经过相当长时间的生产才能达到预定可使用状态的资产，因此，为 A 产品的生产而借入资金所发生的借款费用不应计入 A 产品的生产成本，而应当计入当期财务费用。反之，B 产品的生产时间比较长，属于需要经过相当长时间的生产才能达到预定可销售状态的资产，因此，符合资本化的条件，有关借款费用可以资本化，计入 B 产品的成本中。

2. 借款费用的确认

借款费用的确认主要解决的是将每期发生的借款费用资本化，计入相关资产的成本，还是将有关借款费用费用化，计入当期损益的问题。根据借款费用准则的规定，借款费用确认的基本原则是：企业发生的借款费用，可直接归属于符合资本化条件的资产的购建或者生产的，应当予以资本化，计入相关资产成本；其他借款费用，应当在发生时根据其发生额确认为费用，计入当期损益。

企业只有发生在资本化期间内的有关借款费用，才允许资本化，资本化期间的确定是借款费用确认和计量的重要前提。借款费用资本化期间，是指从借款费用开始资本化时点到停止资本化时点的期间，但不包括借款费用暂停资本化的期间。

（1）借款费用开始资本化的时点。借款费用允许开始资本化必须同时满足三个条件，即资产支出已经发生、借款费用已经发生、为使资产达到预定可使用或者可销售状态所必要的购建或者生产活动已经开始。

1）“资产支出已经发生”的界定。“资产支出已经发生”，是指企业已经发生了支付现金、转移非现金资产或者承担带息债务形式所发生的支出。

2）“借款费用已经发生”的界定。“借款费用已经发生”，是指企业已经发生了因购建或者生产符合资本化条件的资产而专门借入款项的借款费用或者所占用的一般借款的借款费用。

3）“为使资产达到预定可使用或者可销售状态所必要的购建生产活动已经开始”的界定。“为使资产达到预定可使用或者可销售状态所必要的购建或者生产活动已经开始”，是指符合资本化条件的资产的实体建造或者生产工作已经开始，例如主体设备的安装、厂房的实际开工建造等。它不包括仅仅持有资产、但没有发生为改变资产形态而进行的实质上建造或者生产活动。

企业只有在上述三个条件同时满足的情况下，有关借款费用才可开始资本化，只要其中有一个条件没有满足，借款费用就不能开始资本化。

（2）借款费用暂停资本化的时间。符合资本化条件的资产在购建或者生产过程中发生非正常中断，且中断时间连续超过 3 个月的，应当暂停借款费用的资本化。中断的原因必须是非正常中断，属于正常中断的，相关借款费用仍可资本化。

非正常中断，通常是由于企业管理决策上的原因或者其他不可预见的原因等所导致的中断。比如，企业因与施工方发生了质量纠纷，或者施工、生产发生了安全事故，或者发生了与资产购建、生产有关的劳动纠纷等原因，导致资产购建或者生产活动发生中断，均属于非正常中断。

非正常中断与正常中断显著不同。正常中断通常仅限于因购建或者生产符合资本化条件的资产达到预定可使用或者可销售状态所必要的程序，或者事先可预见的不可抗力因素导致的中断。比如，某些工程建造到一定阶段必须暂停下来进行质量或者安全检查，检查通过后才可继续下一阶段的建造工作，这类中断是在施工前可以预见的，而且是工程建造必须经过的程序，属于正常中断。

【案例 9-3】 某企业在北方某地建造某工程期间，遇上冰冻季节（通常为 6 个月），工程施工因此中断，待冰冻季节过后方能继续施工。

由于该地区在施工期间出现较长时间的冰冻为正常情况，由此导致的施工中断是可预见的不可抗力因素导致的中断，属于正常中断。在正常中断期间所发生的借款费用可以继续资本化，计入相关资产的成本。

（3）借款费用停止资本化的时点。购建或者生产符合资本化条件的资产达到预定可使用或者可销售状态时，借款费用应当停止资本化。在符合资本化条件的资产达到预定可使用或者可销售状态之后所发生的借款费用，应当在发生时根据其发生额确认为费用，计入当期损益。购建或者生产符合资本化条件的资产达到预定可使用或者可销售状态，可从下列几个方面进行判断：

1）符合资本化条件的资产的实体建造（包括安装）或者生产工作已经全部完成或者实质上已经完成。

2）所购建或者生产的符合资本化条件的资产与设计要求、合同规定或者生产要求相符或者基本相符，即使有极个别与设计、合同或者生产要求不相符的地方，也不影响其正常使用或者销售。

3）继续发生在所购建或生产的符合资本化条件的资产上的支出金额很少或者几乎不再发生。

所购建或者生产的资产分别建造、分别完工的，企业应当区别情况界定借款费用停止资本化的时点。

所购建或者生产的符合资本化条件的资产的各部分分别完工，且每部分在其他部分继续建造或者生产过程中可供使用或者可对外销售，且为使该部分资产达到预定可使用或可销售状态所必要的购建或者生产活动实质上已经完成的，应当停止与该部分资产相关的借款费用的资本化，因为该部分资产已经达到了预定可使用或者可销售状态。

如果企业购建或者生产的资产的各部分分别完工，但必须等到整体完工后才可使用或者对外销售的，应当在该资产整体完工时停止借款费用的资本化。在这种情况下，即使各部分资产已经完工，也不能够认为该部分资产已经达到了预定可使用或者可销售状态，企业只能在所购建固定资产整体完工时，才能认为资产已经达到了预定可使用或者可销售状态，借款费用方可停止资本化。

3. 借款费用的计量

（1）借款利息资本化金额的确定。在借款费用资本化期间内，每一会计期间的利息（包括折价或溢价的摊销，下同）资本化金额，应当按照下列规定确定：

1）为购建或者生产符合资本化条件的资产而借入专门借款的，应当以专门借款当期实际发生的利息费用，减去将尚未动用的借款资金存入银行取得的利息收入或进行暂时性投资取得的投资收益后的金额，确定为专门借款利息费用的资本化金额，并应当在资本化期间内，将其计入符合资本化条件的资产成本。

2）为购建或者生产符合资本化条件的资产而占用了一般借款的，企业应当根据累计资产支出超过专门借款部分的资产支出加权平均数乘以所占用一般借款的资本化率，计算确定一般借款应予资本化的利息金额。资本化率应当根据一般借款加权平均利率计算确定。有关计算公式如下

一般借款利息费用资本化金额=累计资产支出超过专门借款部分的资产支出加权平均数
×所占用一般借款的资本化率

资产支出加权平均数=Σ（每笔资产支出金额×该笔资产支出在当期所占用的天数/当期天数）

所占用一般借款的资本化率=所占用一般借款加权平均利率
=所占用一般借款当期实际发生的利息之和÷所占用一般借款本金加权平均数

所占用一般借款本金加权平均数=Σ（所占用每笔一般借款本金
×每笔一般借款在当期所占用的天数/当期天数）

3）每一会计期间的利息资本化金额，不应当超过当期相关借款实际发生的利息金额。

【案例 9-4】 某建筑公司于 2017 年 1 月 1 日正式动工兴建一幢办公楼，工期预计为 1 年零 6 个月，工程采用出包方式，分别于 2017 年 1 月 1 日、2017 年 7 月 1 日和 2010 年 1 月 1

日支付工程进度款。

公司为建造办公楼与 2017 年 1 月 1 日专门借款 2000 万元，借款期限为 3 年，年利率为 6%。另外在 2017 年 7 月 1 日又专门借款 4000 万元，借款期限为 5 年，年利率为 7%。借款利息为按年支付。

闲置借款资金均用于固定收益债券短期投资，该短期投资月收益率为 0.5%。

办公楼于 2018 年 6 月 30 日完工，达到预定可使用状态。

公司为建造该办公楼的支出金额见表 9-1。

表 9-1　　建造办公楼支出金额表　　单位：万元

日　期	每期资产支出金额	累计资产支出金额	闲置借款资金用于短期投资金额
2017 年 1 月 1 日	1500	1500	500
2017 年 7 月 1 日	2500	4000	2000
2018 年 1 月 1 日	1500	5500	500
总计	5500	—	3000

由于该建筑公司使用了专门借款建造办公楼，而且办公楼建造支出没有超过专门借款金额，因此公司 2017 年、2018 年为建造办公楼应予资本化的利息金额计算如下。

1）确定借款费用资本化期间为 2017 年 1 月 1 日至 2018 年 6 月 30 日。

2）计算在资本化期间内专门借款实际发生的利息金额：

2017 年专门借款发生的利息金额=2000×6%+4000×7%×6/12=260（万元）

2018 年 1 月 1 日～6 月 30 日

专门借款发生的利息金额=2000×6%×6/12+4 000×7%×6/12=200（万元）

3）计算在资本化期间内利用闲置的专门借款资金进行短期投资的收益：

2017 年短期投资收益=500×0.5%×6+2000×0.5%×6=75（万元）

2018 年 1 月 1 日～6 月 30 日短期投资收益=500×0.5%×6=15（万元）

4）由于在资本化期间内，专门借款利息费用的资本化金额应当以其实际发生的利息费用减去将闲置的借款资金进行短期投资取得的投资收益后的金额确定，因此：

公司 2017 年的利息资本化金额=260–75=185（万元）

公司 2018 年的利息资本化金额=200–15=185（万元）

有关账务处理如下。

2017 年 12 月 31 日

借：在建工程　　1 850 000

　　应收利息（或银行存款）　　750 000

　　贷：应付利息　　2 600 000

2018 年 6 月 30 日

借：在建工程　　1 850 000

　　应收利息（或银行存款）　　150 000

　　贷：应付利息　　2 000 000

【案例 9-5】 沿用[案例 9-4]，假定某建筑公司建造办公楼没有专门借款，占用的都是一般借款。该公司为建造办公楼占用的一般借款有两笔，具体如下：

1）向 A 银行长期贷款 2000 万元，期限为 2016 年 12 月 1 日至 2011 年 12 月 1 日，年利率为 6%，按年支付利息。

2）发行公司债券 1 亿元，于 2016 年 1 月 1 日发行，期限为 5 年，年利率为 8%，按年支付利息。

假定这两笔一般借款除了用于办公楼建设外，没有用于其他符合资本化条件的资产的购建或者生产活动。

假定全年按 360 天计算，其他资料沿用[案例 9-4]。

鉴于该公司建造办公楼没有占用专门借款，而占用了一般借款，因此，公司应当首先计算所占用一般借款的加权平均利率作为资本化率，然后计算建造办公楼的累计资产支出加权平均数，将其与资本化率相乘，计算求得当期应予资本化的借款利息金额。具体如下

1）计算所占用一般借款资本化率。

一般借款资本化率（年）=（2000×6%+10 000×8%）÷（2000+10 000）=7.67%

2）计算累计资产支出加权平均数。

2017 年累计资产支出加权平均数=1500×360/360+2500×180/360=2750（万元）

2018 年累计资产支出加权平均数=（4000+1500）×180/360=2750（万元）

3）计算每期利息资本化金额。

2017 年为建造办公楼的利息资本化金额=2750×7.67%=210.93（万元）

2017 年实际发生的一般借款利息费用=2000×6%+10 000×8%=920（万元）

2018 年为建造办公楼的利息资本化金额=2750×7.67%=210.93（万元）

2018 年 1 月 1 日～6 月 30 日

实际发生的一般借款利息费用=（2000×6%+10 000×8%）×180/360=460（万元）

上述计算的利息资本化金额没有超过两笔一般借款实际发生的利息费用，可以资本化。

4）根据上述计算结果，账务处理如下。

2017 年 12 月 31 日

借：在建工程	2 109 300	
财务费用	7 090 700	
贷：应付利息		9 200 000

2018 年 6 月 30 日

借：在建工程	2 109 300	
财务费用	2 490 700	
贷：应付利息		4 600 000

（2）借款辅助费用资本化金额的确定。

辅助费用是企业为了安排借款而发生的必要费用，包括借款手续费（如发行债券手续费）、佣金等。如果企业不发生这些费用，就无法取得借款，因此辅助费用是企业借入款项所付出的一种代价，是借款费用的有机组成部分。

对于企业发生的专门借款辅助费用，在所购建或者生产的符合资本化条件的资产达到预定可使用或者可销售状态之前发生的，应当在发生时根据其发生额予以资本化；在所购建或

者生产的符合资本化条件的资产达到预定可使用或者可销售状态之后发生的，应当在发生时根据其发生额确认为费用，计入当期损益。上述资本化或计入当期损益的辅助费用的发生额，是根据《企业会计准则第 22 号——金融工具确认和计量》，按照实际利率法所确定的金融负债交易费用对每期利息费用的调整额。借款实际利率与合同利率差异较小的，也可以采用合同利率计算确定利息费用。一般借款发生的辅助费用，也应当按照上述原则确定其发生额并进行处理。

三、长期借款的核算

1. 应设置的账户

为了核算和监督企业长期借款的借入和归还情况，建筑施工企业应设置“长期借款”账户。本账户属于负债类账户，贷方登记借入的长期借款的本金和利息；借方登记归还的长期借款本金和利息；期末贷方余额反映企业尚未归还的长期借款本息。本账户按贷款单位和贷款种类，分“本金”、“利息调整”等进行明细核算。

2. 账务处理

企业借入各种长期借款时，按实际收到的款项，借记“银行存款”科目,贷记“长期借款——本金”；按借贷双方之间的差额，借记“长期借款——利息调整”。

在资产负债表日，企业应按长期借款的摊余成本和实际利率计算确定的长期借款的利息费用，借记“在建工程”“财务费用”“工程施工”等科目，按借款本金和合同利率计算确定的应付未付利息，贷记“应付利息”科目,按其差额，贷记“长期借款——利息调整”科目。

企业归还长期借款，按归还的长期借款本金，借记“长期借款——本金”科目，按转销的利息调整金额，贷记“长期借款——利息调整”科目，按实际归还的款项，贷记“银行存款”科目，按借贷双方之间的差额，借记“在建工程”“财务费用”“工程施工”等科目。

【案例 9-6】 某建筑企业为建造一幢厂房，2016 年 1 月 1 日借入期限为两年的长期专门借款 1 000 000 元，款项已存入银行。借款利率按市场利率确定为 9%，每年付息一次，期满后一次还清本金。2016 年初，以银行存款支付工程价款共计 600 000 元，2017 年初又以银行存款支付工程费用 400 000 元。该厂房于 2017 年 8 月底完工，达到预定可使用状态。假定不考虑闲置专门借款资金存款的利息收入或者投资收益。根据上述业务编制有关会计分录如下

（1）2016 年 1 月 1 日，取得借款时。

借：银行存款　　1 000 000

　　贷：长期借款　　1 000 000

（2）2016 年初，支付工程款时。

借：在建工程　　600 000

　　贷：银行存款　　600 000

（3）2016 年 12 月 31 日，计算 2016 年应计入工程成本的利息时。

借款利息=1 000 000×9%=90 000（元）

借：在建工程　　90 000

　　贷：应付利息　　90 000

（4）2016 年 12 月 31 日支付借款利息时。

借：应付利息　　90 000

　　贷：银行存款　　90 000

（5）2017 年初支付工程款时。

借：在建工程　　400 000

　　贷：银行存款　　400 000

（6）2017 年 8 月底达到预定可使用状态，该期应计入工程成本的利息=（1 000 000×9%÷12）×8=60 000（元）。

借：在建工程　　60 000

　　贷：应付利息　　60 000

同时，

借：固定资产　　1 150 000

　　贷：在建工程　　1 150 000

（7）2017 年 12 月 31 日，计算 2017 年 9～12 月应计入财务费用的利息。（1 000 000× 9%÷12）×3=30 000（元）

借：财务费用　　30 000

　　贷：应付利息　　30 000

（8）2017 年 12 月 31 日支付利息时。

借：应付利息　　90 000

　　贷：银行存款　　90 000

（9）2018 年 1 月 1 日到期还本时。

借：长期借款　　1 000 000

　　贷：银行存款　　1 000 000

【案例 9-7】 某建筑公司于 2010 年 1 月 1 日正式动工兴建一栋办公楼，工期预计为 1 年零 6 个月，工程采用出包方式，每月 1 日支付工程进度款。公司为建造办公楼于 2010 年 1 月 1 日取得专门借款本金 2000 万元，借款期限为 2 年，票面年利率为 6%，每年 1 月 1 日支付上年的利息，到期时归还本金和最后一次利息，实际收到款项 1992.69 万元，实际利率为 6.2%。2010 年 1 月 1 日～4 月 30 日期间发生的专门借款的利息收入为 10 万元。2010 年 4 月 30 日～8 月 31 日发生的专门借款的利息收入 12 万元。2010 年 9 月 1 日～12 月 31 日发生的专门借款的利息收入 4 万元。 公司按年计算应予资本化的利息金额。工程项目于 2011 年 6 月 30 日达到预定可使用状态。2011 年没有发生专门借款的利息收入。2012 年 1 月 1 日该公司偿还上述专门借款并支付最后一次利息。

因发生质量纠纷，该工程项目于 2010 年 4 月 30 日～2010 年 8 月 31 日发生中断。

（1）计算 2010 年利息资本化金额。2010 年 1 月 1 日～2010 年 4 月 30 日利息资本化金额=1992.69×6.2%×4/12−10=31.18（万元）

2010 年 4 月 30 日～2010 年 8 月 31 日应暂停资本化。

2010 年 9 月 1 日～12 月 31 日专门借款利息资本化金额=1992.69×6.2%×4/12−4=37.18（万元）

2010 年利息资本化金额=31.18+37.18=68.36（万元）

（2）2010 年 1 月 1 日“长期借款——利息调整”的发生额=2000−1992.69=7.31（万元）

2010 年摊销=1992.69×6.2%−2000×6%=3.55（万元）

2011 年应摊销的金额=7.31−3.55=3.76（万元）

2011 年应确认的利息费用=2000×6%+3.76=123.76（万元）

其中应计入在建工程的金额=123.76×6/12=61.88（万元）

应计入财务费用的金额=123.76×6/12=61.88（万元）

（3）各年具体情况如下：

1）2010 年 1 月 1 日取得专门借款

借：银行存款 1992.69
　　长期借款——利息调整 7.31
　　贷：长期借款——本金 2000

2）2010 年 12 月 31 日计提利息和取得利息收入

借：银行存款 26（10+12+4）
　　在建工程 68.36
　　财务费用 29.19（差额）
　　贷：应付利息 120（2000×6%）
　　　长期借款——利息调整 3.55

3）2011 年 1 月 1 日支付利息

借：应付利息 120
　　贷：银行存款 120

4）2011 年 12 月 31 日计提利息和取得利息收入

借：在建工程 61.88
　　财务费用 61.88
　　贷：应付利息 120（2000×6%）
　　　长期借款——利息调整 3.76

5）2012 年 1 月 1 日

借：长期借款——本金 2000
　　应付利息 120（2 000×6%）
　　贷：银行存款 2120

任务三　应付债券的核算

一、应付债券概述

应付债券是指企业按照法定程序对外发行，约定在一定期限内还本付息的有价证券。它是建筑施工企业筹建长期资金的一种重要方式。

我国《证券法》第十六条规定，净资产不低于人民币 3000 万元的股份有限公司，净资产不低于人民币 6000 万元的有限责任公司，为筹集生产经营用资金，经国务院证券监督管理机构批准，可依法发行公司债券。发行公司债券筹集的资金，必须用于审批机关批准的用途，如购建固定资产、弥补流动资金等，不得用于弥补亏损和非生产性支出。

企业发行的各种债券统称为公司债券，它代表持券人同企业之间的债权债务关系。持券人可按期或到期取得固定利息，到期收回本金。与股票持有人相比，债券持有人无权参与企业经营管理，无权分享企业利润，同时不承担企业经营亏损的责任。

公司以实物券方式发行公司债券的，必须在债券上注明下列内容：

（1）企业的名称、住所；

（2）债券的票面额，即债券的面值或本金；

（3）债券的票面利率，简称利率；

（4）债券还本付息的期限和方式，即发行债券支付的利息，是采用到期一次还本付息的方式，还是采用在债券发行期内分期付息的方式，若采用分期付息，则应在债券上注明付息日；

（5）债券的发行日期和编号；

（6）发行企业的印鉴和企业法定代表人签章；

（7）审批机关批准发行的文号。

企业发行的各种债券按不同的标准可作不同的分类。

（1）债券按其有无担保，分为抵押债券和信用债券。抵押债券以发行企业的特定财产为担保物。信用债券是单凭企业的信用，凭信托契约发行的债券，没有特定的抵押财产为担保品，一般由信用较好、盈利水平较高的企业发行。

（2）债券按其偿还的方式不同，分为到期一次偿还债券和分期偿还债券。

（3）债券按是否记名，分为记名债券和无记名债券。记名债券将债权人的姓名登记在债券名册上，还本付息时，根据名册付款，债券转让须办理过户手续。无记名债券，债券附有息票，企业见票还本付息。

（4）按是否可转换为股票，分为可转换债券和不可转换债券。

（5）债券按发行的价格不同，分为面值发行、溢价发行和折价发行。

二、债券发行价格的计算

企业会计制度规定，发行债券的企业，应当按照实际发行的价格总额，作负债处理。债券的发行价格与面值可能一致，也可能不一致，这是由于债券票面上所规定的票面利率与债券发行时的市场利率不一致所造成的。票面利率又称为名义利率，是债券票面上设定的利率，而市场利率则是债券发行者实际承担的利率，也成为实际利率。

若是分期付息到期还本的债券，则它的发行价格是债券到期时偿还的债券面值以发行时的市场利率计算的现值加上债券按名义利率计算的各期应付利息的年金现值之和。可用下列公式表示

债券发行价格=债券面值按市场利率的折现值＋各期定额债券利息按市场利率的折现值

=面值×（P/F，i,n）＋面值×票面利率×（P/A，i,n）

式中 i——债券实际利率；

n——债券计息期数。

其中：（P/F，i,n）$=(1+i)^{-n}$ 为复利现值系数；

（P/F，i,n）$=\dfrac{1-(1+i)^{-n}}{i}$ 为年金现值系数。

若是到期一次还本付息的债券，它的发行价格的计算公式为

债券发行价格=［面值×（1＋票面利率×计息期数）］×（P/F，i,n）

【案例 9-8】 某建筑施工企业与 2017 年 1 月 1 日发行面值为 1000 元，三年期债券 1000 张，票面利率为 12%，每年计息一次。试确定债券的发行价格。

（1）实际利率为 14%时

分期付息到期还本债券发行价格=1 000 000×0.675+120 000×2.322=953 640（元）。

到期一次还本付息债券发行价格=[1 000 000+（1+12%×3）]×0.675=918 000（元）。

可见，当债券票面利率低于实际利率时，债券发行价格低于票面值。

（2）实际利率为10%时

分期付息到期还本债券发行价格=1 000 000×0.751+120 000×2.487=1 049 440（元）。

到期一次还本付息债券发行价格=（1 000 000+（1+12%×3））×0.751=1 021 360（元）。

可见，当债券票面利率大于实际利率时，债券发行价格高于票面值。

（3）实际利率为12%时

分期付息到期还本债券发行价格=1 000 000×0.712+120 000×2.402

=1 000 240 元

≈1 000 000 元

到期一次还本付息债券发行价格=（1 000 000+（1+12%×3））×0.712=968 320（元）。

可见，当债券票面利率等于实际利率时，分期付息到期还本债券发行价格等于票面值。

由上可知，公司债券的发行方式有三种，即面值发行、溢价发行、折价发行。假设其他条件不变，债券的票面利率高于同期银行存款利率时，可按超过债券票面价值的价格发行，称为溢价发行。溢价是企业以后各期多付利息而事先得到的补偿；如果债权的票面利率低于同期银行存款利率，可按低于债券面值的价格发行，称为折价发行。折价是企业以后各期少付利息而预先给投资者的补偿。如果债券的票面利率与同期银行存款利率相同，可按票面价格发行，称为面值发行。溢价或折价是发行债券企业在债券存续期间内对利息费用的一种调整。

三、债券溢价与债券折价的摊销

债券溢价发行和债券折价发行是由于债券票面利率与实际利率不同造成的，溢价和折价并不是债券发行的收益和损失，而是对利息费用的调整。债券溢价是债券发行企业由于以后各期向投资者多付利息的预先收回，这部分多收的款项，通过债券溢价的摊销冲减以后各期多付的利息；债券折价是债券发行企业由于以后各期向投资者少付利息的预先补偿，这部分少收的款项，通过债券折价的摊销增加以后各期少付的利息。

随着溢价或折价的逐期摊销：

（1）使各期的利息费用经过调整而接近于按债券发行时的市场利率计算的利息额；

（2）使债券的账面价值逐渐接近债券面值，债券到期，溢价或折价均摊销完毕，应付债券的账面价值与债券的面值相等。

债券溢价和债券折价的摊销按实际利率法进行。实际利率法是指按照应付债券的实际利率计算其摊余成本及各期利息费用的方法；实际利率是指将应付债券在债券存续期间的未来现金流量，折现为该债券当前账面价值所使用的利率。实际利率法下，每期摊销额的计算公式如下

应计利息=应付债券面值×票面利率

实际利息=应付债券账面价值×实际利率

摊销额=应计利息–实际利息

四、应付债券的核算

1. 一般公司债券

（1）应设置的账户。为了核算和监督建筑施工企业为筹集资金而发行的债券的面值、溢价、折价及应付的利息，应设置“应付债券”账户。本账户下设置“面值”、“利息调整”、“应

计利息”三个明细账户进行明细分类核算。

无论债券是按面值发行，还是溢价发行或折价发行，均按债券面值记入“应付债券”科目的“面值”明细科目，实际收到的款项与面值的差额，记入“利息调整”明细科目。企业发行债券时，按实际收到的款项，借记“银行存款”、“库存现金”等科目，按债券票面价值，贷记“应付债券——面值”科目，按实际收到的款项与票面价值之间的差额，贷记或借记“应付债券——利息调整”科目。

资产负债表日，对于分期付息、一次还本的债券，企业应按应付债券的摊余成本和实际利率计算确定的债券利息费用，借记“在建工程”、“工程施工”、“财务费用”等科目，按票面利率计算确定的应付未付利息，贷记“应付利息”科目，按其差额，借记或贷记“应付债券——利息调整”科目。

企业发行债券时，如果发行费用大于发行期间冻结资金所产生的利息收入，按二者的差额，根据发行债券所筹资金的用途，属于用于专项固定资产的，按照借款费用资本化的处理原则处理，属于其他用途的，计入当期财务费用。如果发行费用小于发行期间冻结资金所产生的利息收入，按二者的差额，视同发行债券的溢价收入，在债券存续期间于计提利息时摊销。

（2）主要账务处理。

【案例 9-9】 2013 年 12 月 31 日，某建筑公司经批准发行 5 年期一次还本、分期付息的公司债券 10 000 000 元，债券利息在每年 12 月 31 日支付，票面利率为年利率 6%。假定债券发行时的市场利率为 5%。

公司该批债券实际发行价格为

10 000 000×0.7835+10 000 000×6%×4.3295=10 432 700（元）

该公司根据上述资料，采用实际利率法和摊余成本计算确定的利息费用，见表 9-2。

表 9-2　　利息费用一览表　　单位：元

付息日期	支付利息	利息费用	摊销的利息调整	应付债券摊余成本
2013 年 12 月 31 日				10 432 700.00
2014 年 12 月 31 日	600 000	521 635.00	78 365.00	10 354 335.00
2015 年 12 月 31 日	600 000	517 716.75	82 283.25	10 272 051.75
2016 年 12 月 31 日	600 000	513 602.59	86 397.41	10 185 654.34
2017 年 12 月 31 日	600 000	509 282.72	90 717.28	10 094 937.06
2018 年 12 月 31 日	600 000	505 062.94*	94 937.06	10 000 000.00

* 尾数调整。

根据表 9-2 的资料，甲公司的账务处理如下

1）2013 年 12 月 31 日发行债券时。

借：银行存款　　10 432 700

　　贷：应付债券——面值　　10 000 000

　　　　　　　　——利息调整　　432 700

2）2014 年 12 月 31 日计算利息费用时。

借：财务费用等　　521 635

应付债券——利息调整　78 365

贷：应付利息　600 000

2015 年、2016 年、2017 年确认利息费用的会计处理同 2010 年。

3）2018 年 12 月 31 日归还债券本金及最后一期利息费用时。

借：财务费用等　505 062.94

应付债券——面值　10 000 000

——利息调整　94 937.06

贷：银行存款　10 600 000

对于一次还本付息的债券，应于资产负债表日按摊余成本和实际利率计算确定的债券利息费用，借记“在建工程”“工程施工”“财务费用”等科目，按票面利率计算确定的应付未付利息，贷记“应付债券——应计利息”科目，按其差额，借记或贷记“应付债券——利息调整”科目。

（3）债券的偿还。企业发行的债券通常分为到期一次还本付息或一次还本、分期付息两种。采用一次还本付息方式的，企业应于债券到期支付债券本息时，借记“应付债券——面值、应计利息”科目，贷记“银行存款”科目。采用一次还本、分期付息方式的，在每期支付利息时，借记“应付利息”科目，贷记“银行存款”科目；债券到期偿还本金并支付最后一期利息时，借记“应付债券——面值”“在建工程”“财务费用”“工程施工”等科目，贷记“银行存款”科目，按借贷双方之间的差额，借记或贷记“应付债券——利息调整”科目。

2. 可转换公司债券

我国发行可转换公司债券采取记名式无纸化发行方式。企业发行的可转换公司债券在“应付债券”科目下设置“可转换公司债券”明细科目核算。

企业发行的可转换公司债券，应当在初始确认时将其包含的负债成分和权益成分进行分拆，将负债成分确认为应付债券，将权益成分确认为资本公积。在进行分拆时，应当先对负债成分的未来现金流量进行折现确定负债成分的初始确认金额，再按发行价格总额扣除负债成分初始确认金额后的金额确定权益成分的初始确认金额。发行可转换公司债券发生的交易费用，应当在负债成分和权益成分之间按照各自的相对公允价值进行分摊。企业应按实际收到的款项，借记“银行存款”等科目，按可转换公司债券包含的负债成分面值，贷记“应付债券——可转换公司债券（面值）”科目，按权益成分的公允价值，贷记“资本公积——其他资本公积”科目，按借贷双方之间的差额，借记或贷记“应付债券——可转换公司债券（利息调整）”科目。

【案例 9-10】 某建筑公司经批准于 2015 年 1 月 1 日按面值发行 5 年期一次还本付息的可转换公司债券 200 000 000 元，款项已收存银行，债券票面年利率为 6%。债券发行 1 年后可转换为普通股股票，初始转股价为每股 10 元，股票面值为每股 1 元。债券持有人若在当期付息前转换股票的，应按债券面值和应计利息之和除以转股价，计算转换的股份数。假定 2008 年 1 月 1 日债券持有人将持有的可转换公司债券全部转换为普通股股票，该公司发行可转换公司债券时二级市场上与之类似的没有附带转换权的债券市场利率为 9%。公司的账务处理如下

（1）2015 年 1 月 1 日发行可转换公司债券时。

借：银行存款　200 000 000

应付债券——可转换公司债券（利息调整）　23 343 600

贷：应付债券——可转换公司债券（面值）　　200 000 000
　　资本公积——其他资本公积　　23 343 600

可转换公司债券负债成分的公允价值为

200 000 000×0.6499+200 000 000×6%×3.8897=176 656 400（元）

可转换公司债券权益成分的公允价值为

200 000 000–176 656 400=23 343 600（元）

（2）2015 年 12 月 31 日确认利息费用时。

借：财务费用等　　15 899 076
　　贷：应付债券——可转换公司债券（应计利息）　　12 000 000
　　　　　　　　——可转换公司债券（利息调整）　　3 899 076

（3）2016 年 1 月 1 日债券持有人行使转换权时。

转换的股份数为

（200 000 000+12 000 000）/10=21 200 000（股）

借：应付债券——可转换公司债券（面值）　　200 000 000
　　　　　　——可转换公司债券（应计利息）　　12 000 000
　　资本公积——其他资本公积　　23 343 600
　　贷：股本　　21 200 000
　　　　应付债券——可转换公司债券（利息调整）　　19 444 524
　　　　资本公积——股本溢价　　194 699 076

企业发行附有赎回选择权的可转换公司债券，其在赎回日可能支付的利息补偿金，即债券约定赎回期届满日应当支付的利息减去应付债券票面利息的差额，应当在债券发行日至债券约定赎回届满日期间计提应付利息，计提的应付利息，分别计入相关资产成本或财务费用。

任务四　长期应付款的核算

长期应付款，是指企业除长期借款和应付债券以外的其他各种长期应付款项，包括应付融资租入固定资产的租赁费、以分期付款方式购入固定资产发生的应付款项等。

一、应付融资租入固定资产的租赁费

企业采用融资租赁方式租入的固定资产，应在租赁期开始日，将租赁开始日租赁资产公允价值与最低租赁付款额现值两者中较低者，加上初始直接费用，作为租入资产的入账价值，借记“固定资产”等科目，按最低租赁付款额，贷记“长期应付款”科目，按发生的初始直接费用，贷记“银行存款”等科目，按其差额，借记“未确认融资费用”科目。

企业在计算最低租赁付款额的现值时，能够取得出租人租赁内含利率的，应当采用租赁内含利率作为折现率；否则，应当采用租赁合同规定的利率作为折现率。企业无法取得出租人的租赁内含利率且租赁合同没有规定利率的，应当采用同期银行贷款利率作为折现率。租赁内含利率，是指在租赁开始日，使最低租赁收款额的现值与未担保余值的现值之和等于租赁资产公允价值与出租人的初始直接费用之和的折现率。

未确认融资费用应当在租赁期内各个期间进行分摊。企业应当采用实际利率法计算确认当期的融资费用。

二、具有融资性质的延期付款购买资产

企业购买资产有可能延期支付有关价款。如果延期支付的购买价款超过正常信用条件，实质上具有融资性质的，所购资产的成本应当以延期支付购买价款的现值为基础确定。实际支付的价款与购买价款的现值之间的差额，应当在信用期间内采用实际利率法进行摊销，计入相关资产成本或当期损益。具体来说，企业购入资产超过正常信用条件延期付款实质上具有融资性质时，应按购买价款的现值，借记“固定资产”、“在建工程”等科目，按应支付的价款总额，贷记“长期应付款”科目，按其差额，借记“未确认融资费用”科目。

知识梳理与小结

施工企业的长期负债包括长期借款、应付债券和长期应付款等。施工企业持有的长期负债中，长期借款是指企业向银行或其他金融机构借入的期限在 1 年以上(不含 1 年)的各项借款。长期借款应当以实际发生额入账。应付债券是指企业为筹集长期资金而实际发行的债券及应付的利息，它是施工企业筹集长期资金的一种重要方式，属于其他金融负债。

应付债券是指企业为筹集长期资金而实际发行的债券及应付的利息，它是施工企业筹集长期资金的一种重要方式，属于其他金融负债。

长期应付款是指施工企业除长期借款和应付债券以外的其他各种长期应付款，包括应付融资租入固定资产的租赁费，采用补偿贸易方式下引进国外设备价款等。

复习思考题

1．非流动负债包括哪些内容？如何进行账务处理？

2．什么是借款费用？借款费用如何处理？

3．长期借款费用资本化的时间和范围如何确定？

4．债券发行价格是如何确定的？什么情况下该平价发行？什么情况下该溢价发行？什么情况下该折价发行？

5．债券的溢价和折价如何处理？

实 训 练 习 题

练习题一

（一）目的：练习长期借款的账务处理。

（二）资料：某建筑施工企业为构建固定资产，向银行借款 500 000 元，存入银行。借款期限 3 年，年利率 8%，每年年底计息，到期还本付息（单利计息）。第一年支付工程款 500 000 元，一年后完工交付使用，并办理完竣工决算手续。

（三）要求：编制有关会计分录。

练习题二

（一）目的：练习应付债券的核算。

（二）资料：某建筑施工企业因生产经营需要，发行面值为 1200 元，两年期债券 1000

张，债券票面年利率 8%，每年计息一次，单利计息，到期还本付息。

（三）要求：

（1）若债券的发行价格为 1200 元，编制有关会计分录。

（2）若债券的发行价格为 1180 元，编制有关会计分录。

（3）若债券的发行价格为 1230 元，编制有关会计分录。

学习情境十　所有者权益

学习目标

1. 掌握所有者权益的定义。
2. 掌握所有者权益与债权人权益的区别。
3. 掌握所有者权益内容及各项增减变化的账务处理方法。

技能目标

1. 能进行实收资本的核算。
2. 能进行资本溢价的核算。
3. 能进行盈余公积的核算。
4. 能进行未分配利润的核算。

案例导入

2011 年 3 月 10 日甲、乙、丙三位投资者各出资 50 万组建海虹公司，经过两年的经营，2013 年又有新的投资者丁加入，经协商，四位投资者在公司所占股份均为 25%，丁的出资额为 80 万元。

这是一项吸收投资者投资的经济业务，对这项经济业务的处理首先要解决的问题是企业收到的实收资本是多少？按出资各方在公司所占股份，本次企业的实收资本应为 50 万元，多余的 30 万元应作为资本溢价，记入资本公积。

本章主要介绍所有者权益的四个构成部分：实收资本、资本公积，盈余公积和未分配利润。所有者权益是企业资产除负债以外的另一个来源，负债和所有者权益构成企业的全部资产。

知识链接

任务一　所有者权益概述

一、所有者权益的概念

所有者权益是指企业资产扣除负债后由所有者享有的剩余权益。公司的所有者权益又称为股东权益。所有者权益的来源包括所有者投入的资产、直接计入所有者权益的利润和损失、留存收益等。所有者权益可分为实收资本、资本公积、盈余公积和未分配利润等部分，其中盈余公积和未分配利润统称为留存收益。

所有者权益同会计报表的其他五大要素均有着密切的联系。首先，所有者拥有的对企业净资产的要求权，是建立在投资者投入企业资本多少的基础之上，恰恰是所有者投入的资本形成了企业赖以生产经营的最基本的启动资产；其次，企业为扩大经营规模或为了支付相关费用或其他原因而向银行、其他企业或个人举债，这种负债经营的情况，也要根据所有者权益的状况及企业生产经营的需要研究决定；另外，企业收入的取得、费用的开支、利润的赚取及分配，无不同所有者权益的情况相联系。

所有者权益和负债共同构成企业全部资产的来源。因此，企业权益包括所有者权益和债权人权益，所有者和债权人都是企业资产的提供者。两者对企业的资产都有相应的要求权。但是，所有者权益与债权人权益相比，两者之间又存在着明显区别。

（1）偿还的期限不同。对于所有者而言，在企业持续经营的情况下，除按法律程序减资外，一般不能提前撤回投资；而企业的负债有约定的偿还日期，必须到期偿还。

（2）享有的权利不同。所有者作为企业的投资人有权参与企业的经营决策并享受利润分配；而债权人则只有要求企业还本付息的权利，无权分配企业的盈利。

（3）权益的性质不同。所有者权益是对企业剩余资产的要求权，债权人权益则是债权人对企业全部资产的要求权，因此，债权人对企业资产的要求权优先于所有者对企业资产的要求权，即企业一旦破产清算，企业必须首先清偿所有债务，然后才能把剩余资产按出资比例在所有者之间进行分配。

（4）承担的风险不同。所有者能获得多少收益，要视企业的盈利水平和利润分配政策而定，风险较大：而债权人的本息到期可以收回，而且一般是预先就确定利率，企业无论盈利与否，均应按期还本付息，风险较小。

二、所有者权益的内容

所有者权益按其构成包括实收资本、资本公积和留存收益。

（1）实收资本是企业的投资者按照企业章程或合同、协议的约定，实际投入企业的资本。实收资本按照投入资产形式的不同，可以分为货币投资、实物投资和无形资产投资等。实收资本按照投资者性质的不问，可以分为国家投入资本、注入投入资本、外商投入资本和个人投入资本等。

（2）资本公积是企业收到的投资超过其在企业注册资本中所占份额的投资，以及直接计入所有者权益的利得和损失。直接计入所有者权益的利得和损失是指不应计入当期损益，会导致所有者权益发生增减变动的，与所有者投入资本或者向所有者分配利润无关的利得或损失。资本公积主要包括资本溢价、采取权益法核算的长期股权投资、以权益结算的股份支付、存货或自用房地产转换为投资性房地产、可供出售金融资产公允价值的变动、金融资产重分类等。

（3）留存收益是指企业通过其生产经营活动而创造积累的，尚未分配给投资者的净利润，包括盈余公积和未分配利润。

任务二　实　收　资　本

一、实收资本的概念

根据我国有关法律规定，投资者设立企业首先必须投入资本。实收资本是投资者按照公司章程或合同、协议的约定实际投入企业的资本。投资者向企业投入的资本，在一般情况下无需偿还，可以长期周转使用。实收资本的构成比例，即投资者的出资比例，通常是确定投资者在企业所有者权益中所占的份额和参与企业财务经营决策的基础，也是企业进行利润分配的依据，同时还是企业清算时确定投资者对冲资产的要求权的依据。

特别提示：目前，我国实行注册资本制度。企业实收资本应当与其注册资本相一致。企业收到投资者投入企业的资本时，必须聘请注册会计师验资，出具验资报告，并由企业签发出资证明，以保护债权人和各方投资者的合法权益。投资者投入资金后，不允许抽回资金。在经营过程中，实收资本的变动受到法律法规的约束。如果出现实收资本比原注册资金数额增减超过20%的情况，应持资金使用证明或物资证明，向原登记主管机关申请变更登记。投资者投入资本未经办理一定的减资手续，不得以任何形式减少或抽回。

我国《民法通则》规定，设立企业法人必须要有必要的时产；我国《企业法人登记管理条例》规定，企业申请开业，必须具备符合国家规定并与其生产经营和服务规模相适应的资金数额；我国《公司法》规定，在有限责任公司中，以生产经营或商品批发为主的，其注册资本不得少于50万元，以商业零售为主的，其注册资本不得少于30万元，科技开发、咨询、服务性公司，其注册资本不得少于10万元，而股份有限公司注册资本的最低限额为1000万元。

这里出现了三个概念，一是注册资本，二是实收资本，三是投入资本。这三者之间有什么关系呢？注册资本是企业在工商登记机关登记的投资者缴纳的出资额。我国设立企业采用注册资本制，投资者出资达到法定注册资本要求是企业设立的先决条件，而且根据注册资本的要求，企业会计核算中的实收资本即为法定资本，应当与注册资本相一致，企业不得擅自改变注册资本数额或抽逃资金。投入资本是投资者作为资本实际投入到企业的资金数额，一般情况下，投资者投入资本，即构成企业的实收资本，也正好等于其在登记机关的注册资本。但是，在一些特殊情况下，投资者也会因种种原因超额投入（如溢价发行股票等），从而使得其投入资本超过企业注册资本。在这种情况下，企业进行会计核算时，应单独核算，计入资本公积。在国外，不少国家将其称之为“额外投入资本”或者“超面额缴入资本”等。

二、实收资本的核算方法

施工企业应设置“实收资本”账户来核算和监督投资者投入资本的增减变化情况，该账户属于所有者权益类账户，其贷方登记企业实际收到的投资者投入的各种资本的数额以及由资本公积和盈余公积转增的资本数额；借方登记企业按法定程序经批准减资或冲销的资本数额；期末贷方余额反映企业的资本数额。本科目应按投资人设置明细账进行明细分类核算。投资人向企业投入资本的出资方式有货币资金、实物资产和无形资产等形式，出资方式不同，会计处理方法也不尽相同。

1．接受投资

（1）投资者以货币资金投资。企业收到货币资金投资时，应按实际收到或存入开户银行的金额和日期，作为记账依据，借记“银行存款”账户，贷记“实收资本”账户。根据《公司法》规定，有限责任公司股东的货币出资金额不得低于其注册资本的30%。

【案例10-1】 2014年2月4日，兴发建筑安装工程公司收到国家拨入资本1 500 000元和甲公司投入资金500 000元，已存入银行。

2014年2月4日，收到投资时，作如下会计分录。

借：银行存款　　　　　　　　　　　　　　　　　2 000 000
　贷：实收资本——国家资本金　　　　　　　　　　　1 500 000
　　　　　　　——法人资本金（甲公司）　　　　　　500 000

（2）投资者以实物资产投资。以实物资产投资时应根据评估确认或合同、协议约定的价值作为投入的资本额。企业接受实物资产投资，应在办理实物资产移交手续时，借记“固定资产”、“原材料”等账户，贷记“实收资本”账户。

【案例 10-2】 2014 年 2 月 4 日，兴发建筑安装工程公司收到乙公司投入的一台设备，经协商确认价值 3 000 000 元，该设备经验收投入使用。

2014 年 2 月 4 日，收到投资时，作如下会计分录。

借：固定资产　　　　　　　　　　　　　　　　　3 000 000
　　应交税费——应交增值税（进项税额）　　　　　510 000
　贷：实收资本——法人资本金（乙公司）　　　　　　3 510 000

（3）投资者以无形资产投资。企业接受无形资产投资，应按照合同、协议或公司章程规定，在移交有关凭证时，借记“无形资产”账户，贷记“实收资本”账户。

【案例 10-3】 2014 年 2 月 4 日，兴发建筑安装工程公司收到丙公司投资的专利权一项，经双方协商确认价值为 200 000 元。

2014 年 2 月 4 日，收到投资时，作如下会计分录。

借：无形资产　　　　　　　　　　　　　　　　　200 000
　贷：实收资本——法人资本金（丙公司）　　　　　　200 000

2. 实收资本变动的核算

我国有关法律规定，实收资本除了下列情况外，不得随意变动：一是符合增资条件，并经有关部门批准增资；二是企业按法定程序报经批准减少注册资本。

（1）企业增资的核算。在企业按规定接受投资者额外投入实现增资时，企业应当按实际收到的款项或其他资产，借记“银行存款”“固定资产”等账户，按增加的实收资本金额，贷记“实收资本”账户，按照两者之间的差额，贷记“资本公积——资本溢价”账户。在企业采用资本公积转增资本时，企业应按照转增的资本金额，借记“资本公积”账户，贷记“实收资本”账户。在企业采用盈余公积转增资本时，企业应按照转增的资本金额，借记“盈余公积”账户，贷记“实收资本”账户。

特别提示：企业增加资本的途径：将资本公积转为实收资本，将盈余公积转为实收资本，所有者（包括原企业所有者和新投资者）投入。

【案例 10-4】 2013 年 2 月 4 日，兴发建筑安装工程公司为扩大经营规模，经批准按原出资比例将资本公积 500 000 元转增资本。该公司由国家、甲、乙、丙四方出资者共同投资建立，原注册资本为 2 500 000 元，出资额分别为 1 500 000 元、500 000 元、300 000 元、200 000 元。

2013 年 2 月 4 日，转增资本时，作如下会计分录。

借：资本公积　　　　　　　　　　　　　　　　　500 000
　贷：实收资本——国家资本　　　　　　　　　　　　300 000
　　　　　　　——法人资本（甲公司）　　　　　　　100 000
　　　　　　　——法人资本（乙公司）　　　　　　　60 000
　　　　　　　——法人资本（丙公司）　　　　　　　40 000

【案例 10-5】 2015 年 2 月 4 日，兴发建筑安装工程公司为扩大经营规模，经批准按原出资比例将盈余公积 250 000 元转增资本。

2015 年 2 月 4 日，转增资本时，作如下会计分录。

借：盈余公积 250 000
　　贷：实收资本——国家资本 150 000
　　　　　　　——法人资本（甲公司） 50 000
　　　　　　　——法人资本（乙公司） 30 000
　　　　　　　——法人资本（丙公司） 20 000

（2）企业减资的核算。实收资本减少的原因主要有两个：一是资本过剩；二是企业发生重大亏损而需要减少实收资本。企业因资本过剩而减资，一般要发还投资款。有限责任公司和一般企业按照法定程序报经批准减少注册资本发还投资的，应在实际发还投资时按照减资金额，借记“实收资本”账户，贷记“银行存款”等账户。

任务三 资 本 公 积

一、资本公积的概念

资本公积是企业收到投资者的超出其在企业注册资本中所占份额的投资以及直接计入所有者权益的利得和损失等。资本公积包括资本溢价、直接计入所有者权益的利得和损失等。资本溢价是企业收到投资者的超出其在企业注册资本中所占份额的投资。形成资本溢价的原因有投资者超额缴入资本、溢价发行股票等。直接计入所有者权益的利得和损失是指不应计入当期损益的，会导致所有者权益发生增减变动的，与所有者投入资本或者向所有者分配利润无关的利得或损失。

特别提示： 资本公积与盈余公积有本质区别，盈余公积是从净利润中提取的，是净利润的转化形式，而资本公积是有特定来源的，与企业的净利润无关。

资本溢价指有限责任公司投资者交付的出资额大于按合同、协议所规定的出资比例计算的部分，是资本公积金的组成部分。有限责任公司在创立时，投资者认缴的出资额，都作为资本金计入“实收资本”账户。但在以后有新的投资者加入时，为了维护原有投资者的权益，新加入的投资者的出资额，并不一定全部作为资本金计入“实收资本”账户。这是因为企业初创时，要经过筹建、开拓市场等过程，从投入资金到取得投资回报，需要较长时间。在这个过程中，资本利润率较低，具有一定投资风险，经过正常生产经营以后，资本利润率要高于初创时期，同时企业也提留了一定的盈余公积金，使原有投资在质量和数量上都发生了变化。所以新加入的投资者要付出大于原有投资者的出资额，才能取得与原有投资者相同的投资比例。投资者的出资额等于按其投资比例计算的部分，作为资本金计入“实收资本”账户；大于按其投资比例计算的部分，作为资本公积金计入“资本公积”账户。

直接计入所有者权益的利得和损失主要是由于企业在下列经济行为中产生，并通过“资本公积——其他资本公积”科目核算的权益部分：

（1）采用权益法核算的长期股权投资；

（2）以权益结算的股份支付；

（3）存货或自用房地产转换为的投资性房地产；

（4）可供出售金融资产公允价值的变动；

（5）金融资产的重分类。

二、资本公积的核算方法

为了总括地核算和监督资本公积的增减变动和结存情况，施工企业应设置“资本公积”账户，该科目属于所有者权益类账户，贷方登记企业通过各种来源增加的资本公积；借方登记按照法律程序转增资本或弥补亏损而减少的资本公积金；期末贷方余额反映企业实有的资本公积金。资本公积一般应设置“资本溢价”“其他资本公积”等明细账户进行核算。

1. 资本溢价的核算

投资者投入的资本中按其投资比例计算的出资额部分，应计入“实收资本”账户，差额部分应计入“资本公积”账户。

【案例 10-6】 兴发建筑安装工程公司由国家、甲、乙、丙四方出资共同投资设立，2015 年 2 月 4 日，增资后注册资本为 3 250 000 元，出资额分别为 1 950 000 元，650 000 元、390 000 元、260 000 元，留存收益为 750 000 元。2015 年 3 月 4 日接受丁投资者投资 800 000 元，占该公司股份的 15%，已接到银行通知收到丁投资者的投资，并办理有关增资手续。

2015 年 3 月 4 日，收到丁投资者的投资时，作如下会计分录。

借：银行存款	800 000	
贷：实收资本——法人资本（丁）		600 000
资本公积——资本溢价		200 000

2. 其他资本公积的核算

其他资本公积是指除资本溢价项目以外所形成的资本公积，其中主要是直接计入所有者权益的利得和损失。

3. 资本公积转增资本的核算

用资本公积转增资本时，应冲减资本公积，同时按照转增前的实收资本的结构或比例，将转增的金额计入“实收资本”账户下各投资者的明细分类账。有关会计处理，参见本章[案例 12-4]的有关内容。

任务四 留 存 收 益

留存收益是指企业通过其生产经营活动而创造积累的，尚未分配给投资者的净利润。留存收益是所有者权益的一个组成部分，包括盈余公积和未分配利润两部分。

一、盈余公积的核算

1. 盈余公积的内容

盈余公积是企业按照规定从净利润中提取并形成的。盈余公积根据其用途不同分为公益金和一般盈余公积两类。公益金专门用于公司职工福利设施的支出。按现行规定，公司制企业按照税后利润的 5%～10%的比例提取法定公益金。一般盈余公积分为两种：一种是法定盈余公积，公司的法定盈余公积按照税后利润的 10%提取，法定盈余公积累计额已达注册资本的 50%时可以不再提取；另一种是任意盈余公积，任意盈余公积主要是公司按照董事会或股东大会的决议提取。法定盈余公积和任意盈余公积的区别就在于其各自计提的依据不同。前者以国家的法律或行政规章为依据提取，后者则由公司自行决定提取。

2. 盈余公积的用途

企业提取的盈余公积的用途主要有弥补亏损、转增资本和派送新股。

（1）弥补亏损。根据有关规定，企业发生亏损，可以用发生亏损后 5 年内实现的税前利润来弥补，当发生的亏损在 5 年内仍弥补不足的，应使用随后所实现的税后利润弥补。通常，在企业发生的亏损用税后利润仍弥补不足的情况下，可以用提取的盈余公积来加以弥补，但是，用盈余公积弥补亏损应当由董事会提议，并由股东大会或类似机构批准。当企业用税前利润弥补亏损时，不必作专门的账务处理。

（2）转增资本。当企业提取的盈余公积累计比较多时，可以将盈余公积转增资本，但是必须经股东大会或类似机构批准，按股东原有持股比例结转。用公积金转增资本后，留存的公积金不得少于转增前公司注册资金的 25%。

特别提示：企业提取的盈余公积，无论是用于弥补亏损，还是用于转增资本，都不过是在企业所有者权益的内部作结构上的调整，比如企业以盈余公积弥补亏损时，实际是减少盈余公积留存的数额，以此抵补未弥补亏损的数额，并不引起企业所有者权益总额的变动；企业以盈余公积转增资本时，也只是减少盈余公积结存的数额，同时增加企业实收资本的数额，也并不引起所有者权益总额的变动。

3. 盈余公积的核算

为了核算和监督盈余公积的提取和使用情况，施工企业应设置“盈余公积”账户，该账户属于所有者权益类账户，其贷方登记企业按规定从净利润中提取的盈余公积；借方登记企业因弥补亏损、转增资本而使用的盈余公积；期末贷方余额反映企业结余的盈余公积。

企业应在“盈余公积”账户下设置“法定盈余公积金”、“法定公益金”等明细账户进行明细核算。

企业按规定提取各项盈余公积时，应当按照提取的各项盈余公积金额，借记“利润分配——提取法定盈余公积金、提取法定公益金”账户，贷记“盈余公积——法定盈余公积金、法定公益金”账户。

【案例 10-7】 2018 年 12 月 31 日，兴发建筑安装工程公司按规定从 2018 年税后利润中提法定取盈余公积金 200 000 元，2018 年 12 月 31 日，提取法定盈余公积金时，作如下会计分录。

借：利润分配——提取法定盈余公积金　　200 000

　　贷：盈余公积——法定盈余公积金　　200 000

企业经决议，用盈余公积弥补亏损时，应当借记“盈余公积——法定盈余公积金”账户，贷记“利润分配——盈余公积补亏”账户。

企业经批准用盈余公积金转增资本时，应按实际用于转增资本的盈余公积金额，借记“盈余公积——法定盈余公积金”账户，贷记“实收资本”账户。

【案例 10-8】 2018 年 12 月 31 日，某建筑安装工程公司经批准用法定盈余公积弥补亏损 80 000 元。用本期的盈余公积 100 000 元转增资本。

2018 年 12 月 31 日，用盈余公积弥补亏损和转增资本时，作如下会计分录。

借：盈余公积——法定盈余公积金　　180 000

贷：利润分配——盈余公积补亏 80 000
实收资本——国家资本 51 000
——法人资本（甲公司） 17 000
——法人资本（乙公司） 10 000
——法人资本（丙公司） 7000
——法人资本（丁公司） 15 000

二、未分配利润的核算

未分配利润是企业实现的净利润经过弥补亏损、提取盈余公积和向投资者分配利润后留存在企业的历年结存的利润。它有两层含义：一是留待以后年度进行处理的利润；二是未指定特定用途的利润。从数量上看，未分配利润是期初未分配利润，加上本期实现的净利润，减去提取的各种公积金和分配利润后的余额。

企业应通过“利润分配”账户，核算企业利润的分配（或亏损的弥补）和历年分配（或弥补）后的未分配利润（或未弥补亏损）。该账户应当设置“提取法定盈余公积金”“提取法定公益金”“应付利润”“盈余公积补亏”和“未分配利润”等科目进行明细核算。

1. 分配利润的会计处理

经决议批准，分配给投资者的利润，应借记“利润分配——应付利润”账户，贷记“应付利润”账户。

2. 期末结转的会计处理

企业生产经营过程中取得的收入和发生的成本费用，最终通过“本年利润”账户进行归集，计算出利润，转入“利润分配——未分配利润”账户进行分配。如果为净利润，结转至“利润分配——未分配利润”的贷方；如为亏损，则结转至“利润分配——未分配利润”账户的借方。同时，将“利润分配”账户的其他明细账户的余额转入“利润分配——未分配利润”明细账户，结转后，未分配利润的贷方余额，就是累计未分配利润的数额。如出现借方余额，则表示累计未弥补的亏损。“利润分配”账户所属的其他明细账户应无余额。

3. 弥补亏损的会计处理

企业在生产的过程中既有可能发生盈利，也有可能出现亏损，企业当年发生亏损的情况，与实现利润的情况相同，应当将本年发生的亏损自“本年利润”账户，转入“利润分配——未分配利润”账户，借记“利润分配——未分配利润”账户，贷记“本年利润”账户，结转后“利润分配”账户的借方余额，即为未弥补亏损的数额。然后通过“利润分配”账户核算有关亏损的情况。

由于未弥补亏损形成的时间长短不同等原因，以前年度未弥补亏损，有的可以以当年实现的税前利润弥补，有的则需用税后利润弥补。以当年实现的利润弥补以前年度结转的未弥补亏损时，不需要进行专门的账务处理。企业应当将当年实现的利润自“本年利润”账户，转入“利润分配——未分配利润”账户的贷方，其贷方发生额与“利润分配——未分配利润”的借方余额自然抵补。无论是以税前利润还是以税后利润弥补亏损，其会计处理方法均相同。但是，两者在计算交纳所得税时的处理是不同的。在以税前利润弥补亏损的情况下，其弥补的数额可以抵减当期企业应纳税所得额，而以税后利润弥补的数额，则不能抵减。

【案例 10-9】 2018 年度兴发建筑安装工程公司实现利润 2 000 000 元。提取法定盈余公积金 200 000 元，提取公益金 100 000 元，分派投资人利润 800 000 元。

（1）2018 年 12 月 31 日，结转本年利润时，作如下会计分录。

借：本年利润　　2 000 000

　贷：利润分配——未分配利润　　2 000 000

（2）2018 年 12 月 31 日，提取法定盈余公积金和公益金时，作如下会计分录。

借：利润分配——提取法定盈余公积金　　200 000

　　　　——提取法定公益金　　100 000

　贷：盈余公积——法定盈余公积金　　200 000

　　　　——法定公益金　　100 000

（3）2018 年 12 月 31 日，分派投资人利润时，作如下会计分录。

借：利润分配——应付利润　　800 000

　贷：应付利润　　800 000

借：利润分配——未分配利润　　1 100 000

　贷：利润分配——提取法定盈余公积金　　200 000

　　　　——提取法定公益金　　100 000

　　　　——应付利润　　800 000

知识梳理与小结

所有者权益是指企业资产扣除负债后，由所有者享有的剩余权益。所有者权益的来源有所有者投入的资本、直接计入所有者权益的利得和损失、留存收益等，由实收资本（或者股本）、资本公积（含股本溢价或资本溢价、其他资本公积）、盈余公积和未分配利润构成。

实收资本，是指所有者投入资本形成法定资本的价值。投资者可以用货币出资，也可以用实物、知识产权、土地使用权等可以用货币估价并可以依法转让的非货币资产作价出资；但法律、行政法规定的不得作为出资的财产除外。企业申请开业，必须具备符合国家规定并与其生产经营和服务规模相适应的资金数额，公司法对各类公司注册资本的最低限额都有明确规定，并且企业资本不得随意变动。企业筹集的资本金，按投资主体分为国家资本金、法人资本金、个人资本金和外商资本金等。

资本公积，是指企业收到投资者出资超过其在注册资本或股本中所占份额的投资，以及直接计入所有者权益的利得和损失等。包括资本（股本）溢价和其他资本公积。

资本溢价是指企业在筹集资金的过程中，投资者的投入资本超过其注册资金的数额，股本溢价是股份有限公司按溢价发行股票时，公司所取得的股票发行收入超过股票面值的数额，二者均作为资本公积处理。

其他资本公积是指除了资本（或股本）溢价以外的资本公积，包括直接计入所有者权益的利得和损失以及其他事项引起的计入资本公积的项目。直接计入所有者权益的利得和损失，是指不应计入当期损益的、会导致所有者权益发生增减变动的、与所有者投入资本或者向所有者分配利润无关的利得或者损失，包括采用权益法核算长期股权投资的企业，在持股比例不变的情况下，被投资单位除净损益以外所有者权益的其他变动引起的利得或损失；企业将自用的建筑物转换为采用公允价值模式计量的投资性房地产时引起的利得或损失；可供出售金融资产公允价值变动形成的利得或损失等。

留存收益，是指通过企业的经营活动而形成的，从历年实现利润中提取或留存于企业内部的积累，即经营所得净收益的积累，包括企业的盈余公积和未分配利润。盈余公积又包括法定盈余公积和任意盈余公积。

所有者权益是企业资产扣除负债后由所有者享有的剩余权益，包括实收资本、资本公积、盈余公积和未分配利润。实收资本是企业接受投资者投入企业的资本。目前，我国实行注册资本制度。资本公积是企业收到的超出注册资本所占份额的投资以及直接计入所有者权益的利得和损失。盈余公积是企业按规定从净利润中提取并形成的公积金，包括法定盈余公积、法定公益金、任意盈余公积等。未分配利润是留存在企业的历年结存的利润。

复习思考题

1．什么是所有者权益?它与负债的主要区别是什么？

2．资本公积包括的内容及用途是什么？

3．盈余公积包括的内容及用途是什么？

4．所有者权益的来源有哪些?

5．资本公积的性质是什么？它与实收资本有何区别和联系？

6．什么是留存收益？它由哪些部分构成?各自的含义是什么？

7．直接计入所有者权益的利得和损失包括哪些内容？

实训练习题

练习题一

明朗建筑工程公司由两个投资人共同出资建立，注册资本 5 000 000 元。甲出资 3 000 000 元，占投资总额的 60%，乙出资 2 000 000 元，占投资总额的 40%。编制以下会计分录。

（1）2015 年度实现税后利润 2 000 000 元，按 10%提取法定盈余公积金，按 5%提取法定公益金，并决定向投资人分派利润 800 000 元。

（2）2016 年 1 月 10 日，丙以施工机械作为资本向明朗建筑工程公司投资，双方协商确认施工机械的价值为 1 400 000 元，丙占公司总投资额的 20%。

（3）2016 年 1 月 5 日，为扩大生产经营规模，经批准将资本公积 200 000 元、盈余公积 100 000 元转增资本。

练习题二

光大建筑公司由 A、B 两个投资人共同出资建立，注册资本 10 000 000 元，A 出资 7 000 000 元，占投资总额的 70%，B 出资 3 000 000 元，占投资总额的 30%。编制以下会计分录。

（1）2015 年度发生净亏损 500 000 元。

（2）2016 年 1 月 5 日，经批准，以资本公积 200 000 元、盈余公积 300 000 元弥补亏损。

练习题三

某施工企业上市发行股票 60 000 000 股，每股面值 1 元，发行价格为每股 5 元，实收股款 300 000 000 元，已存入银行。

要求：编制相关的会计分录。

练习题四

企业当年实现净利润 26 600 000 元，按净利润的 10%提取法定盈余公积，按 5%提取任意盈余公积。

要求：编制相关的会计分录。

练习题五

某施工企业由甲、乙、丙三位股东各自出资 300 万元而设立。设立时的实收资本为 900 万元。经过三年，该企业的留存收益为 450 万元。这时有丁投资者愿意出资 540 万元而占企业股份的 25%。

要求：编制记录丁投资者出资的会计分录。

练习题六

施工企业 2015 年发生了如下经济业务：

（1）全年实现税后利润 150 000 元。

（2）分别按税后利润的 10%计提法定盈余公积。

（3）决定用资本公积 90 000 元、盈余公积 60 000 元转增股本。

（4）用盈余公积弥补亏损 40 000 元。

要求：根据上述经济业务，编制相关的会计分录。

学习情境十一　收入、期间费用与利润核算

学习目标

1. 认识企业收入、期间费用、利润、所得税的内容、特点，懂得其核算的基本要求。

2. 掌握各种收入取得、期间费用归集、企业利润形成，所得税计缴以及利润分配等核算的基本方法。

技能目标

1. 能进行收入的核算。
2. 能进行期间费用核算。
3. 能进行利润的核算。

案例导入

大明建筑公司2012年11月底，向建设单位开出“工程价款结算单”，与建设单位结算工程价款120万元。该项建造合同的结果能够可靠计量，截至目前为止该工程累计投入成本150万元，估计至完工尚需投入成本600万元，以前年度未确认的收入、毛利和费用，企业应缴纳的营业税、城市维护建设税和教育费附加税费率分别为3%、7%和3%。

这是施工企业期末确认收入的一个步骤，但这一步不能作为确认当期收入的依据。施工企业期末对收入的确认包括以下几个主要步骤：开出“工程价款结算单”结算工程价款、确认当期的合同收入和合同费用、计算营业税金及附加。对当期合同收入和合同费用的确认，首先要判断建造合同的结果是否能够可靠计量，然后根据判断结果区别情况进行处理。

对于施工企业来说，建造合同收入是其主营业务收入，除此以外企业的收入还包括其他业务收入。

知识链接

任务一　收　入　核　算

一、企业收入的特点和确认原则

1. 收入的含义

企业收入的含义有广义和狭义之分。广义的收入含义是将企业所有活动流入的现金和现金等价物都作为收入，包括与企业经营活动有关的经营收入，与经营活动没有直接关系的非

经营性收入和企业对外投资取得的收入三个方面。狭义的收入含义仅指与生产经营活动有关的经营性收入，即营业收入。

《企业会计准则第 14 号——收入》中的收入含义是指企业在日常活动中形成的、会导致所有者权益增加的、与所有者投入资本无关的经济利益的总流入。包括销售商品收入，提供劳务收入和让渡资产使用权收入。其中“日常活动”，是指企业为完成其经营目标所从事的经常性活动以及与之相关的活动。例如建筑施工企业的承包工程、机械作业、运输作业、销售产品和材料、出租固定资产等经济活动。由此产生的经济利益的总流入构成收入。

企业转让无形资产使用权、销售产品和不需用原材料，经营性租赁、技术咨询等，属于与经常性活动相关的活动，由此产生的经济利益的总流入也构成收入。

企业处置固定资产、无形资产等活动，不是企业为完成其经营目标所从事的经常性活动，也不属于与经常性活动相关的活动，由此产生的经济利益的总流入不构成收入，应当确认为营业外收入。企业代第三方收取的款项，应当作为负债处理，不应当确认为收入。

经济利益是指直接或间接地流入企业的现金或现金等价物。因此，只有通过企业的日常活动所形成的经济利益的流入，才是企业的收入，否则，便不作为企业的收入。

2. 企业收入的特点

（1）收入从企业的日常活动中产生，而不是从偶发的交易事项中产生。有些交易或事项也能为企业带来经济利益，但不属于企业的日常活动，其流入的经济利益是利得，而不是收入。例如，企业因使用而购入施工机械，当施工机械不能使用时便将之出售，该项活动则属于偶发事项，因此所获得的收益便不能作为收入。

（2）收入可能表现为企业资产的增加，如增加银行存款、应收账款等；也可能表现为企业负责的减少；或者二者兼而有之。但并非所有使资产增加或负责减少的事项都形成收入。例如，投资者对企业的投资，增加资产，同时也增加了资本；企业从银行取得借款，增加资产，同时也增加了企业的债务等。

（3）收入能使企业所有者权益增加。收入能增加资产或减少负债或二者兼而有之。因此，根据“资产−负债=所有者权益”的公式，企业取得收入一定能够增加所有者权益。

（4）收入只包括本企业经济利益的流入，不包括为第三方或客户代收的款项。因为代收的款项是一方面增加资产，另一方面增加负债，并没有增加所有者权益，也不属于企业的经济利益，所以不能作为企业的收入。

3. 收入的分类

（1）按形成的原因划分：销售商品的收入、提供劳务的收入和让渡资产使用权取得的收入。

（2）按企业经济业务的主次划分：

1）主营业务收入。主营业务收入又称基本业务收入，是指企业在其主要的业务或主体性的经营活动中所取得的营业收入。不同行业的主营业务收入的内容是不同的，建筑施工企业的主营业务收入主要是建造合同收入。企业的主营业务收入在其营业收入中占有较大的比重，直接影响到企业的经济利益，是企业利润的主要来源，具有经常性、重要性和可预见性等特点。

2）其他业务收入。其他业务收入又称副营业务收入，是指建筑施工企业除了主营业务以外的一些业务活动所取得的收入。建筑企业的其他业务收入主要包括产品、材料销售收入，提供机械作业和运输作业劳务，出租固定资产、无形资产等取得的收入。与主营业务比较，其他业务收入具有单项金额较小、发生时间不稳定、在收入总额中占有的比重较低等特点。不过，在目前许多企业开展多种经营的情况下，其他业务收入比重在逐渐增加。

4. 收入确认的原则

收入的确认包括入账时间的确认和入账金额的确认。入账时间的确认是要解决收入在什么时间入账的问题；即指企业在商品销售或提供劳务之前、之时还是之后承认收入的实现，并将之反映在会计记录和财务报表之中。入账金额的确定，是把收入反映在会计记录中时对其价值量的确认，或者称为对收入的计量。

正确确认建筑施工企业的收入，对于正确计算企业的经营成果，评价企业经营成绩具有十分重要的意义。收入确认的一般原则有收入实现原则、配比原则和谨慎原则。其中：收入实现原则是指在企业已经提供了商品或劳务，同时收取价款或者取得索取价款的凭据时，确认收入的实现。企业应以商品或劳务的使用价值的所有权转移和具备收取价款的权利的时间及数额来确认企业收入的实现。

收入确认的具体标准，是根据不同的收入类别而定的。在下面内容中分别说明。

二、建筑施工企业的建造合同收入的核算

根据《企业会计准则 14 号——收入》准则规定，建筑施工企业的建造合同收入，应遵循《企业会计准则 15 号——建造合同）中关于建造合同内容的规定确认建筑施工企业建造合同的收入以及核算要求。

1. 建造合同的特征

（1）建造合同的含义。在《企业会计准则 15 号——建造合同》中，建造合同是指为建造一项资产或者在设计、技术、功能、最终用途等方面密切相关的数项资产而订立的合同。其中，资产是指房屋、道路，桥梁、水坝等建筑物以及船舶、飞机、大型机械设备等。

（2）建造合同的特征。

1）先有买方（客户）后有标底（资产），建造资产的造价在签订合同时已经确定；

2）资产的建设期长，一般都要跨越一个会计年度，有的甚至长达数年；

3）所建造的资产体积庞大，造价高；

4）建造合同一般为不可取消的合同。

2. 建造合同收入与建造合同成本

（1）建造合同收入的内容。建造合同收入的内容包括合同中规定的初始收入和因合同变更、索赔、奖励等形成的收入。

1）合同中规定的初始收入。合同中规定的初始收入是指建造承包商与客户在双方签订的合同中最初商定的合同总金额。构成合同收入的基本内容。

2）因合同变更、索赔、奖励等形成的收入。合同变更、索赔、奖励等形成的收入是指在执行合同过程中由于合同变更、索赔、奖励等原因而形成的追加收入。合同变更是指客户为改变合同规定的作业内容而提出的调整。索赔款是指因客户或第三方的原因造成的、由建造承包商向客户或第三方收取的、用于补偿不包括在合同造价中的成本的款项。奖励款是指工程达到或超过规定的标准时，客户同意支付给建造承包商的额外款项。

这部分收入并不构成合同双方在签订合同时已在合同中商定的合同总金额，建造承包商不能随意确认这部分收入，只有在符合规定条件时才能构成合同总收入。

（2）建造合同成本。

1）建造合同成本的内容。合同成本包括从合同签订开始至合同完成时所发生的、与执行合同有关的直接费用和间接费用。

①直接费用。是指为完成合同发生的、可以直接计入合同成本计算对象的各项费用支出。包括耗用的材料费、人工费、机械使用费和其他直接费用。直接费用在发生时直接计入合同成本。

②间接费用。是企业下属的施工单位（工区、施工队、项目经理部等）为组织和管理施工生产活动所发生的费用。间接费用在期末按照系统、合理的方法分摊计入合同成本。

2）建造合同成本的其他事项。建造合同成本不包括的内容有企业行政管理部门为组织与管理生产经营活动所发生的管理费用；企业因筹集生产经营所需资金而发生的财务费用。

3. 建造合同收入与建造合同费用的确认

（1）建造合同的结果能够可靠估计情况下的合同收入和合同费用的确认。在建造合同的结果能够可靠估计的情况下，企业可以采用完工百分比法（即完工进度）确认合同收入和合同费用。

1）企业确定合同完工进度的具体方法有。

①根据累计实际发生的合同成本占合同预计总成本的比例确定。计算公式如下

$$\text{合同完工进度}=\frac{\text{累计实际发生的合同成本}}{\text{合同预计总成本}}\times100\%$$

这种方法称作投入衡量法，常用于确定合同完工的进度。采用此方法在确定完工进度时，合同成本中不包括与合同未来活动相关的合同成本（如施工中尚未安装、使用和耗用的材料成本）以及在分包工作量未完成之前预付给分包单位的款项。

②根据已经完成的合同工作量占合同预计总工作量的比例确定。计算公式如下

$$\text{合同完工进度}=\frac{\text{已经完成的合同工作量}}{\text{合同预计总工作量}}\times100\%$$

这种方法称作产出衡量法，适用于合同工作量容易确定的建造合同，如土石方工程、道路工程、砌筑工程等。

③已完合同工作的测量。在无法根据上述两种方法确定合同完工进度时，通过由专业人员进行现场科学测定所采用的一种特殊的技术测量方法。

2）按完工百分比法确认合同收入和合同费用的步骤：

①确定合同完工进度，根据上述方法确定完工进度。

②计算合同收入和合同费用。

$$\text{当期确认的合同收入}=\text{合同总收入}\times\text{完工进度}-\text{以前会计年度累计已确认的收入}$$

$$\text{当期确认的合同毛利}=\text{合同总收入}-\text{合同预计总成本}\times\text{完工进度}-\begin{matrix}\text{以前会计年度累}\\\text{计已确认的毛利}\end{matrix}$$

$$\text{当期确认的合同费用}=\text{当期确认的合同收入}-\text{当期确认的合同毛利}-\begin{matrix}\text{以前会计年度}\\\text{预计损失准备}\end{matrix}$$

特别提示： 上述公式中的完工进度为累计完工进度。

（2）建造合同的结果不能够可靠估计情况下的合同收入和合同费用的确认。建造合同的结果不能够可靠地估计，企业则不能采用完工百分比法确认合同收入，应当区别情况处理：

1）若合同成本能够收回的，合同收入根据能够收回的实际合同成本加以确认；

2）若合同成本不可能收回的，不确认收入。

4. 建造合同核算应设置的会计账户

（1）“工程施工”账户。该账户用于核算建造合同成本和合同毛利。实际发生的合同成本和确认的合同毛利计入本账户的借方，确认的合同亏损计入本账户的贷方，合同完成后，与“工程结算”账户对冲后结平。该账户期末借方余额，反映企业尚未完工的建造合同成本和合同毛利。

“工程施工”账户可按建造合同，分别“合同成本”“间接费用”“合同毛利”进行明细核算。

（2）“工程结算”账户。该账户用于核算根据合同完工进度已向客户开出工程价款结算账单办理结算的价款。它是“工程施工”的备抵账户，贷方记入已向客户开出工程价款结算账单办理结算的款项，合同完成后，与“工程施工”账户对冲后结平。该账户期末贷方余额，反映企业尚未完工建造合同已办理结算的累计金额。

“工程结算”账户可按建造合同进行明细核算。

（3）“主营业务收入”账户。该账户核算当期确认的合同收入。贷方记入当期确认的合同收入，期末，将本账户的余额全部转入“本年利润”账户，结转后，月末无余额。

“主营业务收入”账户可按主营业务的种类进行明细核算。

（4）“主营业务成本”账户。为了核算建筑施工企业当期确认的已完工程实际发生的合同成本，应设置“主营业务成本”账户。该账户的借方记录本月或本期应结转的已完工程的实际合同成本，贷方记录在月份终了或期末时，将本账户的余额全部结转到“本年利润”账户，结转后本账户应无余额。

“主营业务成本”账户既可按主营业务的种类进行明细核算也可根据需要按建设单位及成本核算对象设置明细账，进行明细核算。

（5）“营业税金及附加”。为了核算建筑施工企业经营活动发生的营业税、消费税、城市维护建设税、资源税和教育费附加等相关税费，应设置“营业税金及附加”账户。该账户借方记入企业按规定计算确定的与经营活动相关的税费；期末，将本账户的余额全部转入“本年利润”账户，结转后期末无余额。

“营业税金及附加”账户可按税费的种类进行明细核算。

（6）“合同预计损失”账户。该账户核算当期确认的合同预计损失。借方记入当期确认的合同预计损失，期末，将本账户的余额全部转入“本年利润”账户，结转后，月末无余额。

（7）“预计损失准备”账户。该账户核算建造合同计提的损失准备。贷方记入在建合同计提的损失准备，在建造合同完工后，应将本账户的余额调整“主营业务成本”账户。

5. 建造合同收入的核算举例

【案例 11-1】 大明建筑公司签订了一项总金额为 200 万元的固定造价合同，合同规定期为 2 年。最初预计成本为 180 万元；第一年实际发生 126 万元，年末，预计为完成合同尚需发生 84 万元。开出账单金额为 84 万元，实际收到 63 万元。按该合同的结果能够可靠地按估计的情况进行处理，该公司应在年末进行的会计处理如下：

第一年的账务处理如下。

（1）反映实际发生的合同成本 126 万元。

借：工程施工　　1 260 000

　　贷：原材料、应付职工薪酬等　　1 260 000

（2）开出账单结算工程价款 84 万元。

借：应收账款　　840 000

　　贷：工程结算　　840 000

（3）收到工程价款 63 万元。

借：银行存款　　630 000

　　贷：应收账款　　630 000

（4）确认和计量当年的合同收入、合同费用。

第一年合同完工进度=126/（126+84）×100%=60%

第一年合同收入=200×60%=120 万元

第一年合同毛利=[200–（126+84）]×60%=–6 万元

第一年合同费用=120–（–6）=126 万元

第一年预计合同损失=（210–200）×（1–60%）=4 万元

作账务处理。

1/2 借：主营业务成本　　1 260 000

　　贷：主营业务收入　　1 200 000

　　　　工程施工——亏损　　60 000

2/2 同时，合同预计损失 4 万元

借：资产减值损失　　40 000

　　贷：存货跌价准备　　40 000

（5）根据当年收入计算并应缴纳营业税、城市维护建设税和教育费附加。

计算：营业税=1 200 000×3%=36 000 元

城市维护建设税=36 000×7%=2520 元

教育费附加–36 000×3%=1080 元

账务处理

借：营业税金及附加　　39 600

　　贷：应交税费——营业税　　36 000

　　　　应交税费——城市维护建设税　　2520

　　　　应交税费——教育费附加　　1080

（6）年末，结转损益类账户。

1/2 结转收入

借：主营业务收入　　1 200 000

　　贷：本年利润　　1 200 000

2/2 结转成本、税费

借：本年利润　　1 299 600

　　贷：主营业务成本　　1 260 000

　　　　营业税金及附加　　39 600

第一年，该建造合同的有关信息在会计报表中的披露资料如下。

（1）在资产负债表中披露的信息是：

1）应收账款：根据“应收账款”账户期末余额填列，金额为 210 000 元（840 000–630 000）。

2）已完工尚未结算款项：根据“工程施工”账户余额减“工程结算”账户余额后的差额 360 000 元（1 260 000–60 000–840 000）在流动资产类项目中填列。

（2）在利润表中披露的信息是：

1）主营业务收入：根据“主营业务收入”账户的本年贷方发生额填列，金额为 1 200 000 元。

2）主营业务成本：根据“主营业务成本”账户的本年借方发生额填列，金额为 1 260 000 元。

（3）在会计报表附注中披露的信息是：

1）确定合同完工进度的方法：采用合同完工进度根据累计实际成本发生的合同成本占合同预计总成本的比例确定。

2）在建工程累计已完工程成本：根据“工程施工”账户的余额填列，金额为 1 260 000 元。

3）在建工程已结算款：反映在建合同累计已办理结算的工程价款，根据“工程结算”账户的余额填列，金额为 840 000 元。

4）合同总金额：2 000 000 元。

三、工程价款结算收入的核算

1. 工程价款结算的概念

工程价款结算是指建筑施工企业因承包建筑安装工程，按承包合同的规定，向发包单位交付已完工程、收取工程价款的一种结算行为。通过工程价款结算取得的收入，称为工程价款结算收入。

2. 工程价款结算的方式

建筑施工企业工程价款结算的方式，一般有以下几种：

（1）按月结算方式。按月结算是指工程价款实行旬末或月中预支，月终结算，竣工后清算的方式。跨年度施工的工程，在年终进行工程盘点，办理年度结算。

（2）分段结算。分段结算是指按工程形象进度划分的不同阶段（部位）结算工程价款的方式。当年开工，当年不能竣工的单项工程或单位工程，按工程形象进度，划分不同阶段进行结算。分段结算可以按月向发包单位预支工程进度款。

（3）竣工后一次结算。竣工后一次结算是指在单项工程或建设项目全部竣工后结算工程价款的方式。建设项目或单项工程全部建筑安装工程建设期在 12 个月以内，或工程承包合同价值在 100 万元以下的，可以实行竣工后一次结算。采用竣工后一次结算方式，在施工过程中不办理工程结算，但按月可以向发包单位预支工程进度款，竣工后一次结清。

（4）结算双方约定并经开户银行同意的其他结算方式。

3. 工程价款结算的依据

（1）工程价款预支核算的依据。建筑施工企业预支工程款时，应根据工程进度填列“工程价款预支账单”，送交发包单位签证后，送交开户银行办理收款手续。预支的款项，应在月末或竣工结算时抵充应收的工程款。“工程价款预支账单”格式见表 11-1。

表 11-1　　**工程价款预支账单**

发包单位名称：　　　　　　　　年　月　日　　　　　　　　单位：元

单项工程项目名称	合同造价	本旬（或半月）完成数	本旬（或半月）预支工程款	本月预支工程款	应扣预收工程款	实支款项	说明
1	2	3	4	5	6	7	8

施工企业：　　　　（签章）　　　　　　　　财务负责人：　　（签章）

（2）工程价款结算的依据。建筑施工企业于月终完成合同规定的内容或工程竣工办理工程价款结算时，需要根据统计部门提供的“已完工程月报表”中实际完成的工程量，依据中标标书或施工图预算所列工程单价和有关取费标准，计算已完工程的价款，填列“工程价款结算账单”，送交发包单位审查签证后，送交开户银行办理收款手续。“已完工程月报表”以及“工程价款结算账单”格式分别见表 11-2、表 11-3。

表 11-2　　**已完工程月报表**

发包单位名称：　　　　　　　　年　月　日　　　　　　　　单位：元

单项工程项目名称	合同造价	建筑面积（平方米）	开竣工日期		实际完成数		备注
			开工日期	竣工日期	至上月止已完工程累计	本月份已完工程	
1	2	3	4	5	6	7	8

施工企业：　　　　（签章）　　　　　　　　编制日期：　　年　月　日

表 11-3　　**工程价款结算账单**

发包单位名称：　　　　　　　　年　月　日　　　　　　　　单位：元

单项工程项目名称	合同造价	本期应收工程款	应扣款项			木期实收工程款	备料款余额	本期止已收工程款累计	备注
			合计	预收工程款	预收备料款				
1	2	3	4	5	6	7	8	9	10

施工企业：　　　　（签章）　　　　　　　　财务负责人：　　（签章）

特别提示：建筑施工企业不论采用哪种工程价款结算方式，无论工期长短，其施工期间的工程价款总额一般不得超过工程承包合同价值的 95%。结算双方可以在 5%的范围内协商确认工程尾款比例，并在工程合同中订明。工程尾款待工程竣工之后再进行结算。如果建筑施工企业已向发包单位出具履约保函或其他保证的，可以不留工程尾款。

4. 工程价款结算的核算

举例说明工程价款结算方法。

【案例 11-2】 大明建筑公司按工程合同规定，填列“工程价款预支账单”向发包单位宏达公司收取上半月的工程进度款 200 000 元，已收妥入账。

借：银行存款　　　　　　　　　　　　　　　200 000
　　贷：预收账款——宏达公司　　　　　　　　　　　200 000

【案例 11-3】 月末，大明建筑公司根据“本月已完工程月报表”，提出“工程价款结算账单”。与发包单位宏达公司办理本月已完工程结算，应收取本月已完工程价款 450 000 元，按规定扣还本月预收的工程进度款 200 000 元。

借：应收账款——宏达公司　　　　　　　　　250 000
　　预收账款——宏达公司　　　　　　　　　200 000
　　贷：工程结算　　　　　　　　　　　　　　　　450 000

【案例 11-4】 收到银行转来宏达公司支付工程价款 250 000 的收账通知单。

借：银行存款　　　　　　　　　　　　　　　250 000
　　贷：应收账款——宏达公司　　　　　　　　　　250 000

【案例 11-5】 大明建筑公司通过银行向分包公司拨付本月工程进度款 60 000 元。

借：预付账款——预付分包公司工程进度款　　　60 000
　　贷：银行存款　　　　　　　　　　　　　　　　60 000

【案例 11-6】 公司与发包单位办妥预支工程进度款的手续，由发包单位向分包公司直接拨付钢材一批，价值 40 000 元，抵付工程进度款。

借：预付账款——分包公司工程进度款　　　　　40 000
　　贷：预收账款——宏达公司　　　　　　　　　　40 000

【案例 11-7】 月末，公司根据分包公司提出的“工程价款结算账单”，经过审核后应付分包公司本月已完工程价款 210 000 元，同时应抵扣本月预收账款 100 000 元。

借：工程施工　　　　　　　　　　　　　　　210 000
　　贷：应付账款——分包公司工程款　　　　　　　110 000
　　　　预付账款——分包公司进度款　　　　　　　100 000

【案例 11-8】 公司开出转账支票，向分包公司支付本月已完工程款 110 000 元。

借：应付账款——分包公司工程款　　　　　　110 000
　　贷：银行存款　　　　　　　　　　　　　　　　110 000

四、其他业务收入的核算

1. 其他业务收入的内容

建筑企业除了主要从事建筑安装工程的施工生产经营业务外，往往还从事产品、材料的销售，提供机械作业和运箱作业等其他经营业务。为此，企业除了获取开展主营业务活动的收入（工程结算收入），还可以获取因开展其他业务活动形成的收入。具体包括：

（1）产品销售收入；
（2）材料销售收入；
（3）机械、运输作业收入；
（4）固定资产出租收入；
（5）无形资产出租收入；
（6）多种经营收入；
（7）其他收入。

2. 其他业务收入的确认

企业取得的其他业务收入，应于收入实现时及时入账，其确认条件按其内容划分。

（1）提供产品、材料时的收入确认的条件。

1）企业已将产品所有权上的风险和报酬转移给对方。

2）企业既没有保留通常与所有权相联系的继续管理权，也没有对已售出的商品实施控制权。

3）与交易相关的经济利益能够流入企业。

4）相关的收入和成本能够可靠地计量。

（2）提供机械、运输劳务时的收入确认的条件。

1）劳务合同收入与合同成本能够可靠地计量。

2）与交易相关的经济利益能够流入企业。

3）劳务的完成程度能够可靠地确定。

（3）让渡资产使用权产生的收入确认的条件。

1）与交易相关的经济利益能够流入企业。

2）收入的金额能够可靠地计量。

3. 其他业务收入的核算

（1）设置账户。

1）“其他业务收入”账户。该账户核算建筑企业除了主营业务收入以外的其他业务收入。贷方记入企业取得的各项其他业务的收入，期末，将本账户的余额全部转入“本年利润”账户，结转后，月末无余额。本账户应按其他业务收入的内容设置明细账户，进行明细分类核算。

2）“其他业务成本”账户。本账户核算建筑施工企业确认的除主营业务活动以外的其他经营活动所发生的支出，包括销售材料的成本、出租固定资产的折旧额、出租无形资产的摊销额、出租包装物的成本或摊销额等。除主营业务活动以外的其他经营活动发生的相关税费，在“营业税金及附加”账户核算。该账户借方记入企业实际发生的各项其他业务的成本，期末，将本账户的余额全部转入“本年利润”账户，结转后期末无余额。

“其他业务成本”账户可按其他业务成本的种类进行明细核算。

（2）核算。

【案例 11-9】 企业的构件加工队出售一批预制空心板，开出的发票价为 26 000 元（内含 6%的增值税），货物已发出，款项暂未收取。

借：应收账款	26 000	
贷：其他业务收入——产品销售收入		24 528.30
应交税费——应交增值税（销项税额）		1471.70

【案例 11-10】 企业将一台暂时不用的生产设备出租给外单位使用，根据租赁合同规定每月月末支付租金 1500 元。

借：银行存款	1500	
贷：其他业务收入——固定资产出租收入		1500

【案例 11-11】 企业材料仓库发出一批积压的材料，出售给外单位，销售价款为 8500 元，收到对方承兑的、为期 50 天商业承兑汇票一张。

借：应收票据——商业承兑汇票　　8500

　　贷：其他业务收入——材料销售收入　　8018.87

　　　　应交税费——应交增值税（销项税额）　　481.13

【案例 11-12】 月末，结转与本月实现的其他业务收入相关联的成本，其中：发出预制空心板的计划成本 22 000 元，材料成本差异为–2%，销售积压材料的计划成本为 7100 元，材料成本差异 3%；租出设备每月计提的折旧为 820 元。

借：其他业务成本——销售产品成本　　21 560

　　其他业务成本——销售材料成本　　7313

　　其他业务成本——出租固定资产折旧　　820

　　贷：原材料——结构件　　22 000

　　　　原材料——其他材料　　7100

　　　　累计折旧　　820

　　　　材料成本差异　　–227

【案例 11-13】 月末，按规定计算并结转本月实现的其他业务收入应交纳的营业税（75 元）、城市维护建设税（141.95 元）和教育费附加（60.83 元）。

借：营业税金及附加　　277.78

　　贷：应交税费——营业税　　75

　　　　　　　　——城市维护建设税　　141.95

　　　　　　　　——教育费附加　　60.83

【案例 11-14】 月末，结转“其他业务收入”“其他业务成本”和“营业税金及附加”账户的余额。

1/2 结转“其他业务收入”：

借：其他业务收入　　34 047.17

　　贷：本年利润　　34 047.17

2/2 结转“其他业务支出”：

借：本年利润　　29 970.78

　　贷：其他业务成本　　29 693

　　　　营业税金及附加　　277.78

任务二　期间费用的核算

一、期间费用的性质

期间费用是建筑施工企业当期发生的费用中的重要内容，是指本期发生的不能直接归属于某个产品成本（或工程成本）的各种费用。该类费用县建筑施工企业为了获取营业收入、维持企业的经营活动在某一时期能够顺利进行而发生的、与营业收入的实现没有直接的因果关系，直接计入当期的损益。

二、期间费用的内容

期间费用包括管理费用、财务费用和营业费用。建筑施工企业的期间费用包括管理费用和财务费用两部分内容。

1. 管理费用

管理费用是指企业行政管理部门为组织和管理施工生产经营活动面发生的各种费用。管理费用的受益对象是整个企业，与间接费用不同，后者是建筑施工企业所属的直接组织生产活动的施工管理机构（如施工队、工程处、项目部等）所发生的施工管理费，与工程施工有着密切的关系，是工程成本的一部分，而管理费用则计入当期损益。

管理费用包括的内容有公司经费、工会经费、待业保险费、劳动保险费、董事会费（包括董事会成员津贴、会议费和差旅费等）、聘请中介机构费、咨询费（包括聘请经济技术顾问、法律顾问等支付的费用）、诉讼费、业务招待费、房产税、车船使用税、土地使用税、印花税、技术转让费、矿产资源补偿费、无形资产摊销、职工教育经费、研究与开发费、排污费、存货盘亏或盘盈（不包括应当计入营业外支出的存货损失）、提取的坏账准备和存货跌价准备等。

特别提示：上述费用中，公司经费包括行政管理部门职工工资、职工福利费、修理费、物料消耗、低值易耗品摊销、办公费、差旅费及其他费用。

工会经费是按工资总额的一定比例计提拨给企业工会组织开展工会活动的经费。

职工教育经费是企业为了提高职工的文化水平，按企业职工的工资总额的一定比例提取交付有关部门掌握使用的经费。

劳动保险费是指退休职工的退休金、医药费、异地安家补助费、职工死亡丧葬补助 费、抚恤费、按规定支付给离休干部的各项经费以及实行社会统筹办法的企业按规定提取的退休统筹基金。

研究与开发费是指企业开发新产品、新技术、新工艺所发生的新产品设计费、工艺规程制定费、设备调试费、原材料和半成品的试验费、技术图书资料费、未纳入国家计划的中间试验费、研究人员的工资、研究设备的折旧，与新产品试制、新技术研究有关的其他经费、委托其他单位进行的科研试制费以及试制失败损失等。

业务招待费是指企业为了经营的合理需要而支付的交际应酬费用。业务招待费开支标准与企业销售净额密切相关：全年销售营业收入在1500万元以下的，不超过年营业收入5‰；全年营业收入超过1500万元（含1500万元）但不足5000万元的，不超过全年营业收入的3‰；全年营业收入超过5000万元（含5000万元）但不足1亿元的，不超过该部分营业收入2‰，全年营业收入超过1亿元（含1亿元）的，不超过该部分营业收入1‰。

2. 财务费用

财务费用是指建筑施工企业为筹集施工生产经营资金而发生的费用。具体内容包括：

（1）利息净支出。是指建筑施工企业在施工生产经营期间发生的借款利息支出（不包括予以资本化的利息）减去利息收入后的余额。有短期借款利息、长期借款利息、应付票据利息、票据贴现利息、应付债券利息等。

（2）汇兑净损失。是指建筑施工企业发生的有关外币业务的汇兑损失减汇兑收益后的余额。不包括企业因购建固定资产所发生的应予以资本化的汇兑净损失。

（3）相关手续费。是指建筑施工企业在施工生产经营期间因筹集资金和办理各种结算业务等而支付给银行或其他金融机构的各种手续费。如企业发行债券所支付的手续费（不包括应予以资本化的手续费）、开出汇票的银行手续费。

（4）其他财务费用。如企业融资租入的固定资产，未确认融资费用在租赁期间摊销时，计入财务费用。

三、期间费用的核算

1. 期间费用的确认原则

（1）非资产化原则。期间费用不能计入产品、工程成本，不构成产品、工程成本的价值。

（2）直接计入当期损益原则。由于期间费用是为了维持企业正常经营活动的顺利进行而发生的，按照配比原则的要求，应从本期的营业收入中扣减。

2. 设置会计账户

为了总括地核算和监督建筑施工企业发生的管理费用、财务费用，需要设置“管理费用”和“财务费用”账户，这些账户属于损益类账户，其借方分别登记管理费用、财务费用的实际发生额，贷方登记应冲减的管理费用、财务费用和期末结转到“本年利润”账户的数额；期末结转后，“管理费用”“财务费用”账户均无余额。

“管理费用”“财务费用”账户应按费用明细项目设置多栏式明细账，进行明细分类核算。

3. 管理费用、财务费用的核算

（1）举例说明管理费用核算方法。

【案例 11-15】 用现金支付公司本部的办公费 300 元、办公家具的修理费 600 元。

借：管理费用——公司经费　　900

　贷：库存现金　　900

【案例 11-16】 本月应分摊财产保险费 2500 元、固定资产折旧 18 000 元、办公和管理用具 5000 元。

借：管理费用——财产保险费　　2500

　管理费用——公司经费　　23 000

　贷：待摊费用　　2500

　　累计折旧　　18 000

　　低值易耗品——摊销　　5000

【案例 11-17】 现金付讫印花税 120 元。

借：管理费用——印花税　　120

　贷：库存现金　　120

【案例 11-18】 通过银行转账支付离、退休人员生活费 20 000 元。

借：管理费用——劳动保险费　　20 000

　贷：银行存款　　20 000

【案例 11-19】 领用库存材料计划成本 20 000 元、材料成本差异率 2%，用于新工艺、新技术的试制。

借：管理费用——研究与开发费　　20 400

　贷：原材料　　20 000

　　材料成本差异　　400

【案例 11-20】 本月计提坏账准备金 8000 元、存货跌价损失 2500 元、无形资产摊销 5000 元。

借：资产减值损失　　10 500

　管理费用　　5000

　　贷：坏账准备　　8000

　　　　存货跌价准备　　2500

　　　　累计摊销　　5000

【案例 11-21】 应付公司管理人员工资 20 000 元、福利费 2800 元。

借：管理费用——公司经费　　22 800

　　贷：应付职工薪酬　　22 800

【案例 11-22】 月末，结转本月发生的管理费用。

借：本年利润　　105 220

　　贷：管理费用　　105 220

根据本月发生的经济业务进行“管理费用”账户的明细核算，建筑施工企业应设置“管理费用”多栏式明细账，见表 11-4。

表 11-4　　**管理费用多栏式明细账**　　单位：元

2007 年		凭证		摘要	成本项目							
月	日	种类	号数		公司经费	财产保险费	印花税	劳动保险费	研究与开发费	坏账准备	存货跌价准备	无形资产摊销
			11-15		900							
			11-16		23 000	2500						
			11-17				120					
			11-18					20 000				
			11-19						20 400			
			11-20							8000	2500	5000
			11-21		22 800							
			11-22	结转	–46 700	–2500	–120	–20 000	–20 400	8000	–2500	–5000
	31			合计	—0—	—0—	—0—	—0—	—0—	—0—	—0—	—0—

（2）举例说明财务费用的核算方法。

【案例 11-23】 预提借款利息 1500 元。

借：财务费用——利息支出　　1500

　　贷：应付利息　　1500

【案例 11-24】 本月应付固定资产交付使用后的长期借款利息 5000 元。

借：财务费用——利息支出　　5000

　　贷：长期借款——应计利息　　5000

【案例 11-25】 接到开户银行通知已从企业存款户上扣除办理银行结算业务的手续费 600 元。

借：财务费用——手续费　　600

　　贷：银行存款　　600

【案例 11-26】 接银行收账通知，本月银行存款利息 3500 元已收入账内。

借：银行存款　　3500

　　贷：财务费用　　3500

【案例 11-27】 本月长期外币借款发生汇兑损失 1800 元。

借：财务费用——汇兑损失　　　　　　1800

　　贷：长期借款　　　　　　　　　　　1800

【案例 11-28】 月末，结转本月发生的财务费用。

借：本年利润　　　　　　　　　　　5400

　　贷：财务费用　　　　　　　　　　　5400

根据本月发生的经济业务进行“财务费用”账户的明细核算，建筑施工企业应设置“财务费用”多栏式明细账，见表 11-5。

表 11-5　　财务费用多栏式明细表　　单位：元

2007 年		凭证		摘要	成本项目				
		种类	号数		利息支出	手续费	汇兑损失	其他财务费用	合计
			11-23		1500				1500
			11-24		5000				5000
			11-25			600			600
			11-26		–3500				–3500
			11-27				1800		1800
			11-28	结转	–3000	–600	–1800		–5400
				合计	—0—	—0—	—0—		—0—

4. 资产减值损失的核算

（1）设置“资产减值损失”账户。建筑施工企业为了核算企业计提各项资产减值准备所形成的损失，需要设置“资产减值损失”账户进行核算。该账户借方记入企业的应收款项、存货、长期股权投资、持有至到期投资、固定资产、无形资产、贷款等资产发生减值的金额；贷方记入企业计提坏账准备、存货跌价准备、持有至到期投资减值准备、贷款损失准备等，相关资产的价值又得以恢复的增加的金额；期末，本账户余额转入“本年利润”账户，结转后本账户无余额。

企业可按资产减值损失的项目进行明细核算。

（2）举例说明其核算方法。计提有关资产的减值准备业务。

【案例 11-29】 某建筑施工企业本期有关资产发生减值损失的资料见表 11-6，进行账务处理。

表 11-6　　某建筑施工公司资产减值计提表

年　月　日　　单位：元

序号	资产项目	账面价值	可变现净值	减值准备
1	应收账款	600 000	560 000	40 000
2	其他应收款	25 000	23 000	2000
3	存货	1 200 000	1 195 000	5000
4	长期股权投资	200 000	189 000	11 000
5	持有至到期投资	180 000	172 000	8000

续表

序　号	资产项目	账面价值	可变现净值	减值准备
6	固定资产	3 200 000	3 154 000	46 000
7	在建工程	60 000	580 000	20 000
8	工程物资	100 000	85 000	15 000
9	无形资产	450 000	430 000	20 000
合　计		6 555 000	6 388 000	167 000

借：资产减值损失——坏账损失　　42 000
　　资产减值损失——存货跌价损失　　5000
　　资产减值损失——长期股权投资减值损失　　11 000
　　资产减值损失——持有至到期投资减值损失　　8000
　　资产减值损失——固定资产减值损失　　46 000
　　资产减值损失——在建工程减值损失　　20 000
　　资产减值损失——工程物资减值损失　　15 000
　　资产减值损失——无形资产减值损失　　20 000
　　贷：坏账准备　　42 000
　　　　存货跌价准备　　5000
　　　　长期股权减值准备　　11 000
　　　　持有至到期投资减值准备　　8000
　　　　固定资产减值准备　　46 000
　　　　在建工程减值准备　　20 000
　　　　工程物资减值准备　　15 000
　　　　无形资产减值准备　　20 000

关于具体资产减值损失的计算与核算方法，参见有关章节。

【案例 11-30】 期末，有证据表明下列资产价值得以恢复：应收账款 600 000 元、存货 1 220 000 元、持有至到期投资 175 000 元。账务处理如下。

借：坏账准备　　40 000
　　存货跌价准备　　5000
　　持有至到期投资减值准备　　3000
　　贷：资产减值损失　　48 000

【案例 11-31】 期末，将“资产减值损失”余额转入“本年利润”账户。

借：本年利润——资产减值损失　　119 000
　　贷：资产减值损失　　119 000

5. 公允价值变动损益的核算

一项资产或负债的公允价值是指在自愿交易的双方之间进行现行交易，在交易中所达成的资产购买、销售或负债清偿的金额。这就是说，这项交易不是被迫的或清算的销售，交易的金额是公平的，双方一致同意的。《企业会计准则——基本准则》指出：在公允价值计量下，资产负债按照在公平交易中，熟悉情况的交易双方自愿进行资产交换或者债务清偿的金额计量。公允价值计量是企业对会计要素计量的方法之一。

公允价值变动是指公允价值与成本价之间的差异。《企业会计准则——基本准则》引入了公允价值计量方法，为反映公允价值变动损益的校算内容，要设置“公允价值变动损益”账户。

“公允价值变动损益”账户核算内容如下：

本账户核算企业指定为以公允价值计量且其变动计入当期损益的金融资产或金融负债公允价值变动形成的应计入当期损益的利得或损失。该账户贷方记入资产负债表日应按交易性金融资产的公允价值高于其账面余额的差额，如公允价值低于其账面余额的差额，做相反处理；该账户借方记入资产负债表日交易性金融负债的公允价值高于其账面余额的差额，借记本科目，公允价值低于其账面余额的差额做相反的会计分录；处置交易性金融负债，结转该金融负债的公允价值变动数额时，贷记或借记本科目。期末，本账户余额转入“本年利润”账户，结转后本账户无余额。

特别提示 企业可按交易性金融资产、交易性金融负债、投资性房地产等进行明细核算。

任务三 利润、所得税及利润分配核算

一、企业利润形成的核算

1. 企业利润的含义

利润是建筑企业在一定会计期间的经营成果。它是企业在一定时期内实现的用货币表现的全部经营活动获得的最终成果，也称企业的财务成果。从宏观角度上，企业利润是国家财政收入的重要组成部分，是社会进行扩大再生产的物质基础；对企业而言，利润揭示着企业供产销工作的质量与经营管理工作的水平，反映了企业生产经营的经济效益。

2. 企业利润的构成

利润是指企业在一定会计期间的经营成果。利润包括收入减去费用后的净额、直接计入当期利润的利得和损失等。直接计入当期利润的利得和损失，是指应当计入当期损益、会导致所有者权益发生增减变动的、与所有者投入资本或者向所有者分配利润无关的利得或者损失。

建筑施工企业在一定会计期间从各个渠道实现的利润称为利润总额。根据我国企业会计制度的规定，企业的利润总额主要由营业利润、投资收益、营业外收入和营业外支出等组成。计算公式是

利润总额=营业利润+投资净收益+补贴收入+营业外收入−营业外支出

（1）营业利润。营业利润是建筑企业在一定时期内从事施工生产经营活动所实现的利润。它在数量上等于主营业务利润加上其他业务利得减去期间费用后的净额。计算公式是

营业利润=主营业务利润+其他业务利润−期间费用

式中 主营业务利润＝主营业务收入−主营业务支出−主营业务税金及附加

其他业务利润=其他业务收入−其他业务支出

期间费用包括管理费用，财务费用和营业费用。

（2）投资净收益。投资净收益是指企业对外投资所取得的收益，减去发生的投资损失和计提的投资减值准备后的净额。

（3）补贴收入。补贴收入是指企业按规定实际收到退还的增值税，或按销量、工作量等依据国家规定的补助定额计算并按期给予的定额补贴，以及国家财政扶持的领域面给予的其他形式的补贴。

（4）营业外收入。营业外收入是指与企业生产经营活动没有直接关系但能够影响利润总额的各项收入。主要内容有固定资产盘盈、处置固定资产的净收益、处置无形资产净收益、罚款收入等。

（5）营业外支出。营业外支出是指与企业生产经营活动没有直接关系但能够影响利润总额的各项支出。主要内容有固定资产盘亏、处置固定资产的净损失、处置无形资产净损失、计提无形资产减值准备、计提固定资产减值准备、计提专项工程减值准备、罚款支出、捐赠支出、非常损失等。

3. 企业利润形成的核算账户

（1）“营业外收入”账户。该账户用于核算企业发生的各项营业外收入，主要包括非流动资产处置利得、非货币性资产交换利得、债务重组利得、政府补助、盘盈利得、捐赠利得等。该账户贷方记入企业取得的各项营业外收入；借方记入期末结转到“本年利润”账户的营业外收入总额；期末结转后，本账户应无余额。本账户应按营业外收入项目设置明细账，进行明细分类核算。

【案例 11-32】 公司根据合同规定收到客户交来的由于其延期交货而支付的罚款 500 元，现金收讫。

借：库存现金　500

　　贷：营业外收入　500

（2）“营业外支出”账户。该账户用于核算企业发生的各项营业外支出，包括非流动资产处置损失、非货币性资产交换损失、债务重组损失、公益性捐赠支出、非常损失、盘亏损失等。该账户借方记入企业取得的各项营业外支出；贷方记入期末结转到“本年利润”账户的营业外支出总额；期末结转后，本账户应无余额。本账户应按营业外支出项目设置明细账，进行明细分类核算。

【案例 11-33】 年底，公司批复转销库存材料的非常损失 12 000 元。

借：营业外支出——非常损失　12 000

　　贷：待处理财产损溢——待处理流动资产损溢　12 000

【案例 11-34】 公司通过银行转账向贫困地区捐款 80 000 元。

借：营业外支出——捐赠支出　80 000

　　贷：银行存款　80 000

（3）“补贴收入”账户。该账户核算企业按规定实际收到的各种补贴收入。企业按规定收到各种补贴收入时，记入该账户的贷方；期末，应将本账户的余额转入“本年利润”账户。本账户应按各种补贴收入的项目设置明细账，进行明细分类核算。

（4）“本年利润”账户。该账户核算企业实现的净利润（或发生的净亏损）。它是将收入与费用进行对比的核心账户，是一个专用的汇总性账户。将企业本期实现的“主营业务收入”“其他业务收入”“补贴收入”“投资收益”（若是投资损失则转入“本年利润”账户的借方）、“营业外收入”等账户的期末余额分别转入该账户的贷方，将企业本期发生的“主营业务成本”“其他业务成本”“主营业务税金及附加”“营业外支出”“管理费用”“财务费用”“营业费用”

“资产减值准备”以及“所得税”等账户的期末余额分别转入该账户的借方，借、贷方相抵后的余额反映企业本期的净利润或净亏损。年度终了，将本账户的余额转入“利润分配”账户，结转后，本账户应无余额。

4. 利润形成的核算方法

期末，需要计算企业本期实现的利润总额（或亏损总额），在实际工作中，通常有表结法和账结法两种。

（1）表结法。表结法是指利用各月月末有关损益类账户的累计数据资料，将其直接列入损益表，并通过损益表计算年内累计利润及各月利润的方法。

1）日常核算。在此方法下，每月结账时只需要结出各损益类账户的本年累计数，就可以逐项填列损益表，通过损益表计算出从年初到本月止的本年累计数，然后减去上月末的本年累计数，就能够求得本月份的利润（或亏损）。

2）年末结算。年末结算时，将损益类账户的全年累计余额转入“本年利润”，集中反映本年利润及其构成情况。

采用此方法，平时（1～11 月）的“本年利润”账户不发生记录，只在年终（12 月末）将各损益类账户的余额转入时，才使用“本年利润”账户，并在年度终了时将其余额全部转入“利润分配”账户；这样，各损益类账户平时有余额，年末才结清。表结法的优点是：平时可以减少损益结转工作，可以从各损益类账户了解各种损益的本期发生额和自年初起的累计发生额。但由于“本年利润”账户平时无记录，不便于从该账户中直接掌握损益发生的情况。

（2）账结法。账结法是指月末将各损益类账户的本月发生额结转到“本年利润”账户，通过“本年利润”账户结出本月利润（或亏损）总额以及本年累计损益的方法。其账务处理形式为：

结转本月“主营业务收入”“其他业务收入”“补贴收入”“投资收益”（若是投资损失则转入“本年利润”账户的借方）、“营业外收入”等账户的发生额。

借：主营业务收入
　　其他业务收入
　　补贴收入
　　投资收益
　　营业外收入
　　贷：本年利润

结转本月“主营业务成本”“其他业务成本”“主营业务税金及附加”“营业外支出”“管理费用”“财务费用”“营业费用”“公允价值变动损益”“资产减值损失”等账户的发生额。

借：本年利润
　　贷：主营业务成本
　　　　其他业务成本
　　　　主营业务税金及附加
　　　　管理费用
　　　　财务费用

营业费用

营业外支出

公允价值变动损益

资产减值损失

1）利润形成日常核算举例，资料见表 11-7。

表 11-7　　某建筑公司 2014 年 11 月月末损益类账户资料

账户名称	本月发生额		账户名称	本月发生额	
	借方发生额	贷方发生额		借方发生额	贷方发生额
主营业务收入		150 000	主营业务成本	1 250 000	
其他业务收入		100 000	主营业务税金及附加	49 500	
投资收益		50 000	其他业务成本	75 000	
营业外收入		20 000	管理费用	110 400	
			财务费用	5600	
			营业外支出	2050	
			公允价值变动损益	5000	
			资产减值损失	10 000	
合　计		1 670 000	合　计	1 507 550	

【案例 11-35】 根据表 11-7 的资料，结转本月“主营业务收入”“其他业务收入”“投资收益”“营业外收入”等账户的发生额。

借：主营业务收入　　1 500 000

　　其他业务收入　　100 000

　　投资收益　　50 000

　　营业外收入　　20 000

　贷：本年利润　　1 670 000

【案例 11-36】 根据表 11-7 资料，结转本月“主营业务成本”“其他业务成本”“主营业务税金及附加”“营业外支出”“管理费用”“财务费用”“营业费用”“资产减值损失”等账户的发生额。

借：本年利润　　1 507 550

　贷：主营业务成本　　1 250 000

　　　其他业务成本　　75 000

　　　主营业务税金及附加　　49 500

　　　管理费用　　110 400

　　　财务费用　　5600

　　　营业外支出　　2050

　　　公允价值变动损益　　5000

　　　资产减值损失　　10 000

2）年末结转与表结法相同。采用此方法，各损益类账户在每月月末都应将发生额转入“本年利润”账户后便无余额，每月月末都要使用“本年利润”账户，在年度终了时，将“本年利润”账户余额转入“利润分配”账户后便无余额。账结法的优点是平时不单从损益表上得到本年及本月的损益情况，还可以通过“本年利润”账户了解年度内损益的总体情况。只是平时各损益类账户发生额的结转工作比较烦琐。

二、所得税费核算

1．所得税的计算

（1）所得税的计税依据。所得税是企业应当计入当期损益的所得税费用。其计算公式如下：

应税利润=利润总额±税法规定调整项目金额（或纳税调整增加额–纳税调整减少额）

其中：

1）应税利润又称应纳税所得额，是企业按国家税法规定计算的应缴纳所得税的收益额。应税利润是要受国家税法所制约，根据经济合理、公平税负、促进竞争的原则，依据有关税收法规，确定一定时期纳税人应交纳税额的基数。

2）利润总额是企业按照企业会计准则所采用的会计程序和方法的要求计算形成的，通常亦称为税前会计利润（或税前利润）。

3）国家税法规定的调整项目。

纳税调整增加额主要包括规定允许扣除项目中，企业已计入当期费用但超过税法规定的扣除标准的金额，以及企业已计入当期费用但税法规定不允许扣除项目的金额；纳税调整减少额主要包括按税法规定允许弥补的亏损和准予免税的项目。

（2）应税利润与利润总额之间的差异。由于利润总额（或税前会计利润）是按照会计制度计算的，与按照税法计算的应税利润（应纳税所得额）之间的结果便不一定相同。二者之间的差异按其选择不同，分为永久性差异和时间性差异。

1）永久性差异。永久性差异是指某一会计期间，由于会计制度和税法在计算收益、费用或损益时的口径不同，所产生的税前会计利润与应税利润之间的差异。这种差异在本期发生后，不能在以后各期转回，具有不可逆转性。主要包括：

①会计制度规定核算时作为收益计入会计报表，在计算应税利润时不确认为收益。例如国库券的利息收入。

②按会计制度规定核算时不作为收益计入会计报表，在计算应税利润时确认为收益，需要交纳所得税。例如企业自产的产品用于工程项目，税法上规定按产品的售价和成本的差额计入应税利润，但会计制度按成本结转，不产生利润，不计入当期损益。

③按会计制度规定核算时确认为费用或损失计入会计报表，在计算应税利润时则不允许扣减。例如非公益救济性捐赠、摊派和赞助费等；税法允许扣减的项目限额与会计确认的费用额存在的差异，如超过计税工资标准的工资费用、超过金融机构同类同期贷款利率计算的向非金融机构借款的利息等。

④按会计制度规定核算时不确认为费用或损失，在计算应税利润时则允许扣减。

上述永久性差异的原因，其应税利润的公式为

应税利润=利润总额–①+②+③–④

2）时间性差异。时间性差异是由于会计制度和税法在计算收益、费用或损益时的时间不

同，所产生的税前会计利润与应税利润之间的差异。即企业某些收入与费用计入利润总额的时间迟于或早于计入应税利润的时间而形成的。这种差异产生于某一会计期间，但在以后一期或若干期能够转回，所以就某一纳税年度而言，税前会计利润与应税利润存在差异，但就整个经营期间来说，其利润总额与应税利润是相等的。主要包括：

①企业获得的某项收益，按照会计制度规定应当确认为当期收益，但按税法规定需待以后期间确认为应税利润，从而形成应纳税时间性差异，即未来应增加应税利润的时间性差异。

②企业获得的某项费用或损失，按照会计制度规定应当确认为当期费用或损失，但按税法规定需待以后期间可从应税利润中扣减，从而形成可抵减应纳税时间性差异，即未来可以从应税利润中扣除的时间性差异。

③企业获得的某项收益，按照会计制度规定应当于以后期间确认收益，但按税法规定需计入当期应税利润，从而形成可抵减应纳税时间性差异。

④企业获得的某项费用或损失，按照会计制度规定应当于以后期间确认为费用或损失，但按税法规定可以从当期应税利润中扣减，从而形成可抵减应纳税时间性差异。

上述时间性差异的原因，其应税利润的公式为

应税利润=利润总额–①+②+③–④

虽然税前会计利润与应税利润之间存在差异，其计算有各自的要求和独立性，但二者之间又是密切相关的。税前会计利润是计算应税利润的重要依据之一，是计算应税利润的重要基础。

2. 所得税核算

（1）设置“所得税费”账户。为了核算企业确认的应从当期利润总额中减去的所得税费用，需要设置“所得税费”账户进行核算。该账户借方记入资产负债表日，企业按照税法规定计算确定的当期应交所得税以及递延所得税资产的应有余额小于“递延所得税资产”账户余额的差额；贷方记入资产负债表日，根据递延所得税资产的应有余额大于“递延所得税资产”账户余额的差额以及期末结转到“本年利润”账户的所得税费用；期末结转后，本账户应无余额。

企业可按“当期所得税费用”“递延所得税费用”设置明细账，进行明细核算。

（2）举例说明核算方法。

【案例 11-37】 大明建筑公司 2015 年按照 25%所得税率，计算应交所得税为 528 000 元。

1/2 计缴所得税：

借：所得税费——当期所得税费用　　528 000

　　贷：应交税金——应交所得税　　528 000

2/2 期末结转所得税：

借：本年利润　　528 000

　　贷：所得税费——当期所得税费用　　528 000

三、企业税后利润分配的核算

1. 税后利润分配原则

税后利润分配是指对企业实现的净利润，按规定在企业、职工和投资者之间的分配。企业净利润的计算公式如下

税后利润（净利润）=利润总额–所得税

企业税后利润的分配不仅关系到投资者投资目的的实现，也关系到企业的未来发展以及职工个人的切身利益。为此，企业应该按照国家有关法规、政策和制度的规定和投资者的决议对税后利润进行分配。企业税后利润分配应遵循的基本分配原则如下：

（1）发展优先的原则。企业的税后利润分配应该有利于提高企业的发展能力，以增强企业的实力。因为只有企业不断地发展，各方面的利益才能得到实现。

（2）注重效率原则。市场经济存在优胜劣汰。效率的实质是最大限度地发挥企业的潜力，这就要求企业各项资源得到充分合理、有效的利用，进而增强企业在市场经济中的竞争能力，使企业在竞争中处于不败之地。

（3）制度约束原则。企业税后利润分配涉及许多方面的经济利益，政策性很强。因此，应遵循相关的政策、制度，确定相应的分配方向、分配程序和分配金额，制定合法、合理和有效的分配政策。

（4）亏损弥补原则。根据税法规定，企业当年发生亏损，可以用下年度的税前会计利润弥补；如下一年度的税前会计利润不足以弥补的，可以在五年内逐年抵补。这是国家为了保障企业均衡发展，获得更大的经济效益而制定的一项重要措施。

2. 税后利润分配程序

建筑施工企业根据国家有关法规及相关原则，对企业实现的税后利润进行分配的程序是：

（1）弥补以前年度亏损（五年前）。

（2）提取法定盈余公积金。

按照税后利润扣除税后补亏后的余额的 10%提取，当法定盈余公积金已达注册资本的 50%时可以不再提取。

提取的法定盈余公积金=（税后利润−弥补以前年度亏损）×10%

（3）向投资者分配利润。

企业向投资者分配利润，按照各方的出资比例进行分配。可供投资者分配的利润的计算公式：

可供投资者分配的利润=税后利润−提取的法定盈余公积金+期初未分配利润

如果是股份制建筑企业，可供投资者分配的利润的分配顺序为：

1）应付优先股股利；

2）提取任意盈余公积金；

3）应付普通股股利；

4）转作资本（股本）的普通股股利。

（4）未分配利润。未分配利润是企业可留待以后年度进行分配的税后利润。其计算公式如下：

未分配利润=税后利润−弥补以前年度亏损−提取的法定盈余公积金−可供投资者分配的利润

3. 税后利润分配的核算

（1）设置“利润分配”账户。该账户用于核算企业税后利润的分配（或亏损的弥补）及历年分配（亏损）后利润的结存数额。借方记入已分配的利润数额，贷方记入年末从“本年利润”账户转来的本年度实现的利润总额和弥补以前年度的亏损额。期末余额若在贷方，则表示企业的未分配利润；若在借方则表示企业未弥补亏损。

“利润分配”应按照有关明细项目设置明细分类账，进行明细分类核算。其明细项目有：

1）其他转入；

2）提取的法定盈余公积金；

3）提取的法定公益金；

4）提取储备基金；

5）提取企业发展基金；

6）提取职工奖励基金；

7）利润归还投资；

8）应付优先股股利；

9）提取任意盈余公积金；

10）应付普通股股利；

11）转作资本（股本）的普通股股利；

12）未分配利润。

（2）税后利润分配的核算。

【案例 11-38】 大明建筑公司 2014 年年末的税后利润 1 600 000 元。应弥补上年亏损 150 000 元；按照国家有关政策计提相应基金，并按可供投资者分配的利润的 80%向投资者分配。

1）弥补亏损的核算。

对企业发生的以前年度未弥补亏损，需要用税后利润弥补的，已记入“利润分配——未分配利润”账户的借方，不需要专门作弥补亏损的账务处理。

计算弥补亏损后的利润

1 600 000−150 000=1 450 000 元

2）计提盈余公积金。

1 450 000×10%=145 000 元

借：利润分配——提取的法定盈余公积金　　145 000

　　贷：盈余公积金——公积金　　145 000

3）向投资者分配利润。

（1 450 000−145 000）×80%=1 044 000 元

借：利润分配——应付普通股股利　　1 044 000

　　贷：应付股利　　1 044 000

（3）税后利润的年终结转。

1）结转“本年利润”账户余额。

借：本年利润　　1 600 000

　　贷：利润分配——未分配利润　　1 600 000

2）结转“利润分配”账户的各明细分类账。

借：利润分配——未分配利润　　1 189 000

　　贷：利润分配——提取法定盈余公积金　　145 000

　　　　利润分配——应付普通股股利　　1 044 000

结转后，“利润分配——未分配利润”账户有贷方余额 261 000 元，是企业的 2014 年年末未分配利润，留待以后年度分配。

知识梳理与小结

收入是企业在日常活动中产生的、会导致所有者权益增加的、与所有者投入资本无关的经济利益的总流入。根据收入在施工企业中所占地位不同，收入分为主营业务收入和其他业务收入。其中，施工企业的主营业务收入主要是指建造合同收入，而其他业务收入则包括企业在销售商品、提供劳务和让渡资产使用权等方面获得的收入。企业收入的确认和计量必须遵循会计准则的相关规定。

施工企业的主要收入来源是建造合同收入，在资产负债日中，按建造合同的结果是否能够可靠估计选择适用的收入确认标准确认收入金额，按建造合同的完工进度确认工程结算收入。其合同完工进度确认方法的不同会直接影响到企业当期的合同收入和成本的确认金额，进而影响到当期利润。施工企业应采用完工百分比法确认合同的完工进度，以此作为结转合同收入和成本的依据。常用的方法是根据累计实际发生的合同成本占合同预计总成本的比例确定合同完工进度。除此之外，还有根据已经完成的合同工作量占合同预计总工作量的比例确定合同完工进度和已完合同工作的测量两种应用方法，施工企业可根据施工项目的特点灵活选用。施工企业当期完成的建造合同，应按实际合同总收入减去以前会计年度累计已确认的收入后的余额作为当期的合同收入。按累计实际发生的合同成本减去以前会计年度累计已确认的费用后的余额作为当期的合同费用，同时按合同总收入与合同总成本的差额乘以完工进度再减去以前会计年度累计已确认的毛利后的余额作为当期的合同毛利。

施工企业的利润是指其在一定会计期间的经营成果，包括收入减去费用后的净额、直接计入当期利润的收入和利得等。利润的形成包括利润总额的形成和净利润的形成两部分。利润总额由营业利润和营业外收支构成，在此基础上扣除企业的所得税费用就形成了企业的净利润。

施工企业的期间费用，包括管理费用和财务费用。期间费用于发生时直接计入当期损益。管理费用，是指施工企业行政管理部门为管理和组织企业施工生产经营活动而发生的各项费用。财务费用，是指施工企业为筹集生产经营所需资金而发生的各项费用。

施工企业应该按照国家的有关规定，对当年实现的净利润和以前年度未分配的利润进行分配。施工企业实现的净利润应首先用于弥补以前年度亏损，若有剩余，则按一定比例计提盈余公积。施工企业本年实现的净利润，加上年初未分配利润（或减去年初未弥补的亏损）和其他转入后的余额，为可供分配的利润。可供分配的利润减去应提取的法定盈余公积、任意盈余公积后，为可供投资者分配的利润。可供投资者分配的利润，经过分配优先股股利、普通股股利以及转增资本等步骤之后，为未分配利润（或未弥补亏损）。未分配利润可留待以后年度进行分配。

复习思考题

1. 收入的含义及分类是什么？
2. 收入确认的条件是什么？

3．简述收入确认的一般标准是什么？
4．建造合同的特点是什么？
5．工程价款结算的方式有哪些？
6．利润总额的含义及组成内容是什么？
7．营业外收支包括的内容是什么？
8．什么是表结法和账结法？
9．时间性差异和永久性差异的定义是什么？
10．税后利润分配的原则是什么？
11．利润分配的程序如何？

实 训 练 习 题

练习题一

施工企业 2012 年度生亏损 500 000 元，用盈余公积弥补 200 000 元，年初有未分配利润 400 000 元。

要求：编制相应的会计分录。

练习题二

施工企业签订了一项合同总金额为 1000 万元的固定造价合同。合同规定的工期为三年。假定第一年完工进度为 25%，第二年完工进度为 75%，前两年的合同预计总成本为 800 万元。第三年工程全都完成。累计实际发生合同成本 700 万元。

要求：试确认各年的合同收入和合同费用，并编制相应的会计分录。

练习题三

施工企业与甲公司签订一项固定造价的建造合同，总价款为 5 000 000 元，该合同按工程进度支付款项。第一年，该施工企业发生工程成本 1 500 000 元，预计还需要发生成本 3 000 000 元；第二年，该施工企业实际发生工程成本 2 000 000 元，预计还需要发生成本 2 000 000 元；第三年，工程建设完工，实际发生工程成本 1 700 000 元。

要求：按完工进度编制施工企业每年的相关会计分录（不考虑相关税费）。

练习题四

施工企业 2012 年 12 月 21 日购入一项施工设备，支付不含税价款 800 000 元，企业按 4 年计提折旧，而税法规定按 5 年计提折旧，企业和税法都采用直线法计提折旧，且净残值为零。

要求：计算施工企业 2013～2016 年与该设备相关的递延所得税，并编制相关的会计分录。

练习题五

施工企业 2012 年年末，相关损益类账户结账前的本年发生额见表 11-8。

要求：依据表的资料编制相应的会计分录。

表 11-8　企业 2008 年年末相关损益类账户结账前余额表　单位：元

账 户 名 称	结账前借方余额	结账前贷方余额
主营业务收入		60 000 000
主营业务成本	42 000 000	

续表

账户名称	结账前借方余额	结账前贷方余额
营业税金及附加	8 400 000	
其他业务收入		450 000
其他业务支出	360 000	
管理费用	5 700 000	
财务费用	2 115 000	
投资收益		129 000
营业外收入		1 140 000
营业外支出	1 395 000	
所得税费用	577 170	

要求：

1．企业年末一次结转利润，计算当年的净利润，同时编制结转各项损益和利润的会计分录；

2．年度终了，进行利润分配，计算应提取的法定盈余公积和任意盈余公积数额，同时编制利润分配和结转“利润分配”各明细账户余额的会计分录。

练习题六

施工企业 2012 年的会计资料如下：企业在本年度取得主营业务收入 3000 万元，其他业务收入 500 万元，投资收益 300 万元，营业外收入 30 万元；发生主营业务成本 1200 万元，其他业务成本 200 万元，营业税金及附加 100 万元，销售费用 140 万元，管理费用 160 万元，财务费用 60 万元，营业外支出 40 万元，本年度所得税费用 600 万元。企业按当年净利润的 10%提取法定盈余公积，按 5%提取任意盈余公积。

练习题七

工程价款结算核算的习题。

（一）目的：

掌握工程价款结算的核算方法和技能。

（二）资料：

1．光大建筑公司按工程合同规定，填列“工程价款预支账单”向发包单位希望公司收取上半月的工程进度款 300 000 元，已收妥入账。

2．月末，光大建筑公司根据“本月已完工程月报表”，提出“工程价款结算账单”与发包单位希望公司办理本月已完工程结算，应收取本月已完工程价款 750 000 元，按规定扣还本月预收的工程进度款 300 000 元。

3．收到银行转来明珠公司支付工程价款 450 000 元的收账通知单。

4．光大建筑公司通过银行向分包公司拨付本月工程进度款 120 000 元。

5．公司与发包单位办妥预支工程进度款的手续，由发包单位向分包公司直接拨付水泥一批，价值 80 000 元，抵付工程进度款。

6．月末，公司根据分包公司提出的“工程价款结算账单”，经过审核后应付分包公司本月已完工程价款 410 000 元，同时应抵扣本月预收账款 200 000 元。

7．公司开出转账支票，向分包公司支付本月已完工程款 210 000 元。

（三）要求：根据上述经济业务编制记账凭证。

练习题八

其他业务核算习题。

（一）目的：

掌握其他业务核算的基本方法和技能。

（二）资料：

1．南方建筑公司的构件加工队出售一批预制空心板，开出的发票价为 52 000 元（内含 6%的增值税），货物已发出，款项暂未收取。

2．企业将一台暂时不用的生产设备出租给外单位使用，根据租赁合同规定每月月末支付租金 3000 元。

3．企业材料仓库发出一批积压的材料，出售给外单位，销售价款为 20 000 元，收到对方承兑的、为期 60 天、票面利率为 6%的商业承兑汇票一张。

4．月末，结转与本月实现的其他业务收入相关联的成本，其中：发出预制空心板的计划成本 44 000 元，材料成本差异为–2%；销售积压材料的计划成本为 14 200 元，材料成本差异 3%；租出设备每月计提的折旧为 1640 元。

5．月末，按规定计算并结转本月实现的其他业务收入应交纳的营业税、城市维护建设税和教育费附加。

6．月末，结转“其他业务收入”“其他业务支出”账户的余额。

（三）要求：

1．根据上述经济业务编制记账凭证（登记会计分录）。

2．根据有关记账凭证登记“其他业务收入”“其他业务成本”总分类账户及相关明细分类账，并结账。

练习题九

（一）目的：掌握管理费用、财务费用核算的基本方法和技能。

（二）资料：

1．现金支付公司本部的办公费 100 元、办公家具的修理费 800 元。

2．本月工资分配中：公司管理部门人员工资 12 000 元，并按规定计提福利费。

3．本月全公司工资总额 125 000 元。分别按 2%、1.5%的比率计提工会经费与职工教育经费。

4．现金付讫绿化费 500 元、诉讼费 250 元、审计费 300 元、咨询费 320 元以及聘请经济顾问费用 3000 元。

5．应缴房产税 1800 元、土地使用税 850 元、车船使用税 1000 元。

6．通过银行转账支付离、退休人员生活费 22 000 元。

7．领用库存材料计划成本 5000 元、材料成本差异率 2%，用于新工艺、新技术的试制。

8．银行转账支付董事会经费 4000 元。

9．接待国外考察团，发生业务招待费 3000 元，企业存款付讫。

10．本月计提坏账准备金 10 000 元、计提存货跌价损失 1500 元。

11．无形资产摊销费 400 元，公司固定资产折旧费 800 元。开办费摊销 1000 元。

12．预提短期借款利息 150 元、长期借款利息 5000 元。

13．结转外币存款发生的汇兑损失 1000 元。

14．通过银行支付办理银行结算业务的手续费 600 元。

15．公司经理报销差旅费 2100 元，退回余款 400 元。

16．月末，将“管理费用”“财务费用”账户发生额转入“本年利润”账户，各期间费用账户无余额。

（三）要求：

1．分别设置“管理费用”“财务费用”账户多栏式明细账。

2．根据上述经济业务编制记账凭证（或会计分录）。

3．根据记账凭证登记“管用费用”“财务费用”明细账、并结账。

练习题十

（一）目的：掌握企业的营业外收入、营业外支出核算的基本方法和技能。

（二）资料：

（1）新兴建筑公司批复结转账外塔吊的净值 35 000 元。

（2）新兴建筑公司根据合同规定收到客户交来的由于其延期交货而支付的罚款 5200 元，现金收讫。

（3）新兴建筑公司批复转销库存钢材的非常损失 20 000 元。

（4）新兴建筑公司通过银行转账向贫困地区捐款 100 000 元。

（5）结转报废加工机械的净损失 5000 元。

（6）结转公司出售的不需用生产设备的净收益 12 000 元。

（7）结转公司出售无形资产的净收益 22 000 元。

（8）年末，公司计提固定资产减值准备 40 000 元、无形资产减值准备 22 000 元、专项工程减值准备 10 000 元。

（9）年末，将“营业外收入”账户的发生额转入“本年利润”账户。

（10）年末，将“营业外支出”账户的发生额转入“本年利润”账户。

（三）要求：

1．根据上述经济业务编制记账凭证（登记会计分录）。

2．根据有关记账凭证登记“营业外收入”、“营业外支出”总分类账户及相关明细分类账，并结算。

练习题十一

（一）目的：掌握企业利润形成、所得税及利润分配核算的基本方法和技能。

（二）资料：

1．基本资料。

东方建筑公司 1～11 月、12 月的有关损益账户资料见表 11-9。

表 11-9　　损益类账户发生额资料表

账户名称	1～11 月发生额		12 月发生额	
	借方金额	贷方金额	借方金额	贷方金额
主营业务收入		20 000 000		1 500 000

续表

账户名称	1～11 月发生额		12 月发生额	
	借方金额	贷方金额	借方金额	贷方金额
其他业务收入		500 000		50 000
投资收益		100 000		20 000
营业外收入		35 000		21 500
主营业务成本	16 500 000		1 250 000	
营业税金及附加	（　）		（　）	
其他业务成本	400 000		45 000	
管理费用	800 600		120 400	
财务费用	60 400		5600	
营业外支出	31 000		2050	
资产减值损失	15 000		20 000	
公允价值变动损益	13 000		4000	
所得税费	（　）		（　）	
利润分配	年初贷方余额：200 000 元			

2．纳税调整说明。

（1）1～11 月的投资收益中有 30 000 元为对方已按 15%交纳了所得税后的收益。

（2）12 月的计税工资为 220 000 元，实际工资为 260 000 元。

（3）东方建筑公司所得税税率为 25%。

3．本年利润分配方案。

（1）按净利润的 10%提取法定盈余公积金；

（2）留 400 000 元作为公司本年度未分配利润，留待以后使用；

（3）其余用作投资者的现金股利的分配。

（三）要求：

1．计算表 11-9 的括弧内数据。

2．完成 1～11 月利润总额形成、所得税费的核算。

（1）开设“本年利润”“所得税费”账户。

（2）结转 1～11 月各损益类账户发生额。

（3）计算 1～11 月的应交纳的所得税，并进行所得税账务处理。

（4）根据有关记账凭证登记“本年利润”“所得税费”总分类账户。

3．完成 12 月利润形成、所得税的核算。

（1）结转 12 月各损益类账户发生额。

（2）计算 12 月应交纳的所得税，并进行所得税账务处理。

（3）根据有关记账凭证登记上述开设的“本年利润”账户；同时登记“所得税费”总分类账户并结账。

4．完成全年的利润分配核算。

（1）开设“利润分配”总分类账以及明细分类账，并登记年初余额。

（2）利润分配的核算。

（3）结转“本年利润”账户余额。

（4）根据上述有关记账凭证登记“本年利润”并结账；同时，登记“利润分配”总分类账以及明细分类账。

5. 结转“利润分配”账户的明细账，并结账。

6. 采用方法（选用）。

（1）表结法。

（2）账结法。

学习情境十二　工程成本和费用

学习目标

1. 了解企业工程成本和费用内容。
2. 熟悉成本和费用核算的主要经济业务内容。
3. 掌握工程成本、财务费用、管理费用等概念和内容。

技能目标

1. 掌握工程实际成本各成本项目的归集和分配方法。
2. 能正确计算工程成本。
3. 掌握管理费用和财务费用的内容，能正确地进行账务处理。

案例导入

大华建筑有限责任公司于2012年年初开工建设甲、乙两项建筑工程，甲、乙两工程于当年年末达到预定可使用状态。甲工程发生直接费用700万元，乙工程发生直接费用300万元。甲、乙两工程共发生间接费用30万元，按直接费用的比例分配。

对于工程成本的核算，当材料、人工、机械以及其他费用发生时，可以明确判断是哪项工程耗用的，则直接计入该项工程的成本；而当费用发生时，不能明确判断是哪项工程耗用的，则可以先归集到“工程施工——间接费用”科目，然后再按照一定的标准进行分配。因此成本核算主要包括两个环节：归集和分配。对于单纯的施工企业来说期间费用只包括管理费用和财务费用两种。

知识链接

任务一　费用和成本的概念及分类

一、成本和费用的概念

费用有广义和狭义之分，广义的费用泛指企业在生产经营活动中的各种耗费，包括生产费用和期间费用；狭义的费用是指企业为销售商品、提供劳务等日常活动所发生的经济利益的流出，即期间费用，具体表现为资产的减少或负债的增加，最终是净资产的减少。

企业为生产一定种类和数量的产品所发生的费用，即产品的生产成本，也是产品的制造成本，简称成本。费用与成本是两个不同的概念，二者既有联系又有区别。

费用与成本的联系表现为：

（1）费用是计算成本的前提，没有费用的发生，也就没有成本的形成；

（2）成本是将一定范围内的费用归集到某一具体成本计算对象上，是一种对象化的费用。

费用与成本的区别主要是：

（1）费用是按时期来归集的，它与一定的会计期间相联系；

（2）成本则是按对象来归集的，它与某一具体对象相联系。

二、建筑施工企业费用分类

建筑施工企业的费用（简称施工费用）可以按照不同的标准进行分类，主要分类方法有三种。

1. 施工费用按经济性质分类

施工费用按照经济性质可以分为物化劳动费用和活劳动费用两大部分。为了满足企业成本管理的需要，便于分析和考核施工费用的构成情况，在实际工作中，把施工费用划分为若干个费用要素。建筑施工企业的费用要素一般包括下列内容：

（1）外购材料。外购材料是指企业为进行施工生产经营活动而耗用的一切从外部购入（包括建设单位拨入）的主要材料、结构件、机械配件和其他材料的价值，以及周转材料的摊销价值。

（2）外购动力。外购动力是指企业为进行施工生产经营活动而耗用的从外部购入的各种动力费用（包括电力、热力和蒸汽等）。

（3）职工薪酬。职工薪酬是指企业为获取职工提供的服务而给予的各种形式的报酬以及其他相关支出。

（4）折旧费。折旧费是指企业按照规定计算提取的固定资产折旧费用。

（5）修理费用。修理费用是指企业对固定资产进行修理所发生的费用。

（6）租赁费。租赁费是企业为进行施工生产经营活动而支付的从外部租赁机械设备（经营性租赁）和钢（木）模板、脚手架等的费用。

（7）税金。税金是指企业发生的按规定应计入施工费用的各种税金，包括营业税、房产税、车船使用税、印花税、土地使用税等。

（8）利息支出。利息支出是指企业发生的按规定应计入财务费用的借款利息及票据贴现利息净支出（即利息支出减去利息收入后的余额）。

（9）其他支出。不属于以上各要素的费用支出，如邮电费、差旅费、保险费、劳动保护费等。

施工费用要素是一种原始形态的费用支出，这种分类可以反映在一定时期内企业发生了哪些施工费用，各要素费用的比重是多少，据以分析企业各个时期施工费用的结构和水平，为企业编制施工费用计划、物资采购供应计划、职工薪酬计划、核定储备资金定额提供了可靠的依据，有利于考核施工费用计划的执行情况及考核储备资金的周转速度。同时，这种分类方法反映了企业在施工生产经营过程中物化劳动和活劳动的耗费情况，为国家汇总计算建筑业的净产值和国民收入提供了重要资料。

2. 施工费用按经济用途分类

施工费用按经济用途，可以划分为计入成本的施工生产费用和计入当期损益的期间费用。由于建筑施工企业除了主要从事建筑安装工程施工生产活动外，还从事其他多种经营活动，因此，应计入成本的施工生产费用，不仅包括应计入工程成本的施工生产费用，还包括应计入企业所属辅助生产部门和附属工业企业所生产的产品成本的施工生产费用，以及应计入对外提供机械作业和劳务成本的施工生产费用。期间费用是指在某一会计期间，企业行政管理部门为组织和管理生产经营活动以及为销售商品或提供劳务而发生的与生产产品无直接关系的各项费用，包括管理费用、财务费用和销售费用。

应计入工程成本的施工生产费用，按其在施工生产过程中的具体用途，可以进一步划分为若干费用项目，即成本项目。建筑安装工程的成本项目一般包括下列内容：

（1）人工费。是指从事建筑安装工程施工人员薪酬，包括工资、奖金等多项内容。

（2）材料费。主要包括施工过程中耗用的构成工程实体或有助于形成工程实体的原材料、辅助材料、构配件、零件、半成品的成本，以及周转材料的摊销和租赁费用等。使用结构件较多的工程，也可以单独设置“结构件”成本项目。

（3）机械使用费。主要包括施工生产过程中使用自有施工机械所发生的机械使用费和租用外单位施工机械所支付的租赁费，以及施工机械的安装、拆卸和进出场费等。

（4）其他直接费。主要包括有关的设计和技术援助费用、施工现场材料二次搬运费、生产工具和用具使用费、检验试验费、冬雨期施工增加费、夜间施工增加费、流动施工津贴、特殊地区施工增加费、铁路和公路工程行车干扰费、送变电工程干扰通信保护措施费、特殊工种技术培训费等。

（5）间接费用。间接费用是指企业所属各施工单位（如工区、工程处、施工队、项目经理部等）为组织和管理施工生产活动所发生的各项费用。主要包括临时设施摊销费和施工单位发生的管理人员薪酬、行政管理用固定资产折旧费及修理费、物料消耗、低值易耗品摊销、取暖费、水电费、办公费、差旅费、财产保险费、工程保修费、排污费及其他费用。

上述（1）～（4）项构成工程的直接成本，第（5）项为工程的间接成本。

施工费用按照经济用途分类，既明确了工程制造成本与期间费用的界限，又划清了生产成本与经营管理成本的界限，能够正确反映工程成本的构成，便于检查企业费用计划、定额、预算等的执行情况，分析和考核费用支出是否合理，从而有助于加强成本管理，控制成本费用支出。施工费用构成如图12-1所示。

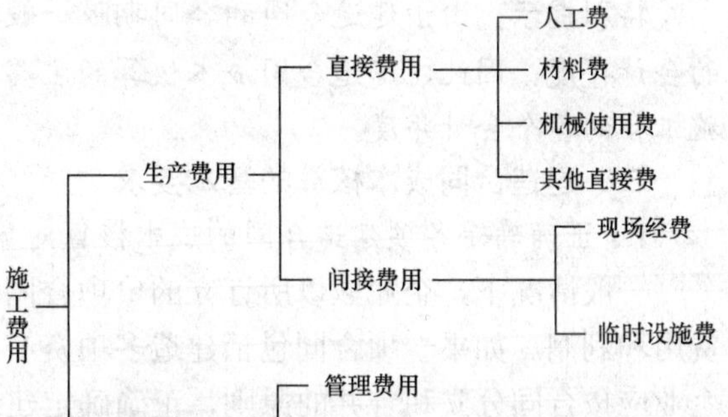

图 12-1 施工费用构成

3. 施工费用按计入工程成本的方法分类

施工费用按计入工程成本的方法分为直接费用和间接费用两类。

（1）直接费用。直接费用是指直接为某一工程施工而发生的费用，因而在费用发生时，就可以根据原始凭证直接计入该工程的实际成本。

（2）间接费用。间接费用是指若干个工程施工对象共同发生的费用，在费用发生时，无法分清该项费用在各个工程上分别支出了多少。因而应采用适当的方法，按照一定的标准，把这些共同性费用分配计入各个工程的实际成本。

特别提示：施工费用按计入工程成本的方法分类，对于选择合理的费用分配方法，正确计算工程成本具有重要意义。

任务二 工程成本核算认知

一、建造合同的特点

建造合同是指为建造一项资产或在设计、技术、功能、最终用途等方面密切相关的数项资产而订立的合同。对建筑施工企业来说，这里的资产是指房屋、道路、桥梁、水坝等建筑物。所建造的资产从其功能和最终用途看，可分为两类：

（1）建成后就可以投入使用和单独发挥作用的单项工程，如房屋、桥梁等；

（2）在设计、技术、功能和最终用途等方面密切相关的由数项资产构成的建设项目。只有这些资产全部建成投入使用时，才能整体发挥效益。如承建一个发电厂，该项目由锅炉房、发电室、冷却塔等几个单项工程构成，只有各单项工程全部建成投入使用时，发电厂才能正常运转和发电。

建造合同包括：

（1）固定造价合同。它是指按照固定的合同价或固定单价确定工程价款的建造合同。

（2）成本加成合同。它是指以合同允许或其他方式议定的成本为基础，加上该成本的一定比例或定额费用确定工程价款的建造合同。

建造合同不同于一般的材料采购合同和劳务合同，它的特点是：

（1）先有买主（即客户），后有标底（即资产）。建造资产的造价在签订合同时已经确定；

（2）资产的建设期长，一般都要跨越一个会计年度，有的长达数年；

（3）所建造的资产体积大，造价高；

（4）建造合同一般为不可撤消的合同。

特别提示：由于建造合同的合同期限一般较长，其开工日期与完工日期通常分布于不同的会计年度，因此，建造合同成本核算的主要问题是如何将合同收入和合同成本分配计入实施工程的各个会计年度。

二、建造合同成本核算的基本要求

1. 正确确定各项建造合同的成本核算对象

一般情况下，企业应以所订立的单项合同为对象，分别计量和确认各单项合同的收入、费用和利润。如果一项合同包括建造多项资产，或为建造一项或数项资产而签订一组合同，企业应按合同分立和合并的原则，正确确定建造合同的成本核算对象。

2. 必须合理判断建造合同的结果能否可靠地估计

在计量和确认建造合同收入和费用时，如果建造合同的结果能够可靠地估计，应在资产负债表日根据完工百分比法确认当期的合同收入和费用；如果建造合同的结果不能可靠地估计，则不能根据完工百分比法确认合同收入和费用，而应区别以下两种情况处理：

（1）合同成本能够收回的，合同收入根据能够收回的实际合同成本加以确认，合同成本在发生的当期确认为费用；

（2）合同成本不能收回的，应在发生时立即确认为费用，不确认收入。对于一项建造合同而言，如果合同预计总成本大于合同收入，应将预计损失立即确认为当期费用。

3. 做好建造合同成本核算的各项基础工作

建立各项财产物资的收发、领退、转移、报废、清查制度；建立、健全与成本核算有关的各项原始记录和工程量统计制度，制订或修订工时、材料、费用等各项内部消耗定额；完善各种计量检测设施，严格计量检验制度，使成本核算具有可靠的基础。

4. 准确计算合同成本

对于为完成合同实际发生的合同成本必须及时、准确地进行归集和登记，对于为完成合同尚需发生的成本必须进行科学、合理地预计。应当划清当期成本与下期成本的界限、不同成本核算对象之间成本的界限、未完合同成本和已完合同成本的界限。不得以估计成本、预算成本或计划成本代替实际成本。

5. 真实、准确、及时、系统地核算和反映实施建造合同发生的各项经济业务

根据实施建造合同所发生的经济业务，准确、及时地登记合同发生的实际成本、已办理结算的工程价款和实际已收取的工程价款，并根据工程施工进展情况，准确地确定合同的完工进度，以便计量和确认当期的合同收入和费用。如果建造合同预计发生亏损，应计提损失准备。

三、工程成本核算对象

工程成本核算对象，是指在计算工程成本时，归集和分配施工费用的具体对象，即承担施工费用的客体。工程成本核算对象的确定，是设置工程成本明细分类账、正确计算工程实际成本的前提。

一般情况下，企业应以所订立的单项合同为成本核算对象。如果一项建造合同包括建造数项资产，在同时具备下列条件的情况下，每项资产应分立为单项合同处理。

（1）每项资产均有独立的建造计划。

（2）建造承包商与客户就每项资产单独进行谈判，双方能够接受或拒绝与每项资产有关的合同条款。

（3）每项资产的收入和成本可单独辨认。

如果不同时具备上述三个条件，则不能将建造合同进行分立，应仍将其作为一个合同进行会计处理。例如，某建筑施工企业与一客户签订一项建造合同，该合同规定，建筑施工企业为客户建造一栋房屋和一座食堂。在签订合同时，建筑施工企业与客户分别就所建房屋与食堂进行谈判，并达成一致意见：房屋的工程造价为500万元，食堂的工程造价为200万元。房屋和食堂均有独立的施工图预算，房屋的预算成本为450万元，食堂的预算成本为180万元。根据上述资料分析：

（1）由于房屋和食堂均有独立的施工图预算，表明符合条件（1）；

（2）由于在签订合同时，建筑施工企业与客户分别就所建房屋和食堂进行谈判，并达成一致意见，表明符合条件（2）；

（3）由于房屋和食堂均有单独的造价和预算成本，表明符合条件（3）。因此，该项建造合同同时符合合同分立的条件，建筑施工企业应将建造房屋和食堂分立为两个单项合同进行会计处理。假如该项建造合同中，没有明确规定房屋和食堂各自的工程造价，而是以700万元的总金额签订了该项合同，也未作出各自的预算成本，这时，不符合条件（3），建筑施工企业不能将该项建造合同分立为两个单项合同，而应作为一个单项合同进行会计处理。

一组合同无论对应单个客户还是几个客户，在同时具备下列条件的情况下，应合并为单项合同处理：

（1）该组合同按一揽子交易签订。

（2）该组合同密切相关，每项合同实际上已构成一项综合利润率工程的组成部分。

（3）该组合同同时或依次履行。

如果不同时符合上述三个条件，则不能将该组合同进行合并，而应以各单项合同进行会计处理。例如，某建筑施工企业为承包建造一个冶炼厂而与客户一揽子签订了三项建造合同。这三项合同分别是建造一个选矿车间、一个冶炼车间和一个工业污水处理系统。根据合同规定，这三个工程将由该建筑施工企业同时施工，并根据整个项目的施工进度办理工程价款结算。根据上述资料分析：

（1）由于这三项建造合同是一揽子签订的，表明符合条件（1）；

（2）对客户而言，只有这三项合同全部完工交付使用时，该冶炼厂才能投入生产，发挥效益。对建筑施工企业而言，这三项合同的各自完工进度，直接关系到整个建设项目的完工进度和价款结算。由于在同一施工地点同时施工，建筑施工企业对工程施工人员和工程用料实行统一管理，因此，该组合同密切相关，已构成一项综合利润率工程项目，表明符合条件（2）；

（3）该组合同同时履行，表明符合条件（3）。因此，这三项建造合同符合合同合并的三个条件，该建筑施工企业应将该组合同合并为一个合同进行会计处理，统一核算该组合同的损益。

追加资产的建造，满足下列条件之一的，应当作为单项合同处理：

（1）该追加资产在设计、技术或功能上与原合同包括的一项或数项资产存在重大差异。

（2）议定该追加资产的造价时，不需要考虑原合同价款。

特别提示：工程成本核算对象确定后，应及时通知企业内部各有关部门，各种经济、技术资料归集必须与此统一，一般不要中途变更，以免造成项目成本核算不实，结算漏账和经济责任不清的弊端。

四、工程成本核算的组织

为了正确及时地完成工程成本核算任务，建筑施工企业应当根据工程成本管理的内容和内部经济责任制的要求，建立相应的工程成本核算组织体系，加强工程成本核算工作的领导，配备必要的成本核算人员，认真组织工程成本核算工作，并实行工程成本核算责任制。工程成本核算体系应与企业的施工管理体制相适应，明确划分企业内部各级单位成本核算的责任。目前，我国建筑施工企业一般实行公司、工区（或工程处、分公司等）和施工队（或项目经理部）三级管理体制；或公司、工区（或工程队）两级管理体制。与此相适应，工程成本核算的组织一般也实行三级核算或两级核算体制。

在实行公司、工区（或工程处、分公司等）、施工队（或项目经理部）三级管理制的企业，一般可把工程成本计算工作划归工区，实行公司汇总企业的生产成本，工区计算工程成本，施工队计算本队发生的工料机等直接费。具体来说，公司汇总企业的生产成本，指导所属单位建立健全成本管理制度，汇总成本报表，全面进行生产成本的分析；工区计算工程成本，编制成本报表，进行工程成本分析；施工队计算工料机等直接费，签发工程任务单和定额领料单，开展班组经济核算，办理设计变更、材料代用等技术经济签证手续，分析工料机成本超降的原因。对于那些远离工区或编制较大的施工队，以及实行项目经理负责的项目经理部，也可扩大核算范围，计算工程成本。

实行公司、工区两级核算的建筑施工企业，公司一级核算的内容，一般与实行三级核算的公司一级核算的内容相同。工区则应同时承担三级核算中的工区和施工队两级的成本核算职责。

在实行公司、施工队两级管理制的企业，一般可在施工队计算工程成本，公司汇总企业的生产成本。如果公司所属各个施工队专业化程度较高，并在同一地区施工，一个工程中的各项工作大都是由几个施工队完成的，为了简化中间划账的结算手续，也可仅计算本队各项工程发生的工料机等直接费，在公司综合计算工程成本。

实行公司集中核算成本的小型建筑施工企业，施工队应按时向公司提供成本核算资料，由公司核算全部工程、产品、作业和劳务的实际成本。

五、工程成本核算程序

1. 工程成本核算应设置的会计账户

(1)"工程施工"账户。本账户属于成本账户，用来核算建筑施工企业实际发生的工程施工合同成本、间接费用和合同毛利。实际发生的合同成本间接费用和确认的合同毛利记入本账户的借方，确认的合同亏损记入本账户的贷方，期末借方余额反映尚未完工工程施工合同成本和合同毛利。合同完成后，本账户与"工程结算"账户对冲后结平。本账户应设置三个明细账户：

1) 合同成本账户，用来核算各项施工合同发生的直接费用，本账户应按成本核算对象和成本项目进行归集。

2) 间接费用账户，用来核算发生的施工生产单位管理人员职工薪酬、固定资产折旧、财产保险费用、工程保修费用、排污费等间接费用，该账户应按施工单位设置明细账，并按规定的间接费用项目分设专栏，进行明细分类核算。该账户及所属明细账的借方登记实际发生的各项间接费用；贷方登记按受益对象分配已结转的间接费用；期末一般无余额。

3) 合同毛利账户，用来核算各项工程施工合同确认的合同毛利。

(2)"机械作业"账户。本账户核算企业及其内部独立核算的施工单位使用自有施工机械和运输设备进行机械作业所发生的各项费用。企业及其施工单位从外单位或企业其他内部独立核算单位租入机械时支付的机械租赁费，应直接记入"工程施工"账户，不通过本账户核算。该账户应按施工机械类型（种类）和施工机械使用费项目分别设置机械作业明细账，进行明细分类核算。使用自有施工机械或运输设备所发生的费用，记入本账户及所属明细账的借方，期末按受益对象结转机械使用费时，记入该账户及所属明细账的贷方。结转后，该账户期末无余额。

(3)"生产成本——辅助生产"账户。本账户核算建筑施工企业非独立核算的辅助生产部门（如机修车间、混凝土车间、木工车间、供水站、供电站、运输队）为工程施工、机械作业、专项工程等生产材料和提供劳务（如设备维修，构件现场制作，铁木件加工，固定资产清理，供应水、电、风、气，施工机械的安装、拆卸和辅助设施的搭建工程等）所发生的费用。该账户应按车间、单位或部门和成本核算对象（如生产的材料和提供的劳务类别等）设置明细账，并按规定的成本项目分设专栏，进行明细分类核算。发生辅助生产费用时，记入该账户及所属明细账的借方；月份终了，应按一定的分配标准分配给各受益对象，按实际成本记入该账户及所属明细账的贷方；该账户如有借方期末余额，反映辅助生产部门尚未完成的各项在产品的实际成本。

企业下属的生产车间、单位或部门，如机修车间、木工车间、混凝土车间、供水站、运输队等，如果实行内部独立核算，所发生的生产费用，应在"生产成本——工业生产""机械作业”账户核算，不使用本账户。

（4）“待摊费用”账户。该账户核算企业已经支付但应由本期和以后各期分别负担的、分摊期限在一年以内的各项费用。如低值易耗品摊销、一次支付数额较大的保险费、技术转让费、预付报刊订阅费及施工机械安装、拆卸、辅助设施和进出场费等。该账户应按费用的种类设置明细账，进行明细分类核算。企业发生待摊费用时，记入该账户及所属明细账的借方；分期摊销费用时，记入该账户及所属明细账的贷方；该账户的借方期末余额表示已经发生或支付，尚待摊销的费用。企业应根据本单位的实际情况开设“待摊费用”账户。

（5）“工程结算”账户。本账户用来核算根据合同完工进度已向客户开出工程价款结算账单，办理工程结算的价款。已向客户开出工程价款结算账单办理工程结算的款项记入本账户的贷方；合同完成后，本账户与“工程施工”账户对冲后结平。本账户应按工程施工合同设置明细账，进行明细分类核算。合同完工前该账户有借方余额，反映企业根据合同约定向业主办理结算的累计金额。

2. 工程成本的核算程序

建筑施工企业及其所属的施工单位在进行工程成本核算时，一般应遵循下列程序：

（1）确定工程成本核算对象。

（2）根据工程成本核算对象开设“工程施工成本明细账”，其格式一般为多栏式。企业发生各项费用时，除了在“工程施工”总分类账上登记外，同时还应在“工程施工成本明细账”上逐项登记。

（3）确定工程成本计算期。成本计算期即计算成本的间隔时间。一般情况下，工程成本计算期应与工程价款结算期一致，以便收入与费用合理配比。

（4）本月发生各项施工生产费用时，应按照费用的用途和发生地点，分别归集到“工程施工”“机械作业”“生产成本——辅助生产”等账户的借方。

（5）月末，把应由本月负担转入有关成本费用账户的借方。

（6）月末，将归集在“生产成本——辅助生产”账户的各项费用，按照各受益对象的受益数量，分配计入“机械作业”和“工程施工——间接费用”等有关账户。

（7）月末，按照各个工程使用自有施工机械的记录，核算与分配机械使用费，从“机械作业”账户的贷方转入“工程施工”账户的借方。

（8）施工单位发生的各项间接费用，先在“工程施工——间接费用”账户进行归集，月末再按确定的工程成本核算对象和一定的分配标准分配计入“工程施工——合同成本”账户借方。

（9）期末确定已完工程或竣工工程的实际成本。通过以上步骤，把应计入本月施工工程合同成本的各项施工生产费用，都集中反映在“工程施工”账户的借方。月末，通过盘点计算未完施工的成本，即可确定本月已完工程的实际成本。合同完成时，应将已竣工工程的合同成本和合同毛利从“工程施工”账户的贷方结转到“工程结算”账户的借方。尚未竣工工程的实际成本仍然保留在“工程施工”账户中，不予结转。

任务三　人工费的核算

一、人工费的概念

工程成本中的“人工费”项目，是指直接从事建筑安装工程施工的工人及现场从事运料、配料等辅助工人所发生的各项薪酬，包括工资、奖金、工资性质的津贴、职工福利费和劳动保护费及其他薪酬等。

二、人工费的归集和分配

在工程成本计算中，对于与工作量相关的薪酬，一般都能分清受益对象，可以根据“工程任务单”和有关工资结算凭证直接计入各工程成本核算对象的“人工费”成本项目。对于与工作时间相关的薪酬，在只有一个成本核算对象的情况下，仍属直接费用，可直接计入该项工程成本的“人工费”项目；在有多个成本核算对象的情况下，则应采用适当的分配方法，在各项工程之间进行分配，计入各该工程成本的“人工费”项目。为了简化核算手续，可按实际耗用工日数求出每工日的平均薪酬（即薪酬分配率），然后再按受益对象耗用的实际工日数进行分配。计算公式如下：

$$\text{建安工人的日平均薪酬}=\text{该工程当月实耗工日数}\times\text{建安个人的日平均薪酬}$$

【案例 12-1】 某建筑施工企业第一工区有甲、乙两个工程成本核算对象。本月份“工资汇总表”列明发生的建安工人工资为 90 000 元。本月份甲工程耗用 2000 个工日，乙工程耗用 1000 个工日。根据以上资料编制“建安工人工资分配表”，见表 12-1。

表 12-1　　建安工人工资分配表

第一工区　　2012 年 8 月

工程成本核算对象	实耗工日数	日平均工资/（元/工日）	应分配工资额/元
甲工程	2000	30	60 000
乙工程	1000	30	30 000
合计	3000	30	90 000

根据“建安工人工资分配表”，编制会计分录如下。

借：工程施工——合同成本——甲工程（人工费）　　60 000
　　　　　　——合同成本——乙工程（人工费）　　30 000
　贷：应付职工薪酬——工资　　90 000

包括在人工费中的建安工人福利费，可以根据企业实际发生额，计入各工程成本核算对象的“人工费”成本项目。按国家规定，企业为职工缴纳的医疗保险费、养老保险费、失业保险费、工伤保险费、生育保险费等社会保险费和住房公积金，应当在职工为其提供服务的会计期间，根据工资总额的一定比例计算后计入相应的成本或费用。

【案例 12-2】 承上例，第一工区财会部门为建安工人发放福利合计 12 474 元，其中甲工程承担 8316 元，乙工程承担 4158 元，应编制会计分录如下。

借：工程施工——合同成本——甲工程（人工费）　　8316
　　　　　　——合同成本——乙工程（人工费）　　4158
　贷：应付职工薪酬——职工福利　　12 474

包括在人工费中的建筑安装工人的劳动保护费，凡是能够分清受益对象的，可以直接计入各受益的工程成本核算对象。如果是由于建筑安装工人流动施工或为几个工程共同发生的劳动保护费，则应按其占薪酬总额的比例分配计入各有关的工程成本核算对象。其计算公式如下。

$$\frac{\text{建安工人劳动保护费}}{\text{占薪酬总额的比例}} = \frac{\text{建安工人劳动保护费总额}}{\text{建安工人薪酬总额}}$$

$$\frac{\text{某项工程当月应负担的}}{\text{建安工人劳动保护费}} = \frac{\text{该工程当月负担的}}{\text{建安工人薪酬总额}} \times \frac{\text{建安工人劳动保护费}}{\text{占薪酬总额的比例}}$$

【案例 12-3】 承上例，第一工区本月随同工资一并发放给建筑安装工人的劳动保护费为 4500 元，按其占总额的比例进行分配。第一工区财会部门编制"建安工人劳动保护费分配表"，见表 12-2。

表 12-2 建安工人劳动保护费分配表

第一工区 2012 年 8 月

工程成本核算对象	工资总额	分配率（%）	分配金额
甲工程	60 000	5	3000
乙工程	30 000	5	1500
合计	90 000	5	4500

根据"建安工人劳动保护费分配表"，编制会计分录如下。

借：工程施工——合同成本——甲工程（人工费） 3000

——合同成本——乙工程（人工费） 1500

贷：库存现金 4500

特别提示：在实际工作中，为了简化费用分配表的编制手续，企业可以将应付建筑安装工人的各项需分配的薪酬并合编制"建安工人人工费分配表"，并据以进行账务处理。

第一工区财会部门根据上述会计分录，即可登记"工程施工成本明细账"。见表 12-8、表 12-9。

任务四 材料费的核算

一、材料费的概念

工程成本中的材料费，是指在施工过程中耗用的构成工程实体或有助于形成工程实体的原材料、辅助材料、构配件、零件、半成品的成本，以及周转材料的摊销和租赁费用等。建筑施工企业的材料，除主要用于工程施工外，还用于临时设施、福利设施、固定资产等专项工程以及其他非生产性的耗用。因此，应根据发出材料的用途，严格划分工程耗用与其他耗用的界限，只有直接用于工程的材料才能计入工程成本核算对象的"材料费"成本项目。

二、材料费的归集和分配

工程施工中耗用的材料品种较多、数量较大、领用频繁，在核算工程的材料费用时，应根据使用材料的不同情况采用直接分配法和间接分配法进行汇总和分配。

（1）凡是领用时能够点清数量和分清用料对象的材料，如钢材、水泥、电器材料等，应在领料凭证上填明受益工程成本核算对象的名称，财会部门据以直接计入受益工程成本核算对象的"材料费"成本项目。

（2）凡是领用时虽然能够点清数量，但属于集中配料或统一下料的材料，如油漆、玻璃、木材等，则应在领料凭证上说明"集中配料"字样，月末由材料部门会同领料班组，根据配料情况，结合材料耗用定额编制"集中配料耗用计算单"，财会部门据以分配计入各受益工程成本核算对象。

（3）凡是领用时既不易点清数量，又难以分清工程成本核算对象的材料，如砖、瓦、灰、砂、石等大堆材料，一般都在露天堆放，在施工过程中连续零星地被耗用，可以根据具体情况，先由材料员或施工生产班组保管，实行集中搅拌混凝土或砂浆的，由搅拌站验收保管。月末进行实地盘点，并根据“月初结存量+本月收入量–月末盘点结存量=本月耗用量”的计算公式确定本月实际耗用总量。然后再根据各工程成本核算对象本月所完成的实物工程量及材料耗用定额，编制“大堆材料耗用计算单”，财会部门据以分配计入有关的工程成本核算对象。

（4）凡是周转使用的模板、脚手架料等周转材料，应按各工程成本核算对象实际领用数量及规定的摊销方法编制“周转材料摊销计算单”，确定各工程成本核算对象应摊销的数额并计入其“材料费”成本项目。对某些周转材料（如金属脚手架、组合钢模等）实行内部租赁或向外部租赁使用的企业，则应按实际支付的租赁费直接计入受益工程成本核算对象的“材料费”成本项目。

（5）对于本月已经办理领料手续但尚未耗用，下月仍需继续耗用的材料，应进行盘点，办理“假退料”手续，即用红字填制一份本月的“领料单”，同时再用蓝字填制一份下月的“领料单”。

（6）工程竣工后的剩余材料，企业应填制“退料单”或红字“领料单”，办理材料退库手续，并冲减工程成本中的材料费。工程竣工后，施工现场回收的可利用残次材料、废料和包装物等，企业应填制“残次料交库单”，并估价入账，冲减工程成本中的材料费。

（7）采用计划成本进行日常核算的企业，平时领用的材料是按计划成本计价，各成本计算期末，还必须将耗用材料的计划成本还原为实际成本，分配材料成本差异。

月终，财会部门根据领料单、定额领料单、大堆材料耗用计算单、集中配料耗用计算单、周转材料摊销计算单、退料单、残次料交库单等原始凭证，按材料类别等，分别计算各个工程成本核算对象耗用材料的计划成本和分摊的材料成本差异，编制“材料费用分配表”，据此记入各个工程成本核算对象的“材料费”成本项目。

【案例 12-4】 某建筑施工企业第一工区财会部门根据有关领料凭证、各类材料成本差异率和“周转材料摊销计算单”等资料，汇总编制“材料费用分配表”，见表 12-3。

表 12-3　　材 料 费 用 分 配 表

第一工区　　2012 年 8 月

材料类别 \ 工程成本核算对象			甲工程	乙工程	合　计
主要材料	黑色金属	计划成本	50 000	40 000	90 000
		成本差异（+1%）	500	400	900
	硅酸盐	计划成本	200 000	150 000	350 000
		成本差异（+2%）	4000	3000	7000
	木材	计划成本	40 000	30 000	70 000
		成本差异（+2%）	800	600	1400
	其他主要材料	计划成本	30 000	20 000	50 000
		成本差异（–1%）	–300	–200	–500
	小计	计划成本	320 000	240 000	560 000
		成本差异	5000	3800	8800

续表

材料类别 \ 工程成本核算对象		甲工程	乙工程	合 计
结构件	计划成本	150 000	100 000	250 000
	成本差异（+2%）	3000	2000	5000
其他材料	计划成本	25 000	15 000	40 000
	成本差异（-1%）	-250	-150	-400
合计	计划成本	495 000	355 000	850 000
	成本差异	7750	5650	13 400
周转材料摊销		15 000	12 000	27 000

根据“材料费用分配表”编制会计分录如下：

（1）借：工程施工——合同成本——甲工程（材料费）　495 000
　　　　　　　　——合同成本——乙工程（材料费）　355 000
　　贷：原材料——主要材料　560 000
　　　　　　　——结构件　250 000
　　　　　　　——其他材料　40 000

（2）借：工程施工——合同成本——甲工程（材料费）　7750
　　　　　　　　——合同成本——乙工程（材料费）　5650
　　贷：材料成本差异——主要材料　8800
　　　　　　　　　　——结构件　5000
　　　　　　　　　　——其他材料　-400

（3）借：工程施工——合同成本——甲工程（材料费）　15 000
　　　　　　　　——合同成本——乙工程（材料费）　12 000
　　贷：周转材料——周转材料摊销　27 000

第一工区财会部门根据上述会计分录，即可登记“工程施工成本明细账”，见表 12-8、表 12-9。

任务五 其他直接费的核算

一、其他直接费的概念和内容

工程成本项目中的其他直接费，是指直接为工程施工所发生的除材料费、人工费和机械使用费以外的其他直接生产费用。主要包括：

（1）施工过程中直接耗用的水、电、风、气等费用。

（2）冬雨季施工增加费。指在冬雨季施工期间，为保证工程质量，采用保温、防雨措施而增加的材料费、人工费和各项设施费。

（3）夜间施工增加费。指为确保工期和工程质量，需要在夜间连续施工或在白天施工需增加照明设施（如在炉窑、烟囱、地下室等处施工）及发放夜餐补助等发生的费用。

（4）材料二次搬运费。指因施工场地狭小等原因而发生的材料二次搬运费。

（5）仪器仪表使用费。指通信、电子等设备安装工程所需安装、测试仪表、仪表的摊销及维修费用。

（6）生产工具用具使用费。指施工生产所需不属于固定资产的生产工具及检验用具等的购置、摊销和维修费，以及支付给工人的自备工具补贴费。

（7）检验试验费。指对建筑材料、构件和建筑安装物进行一般鉴定、检查所发生的费用，包括自设试验室进行试验所耗用的材料和化学药品等费用，以及技术革新和研究试制试验费。

（8）特殊工种培训费。指在承担某些特殊工程，新型建筑施工任务时，根据技术规范要求对某些特殊工种的培训费。

（9）工程定位复测、工程点交、场地清理等费用。

（10）特殊地区施工增加费。是指铁路、公路、通信、输电、长距离输送管道等工程在原始森林、高原、沙漠等特殊地区施工增加的费用。

特别提示：在实际工作中，上述各项其他直接费中有些难以同工程成本中的人工费、材料费、机械使用费分开单独核算，如冬雨期施工用的防雨、保温材料费、夜间施工的电器材料及电费，流动施工津贴、场地清理费、材料二次搬运的人工费、机械费等。为了简化核算手续，便于成本分析和考核，企业可以根据各地区的预算定额和管理要求等实际情况，将上述某些其他直接费列入“人工费”、“材料费”、“机械使用费”成本项目核算，不通过“其他直接费”成本项目核算。

二、其他直接费的归集和分配

建筑施工企业在施工生产过程中所发生的各项其他直接费，凡是能够分清受益对象的，应该直接计入各受益工程成本核算对象的“其他直接费”成本项目；凡是不能分清受益对象的，则可以在支付或发生有关费用时，采用适当的方法分配计入各受益工程成本核算对象的“其他直接费”成本项目。或在“工程施工”账户下增设“其他直接费”明细账户，先归集实际发生的各项其他直接费；月末再采用适当的方法分配计入各受益工程成本核算对象的“其他直接费”成本项目。实际工作中，一般应根据具体情况，以定额耗用量、预算成本、生产工日或工程的人工费、材料费和机械使用费实际成本等作为基础，通过编制“其他直接费分配表”，将实际发生的各项其他直接费分配计入受益的各工程成本核算对象。

对于由企业内部非独立核算的辅助生产部门为工程施工提供的水、电、风、气和材料二次搬运等业务所发生的费用，应先通过“生产成本——辅助生产”账户进行归集，月末再按一定的方法分配计入受益的各工程成本核算对象；对于由企业内部独立核算单位或外单位为工程施工提供的水、电、风、气和材料二次搬运等业务所发生的费用，应根据对方单位提出的结算账单，直接计入或分配计入受益的各工程成本核算对象。

特别提示：企业在进行其他直接核算时，应注意与预算成本口径一致。如果施工所需的水、电、风、气等用量已列入预算定额的材料费和机械使用费中，就不应再将这部分费用列入其他直接费。只有在预算定额以外的水、电、风、气等费用，才能列入其他直接费中核算。

【案例 12-5】 某建筑施工企业第一工区辅助生产部门本月为甲、乙两个工程提供现场材料二次搬运服务，搬运费为 2615 元，其中，甲工程应分摊 1615 元，乙工程应分摊 1000 元，编制会计分录如下。

借：工程施工——甲工程（其他直接费）　　1615
　　　　　　——乙工程（其他直接费）　　1000
　贷：生产成本——辅助生产　　　　　　　　2615

【案例 12-6】 某建筑施工企业第一工区本月甲、乙两工程共同发生的其他直接费为 53 044.95 元，按各工程的工、料、机实际成本比例分配，编制“其他直接费分配表”，见表 12-4。

根据“其他直接费分配表”，编制会计分录如下。

借：工程施工——甲工程（其他直接费） 31 359.05

——乙工程（其他直接费） 21 685.90

贷：工程施工——其他直接费 53 044.95

第一工区财会部门根据以上会计分录，登记工程施工成本明细账，见表 12-7、表 12-8。

表 12-4 **其他直接费分配表**

第一工区 2012 年 8 月

工程成本核算对象	工、料、机实际成本/元	分配率（%）	分配金额/元
甲工程	627 181	5	31 359.05
乙工程	433 718	5	21 685.90
合 计	1 060 899	5	53 044.95

任务六 间接费用的核算

一、间接费用的概念和内容

工程成本中的间接费用，是指各施工单位（如工程处、工区、工程队、项目经理部等）为组织、管理施工生产活动所发生的各项费用。间接费用包括以下项目：

（1）临时设施折旧费。临时设施折旧费是指建筑施工企业为进行建筑安装工程施工所必要的生活和生产用临时设施的折旧费用。

（2）现场管理人员薪酬。包括现场管理人员的基本工资、工资性津贴、奖金和补贴等薪酬项目。

（3）劳动保护费。劳动保护费是指用于施工单位职工的劳动保护用品和技术安全设施的购置、摊销和修理费，供职工劳保使用的解毒剂、营养品、防暑饮料、洗涤等物品的购置费或补助费，以及工地上职工洗澡、饮水的燃料费等。

（4）办公费。办公费是指现场管理办公用的文具、纸张、账表，印刷、邮电、书报、会议、水电、烧水和集体取暖（包括现场临时宿舍取暖）用煤等费用。

（5）差旅交通费。差旅交通费是指职工因公出差期间的旅费、住宿费、市内交通费和误餐补助费、职工探亲路费、劳动招募费、职工离退休退职一次性路费、工伤人员就医路费、工地转移费，以及现场管理使用的交通工具的油料、燃料及牌照等费。

（6）固定资产使用费。固定资产使用费是指现场管理及试验部门使用的属于固定资产的设备、仪器等的折旧费或租赁费、维修费等后续支出计入管理费用。

（7）工具用具使用费。工具用具使用费是指现场管理使用的不属于固定资产的工具、器具、家具、交通工具和检验、试验、测绘、消防用具等的购置、维修和摊销费。

（8）保险费。保险费是指施工管理用财产、车辆保险，高空、井下、海上作业等特殊工种安全保险等的保险费用。

（9）工程保修费。工程保修费是指工程竣工交付使用后，在规定保修期内的修理费用。

应采用预提方式计入。

（10）工程排污费。工程排污费是指施工现场按规定交纳的排污费用。

（11）其他费用。上列各项费用以外的其他间接费用。

二、间接费用的归集

间接费用是各项工程共同发生的费用，一般难以分清具体的受益对象。因此，在费用发生时，先通过“工程施工——间接费用”账户进行归集，期末按适当分配标准分配计入各有关工程成本核算对象的“间接费用”成本项目。

【案例 12-7】 某建筑施工企业第一工区本月发生下列各项间接费用：

（1）计提本月在用临时设施摊销费 5000 元。

（2）分配本月管理人员工资总额 51 000 元。

（3）实际支付管理人员福利费 7000 元。

（4）本月随同工资一并支付给管理人员劳动保护费 1200 元。

（5）计提本月行政管理用固定资产折旧费 10 000 元，低值易耗品摊销 3000 元。

（6）以银行存款支付各种办公费 5000 元。

（7）分摊本月应负担的财产保险费 10 000 元。

（8）以银行存款支付本月行政管理用水电费 1200 元。

（9）以银行存款支付其他间接费用 12 673.10 元。

根据以上资料，编制有关会计分录如下。

（1）借：工程施工——间接费用　5000
　　贷：累计折旧——临时设施　5000

（2）借：工程施工——间接费用　51 000
　　贷：应付职工薪酬——工资　51 000

（3）借：工程施工——间接费用　7000
　　贷：应付职工薪酬——职工福利费　7000

（4）借：工程施工——间接费用　1200
　　贷：库存现金　1200

（5）借：工程施工——间接费用　13 000
　　贷：累计折旧　10 000
　　　　周转材料——低值易耗品摊销　3000

（6）借：工程施工——间接费用　5000
　　贷：银行存款　5000

（7）借：工程施工——间接费用　10 000
　　贷：预付账款　10 000

（8）借：工程施工——间接费用　1200
　　贷：银行存款　1200

（9）借：工程施工——间接费用　12 673.10
　　贷：银行存款　12 673.10

根据以上会计分录，登记“间接费用明细账”，见表 12-5。

表 12-5

间接费用明细表

2012年		凭证号数	摘要	借方	贷方	余额	明细科目借方发生额								
月	日						临时设施摊销费	管理人员工资	职工福利费	劳动保护费	办公费	固定资产使用费	工具用具使用费	保险费	其他费用
			设提临时设施摊销费	5000		5000	5000								
			分配管理人员工资	51 000		56 000		51 000							
			支付职工福利费	7000		63 000			7000						
			支付劳动保护费	1200		64 200				1200					
			计提折旧费	10 000		74 200						10 000			
			计提低值易耗品摊销	3000		77 200							3000		
			支付办公费	5000		82 200					500				
			分摊财产保险费	10 000		92 200								10 000	
			支付水电费	1200		93 400					1200				
			支付其他费用	12 673.1		106 073.1									12 673.1
			分配结转间接费用		106 073.1	0									
			本月合计	106 073.1	106 073.1		5000	51 000	7000	1200	6200	10 000	3000	10 000	12 673.10

三、间接费用的分配

月末，各施工单位应对本月发生的间接费用进行分配。为了便于实际成本与预算成本进行比较，间接费的分配标准应与预算定额所规定的间接费分配标准口径一致。间接费用的分配方法一般有人工费比例分配法、直接费比例分配法。

（1）人工费比例分配法。即以各成本核算对象当期实际发生的人工费为基础分配间接费用的一种方法。计算公式如下：

$$间接费分配率=\frac{本月实际发生的间接费用总额}{各工程本月发生的人工费实际成本总额}$$

$$某工程应分配的间接费用=\frac{该工程本月人}{工费实际成本}\times间接费分配率$$

这种分配方法一般适用于从事设备安装工程施工的单位。

（2）直接费比例分配法。即以各成本核算对象当期实际发生的直接费为基数分配间接费用的一种方法。计算公式如下：

$$间接费分配率=\frac{本月实际发生的间接费用总额}{各工程本月发生的实际直接费总额}$$

$$某工程应分配的间接费用=该工程的实际直接费\times间接费分配率$$

这种分配方法一般适用于从事建筑工程施工的单位。

如果在一个施工现场内，既有建筑工程，又有设备安装工程，则应按两个步骤分配间接费用：

（1）以各类工程本期发生的人工费实际成本为分配标准，先在建筑工程和设备安装工程之间进行分配。

（2）在各类工程内部各个成本核算对象之间进行分配。间接费用在建筑工程内部各工程之间以本期实际发生的直接费为分配标准；在安装工程内部各工程之间则以本期实际发生的人工费为分配标准。

【案例 12-8】 某建筑施工企业第一工区本月只有甲、乙两项建筑工程的施工任务，本月实际发生的间接费用总额为 106 073.10 元。采用直接费比例分配法，编制“间接费用分配表”，见表 12-6。

表 12-6　　**间 接 费 用 分 配 表**

第一工区　　2012 年 8 月

工程成本核算对象	直接费成本/元	分　配　率	分配金额/元
甲工程	660 155.05	0.095	62 714.73
乙工程	456 403.90	0.095	43 358.37
合　计	1 116 558.95	0.095	106 073.10

根据“间接费用分配表”，编制会计分录如下。

借：工程施工——合同成本——甲工程（间接费用）　62 714.73

　　　　　——合同成本——乙工程（间接费用）　43 358.37

　贷：工程施工——间接费用　　106 073.10

根据以上会计分录，登记“工程施工成本明细账”，见表 12-8、表 12-9。

任务七 工程成本结算

通过以上各工程成本项目的核算，第一工区财会部门已将本月各工程成本核算对象应负担的各项费用，集中反映在工区的“工程施工成本明细账”中，为工程成本结算提供了必要的核算资料。

一、工程成本结算

工程成本结算期应与工程价款结算期相一致，一般可分为按月结算、分段结算和竣工后一次结算三种。

1. 工程成本按月结算

建筑施工企业的建筑安装施工是一个连续的生产过程，到了成本结算期时，必然有一部分分部分项工程处于未完施工状态。按现行制度规定，凡是已经完成了预算定额所规定的全部工序和工程内容，在本企业不再需要继续施工的分部分项工程，即可视为建筑“产成品”，称为“已完工程”或“已完施工”。对于这部分已完工程，施工单位应按月计算其实际成本，并按预算价格向建设单位收取工程价款。对虽已投入人工、材料等施工费用，但月末尚未完成预算定额所规定的全部工序和工程内容的分部分项工程，则视为建筑“在产品”，称为“未完施工”或“未完工程”。对于这部分未完施工，施工单位不能向建设单位收取工程价款，但月末应计算其实际成本，以便计算确定本月已完工程的实际成本。在既有已完工程，又有未完施工的情况下，必须将已归集的施工费用在已完工程和未完施工之间进行分配。本月已完工程实际成本的计算公式如下：

$$\text{本月已完工程实际成本}=\text{期初未完施工实际成本}+\text{本期发生施工费用}-\text{期末未完施工实际成本}$$

由于期初未完施工实际成本和本期发生的施工费用是已知数据，只要计算出期末未完施工实际成本即可确定已完工程实际成本。

特别提示：在一般情况下，期末未完施工数量不大，在全月工程量中所占比重很小，而且在正常施工条件下，月初月末的未完施工数额变化不大。为了简化核算手续，通常把未完施工的预算成本视同其实际成本。此外，为了简化间接费用的分配手续，月末未完施工成本也可不负担间接费用，即以预算直接费作为预算成本。

在实际工作中，未完施工预算成本的计算方法主要有估量法和估价法两种：

（1）估量法。估量法又称约当产量法。它是根据施工现场盘点确定的未完工程量，按已完工序和工程内容占该分部分项工程量的百分率，将其折合为相当的已完工程量，然后乘以该分部分项工程的预算单价，并加上其他直接费及现场经费，来确定未完施工的预算成本。计算公式如下：

$$\text{月末未完施工预算成本}=\text{月末未完施工折合成已完分部分项工程实物量}\times\text{该分部分项工程预算单价}-\text{未完施工与预算其他直接费及现场经费}$$

这种方法一般适用于均匀投料，便于划分的分部分项工程。

【案例 12-9】 某建筑施工企业第一工区月末盘点未完施工，甲工程砖墙抹混合砂浆 2000m^3，按预算定额规定应该抹两遍，月末盘点时只抹了一遍。该工程每平方米预算单价为 6.16 元，其中人工费 3.02 元，材料费 2.96 元，机械费 0.18 元，其他直接费及现场经费分别占定额直接费的4%和8%。根据以上资料，编制“未完施工盘点单”，见表12-7。

表12-7　　未完施工盘点单

第一工区　　2012年8月

单位工程名称	分部分项工程		已做工程					其中		
	名称	预算单价/（元/平方米）	工序名称或内容	占分部分项工程的%	已做数量/平方米	折合分部分项工程/平方米	预算成本	人工费	材料费	机械费
甲工程	砖墙抹混合砂浆	6.16	每一遍	50	2000	1000	6160	3020	2960	180
加：其他直接费（4%） 现场经费（8%）							246.4 492.8			
合　计							6899.2			

根据“未完施工盘点单”，将计算结果登记在“工程施工成本明细账”有关栏内，即可计算已完工程实际成本，见表12-8。

表12-8　　工程施工成本明细账

工程名称：甲工程

建筑面积：　　开工日期：　年　月　日

预算造价：　　竣工日期：　年　月　日

年		凭证号数	摘　要	直接费用				间接费用	工程成本合计
月	日			人工费	材料费	机械使用费	其他直接费		
			期初未完施工	2600	16 500	2000	1200	2500	24 800
			分配工资	60 000					60 000
			支付职工福利费	8316					8316
			支付劳动保护费	3000					3000
			分配材料费		495 000				495 000
			分配材料成本差异		7750				7750
			周转材料摊销		15 000				15 000
			机械租赁费			30 000			30 000
			分配机械作业			8115			8115
			分配辅助生产费用				1615		1615
			分配其他直接费				31 359.05		31 359.05
			分配间接费用					62 714.73	62 714.73
			本期合计	71 316	517 750	38 115	32 974.05	62 714.73	722 869.78
			减：月末未完施工	3020	2960	180	246.40	492.80	6899.20
			本月已完工程实际成本	70 896	531 290	39 935	33 927.65	64 721.93	740 770.58

（2）估价法。它是先确定分部分项工程内各工序耗用的直接费用占整个预算单价的百分

率，用以计算出每个工序的单价，然后乘以未完施工各工序的完成量，并加上其他直接费及现场经费，来确定未完施工的预算成本。计算公式如下：

$$某工序的单价=分部分项工程预算单价\times\frac{该工序耗用的直接费}{占预算单价的百分率}$$

特别提示：按估价法计算未完施工预算成本，先要计算出每个工序单价，如果工序过多，应将工序适当归并，计算出每一扩大的工序单价，然后再乘以未完工程各扩大工序的完成量，计算手续比较复杂。在实际工作中采用此法的不多。一般适用于不均匀投料或各工序工料定额有显著不同的分部分项工程。

【案例 12-10】 木门窗油漆分项工程，预算定额规定刷三遍调和漆，其预算单价为 10 元/m²，其他直接费及现场经费占定额直接费的 7.42%。各工序耗用的直接费占整个预算单价的百分率为：第一遍占 50%，第二遍占 30%，第三遍占 20%。月末盘点木门窗油漆分项工程，有未完施工 200m²，已刷第一遍的 200m²，已刷第二遍的 100m²。则木门窗油漆分项工程各工序的单价为：

第一遍的单价=10 元×50%=5 元

第二遍的单价=10 元×30%=3 元

第三遍的单价=10 元×20%=2 元

未完施工预算成本=（5×200+3×100）×（1+7.42%）=1396.46 元

必须指出，如果施工单位的期末未完施工在当期工作量中所占的比重较大，而且期初、期末未完工程数量悬殊，这时，若把期末未完施工的预算成本视同实际成本来计算已完工程的实际成本，必然把本期施工生产费用的节约或超支全部挤入当期已完工程实际成本，这样会影响成本核算结果的准确性。在这种情况下，应按本期已完工程的预算成本与期末未完工程的预算成本为标准来分配施工生产费用。计算公式如下：

$$\frac{已完工程}{实际成本}=\frac{月初未完施工实际成本+本月发生的施工生产费用}{本月已完施工预算成本+月末未完施工预算成本}\times\frac{该工程本月已完}{工程预算成本}$$

$$\frac{某工程本月未完}{施工实际成本}=\frac{月初未完施工实际成本+本月发生的施工生产费用}{本月已完施工预算成本+月末未完施工预算成本}\times\frac{月末未完施}{工预算成本}$$

2. 工程成本分段结算

实行按工程形象进度分段结算办法的工程，其已完工程实际成本的计算方法与按月结算工程成本法相同。所不同的是，其已完工程是指按合同规定已完成的工程阶段或部位；未完施工是指期末尚未完成合同规定的工程阶段或部位（其中包括已完工的分部分项工程和未完工的分部分项工程）。

3. 工程成本竣工后一次结算

实行工程项目竣工后一次结算的工程，其成本计算是不定期的，每月发生的施工生产费用应及时记入“工程施工成本明细账”，平时不需要结转。工程竣工后，将工程从开工至竣工月份的成本进行累计，计算出竣工工程的实际成本。计算公式如下：

$$\frac{竣工工程}{实际成本}=\frac{竣工月月初施工}{生产费用余额}+\frac{竣工月施工生}{产费用发生额}$$

如果将若干个单位工程合并为一个成本核算对象，则工程施工成本明细账上归集的全部施工费用应在各竣工的单位工程之间进行分配。一般可以工程预算成本为分配标准，分配实际成本总额，计算各竣工单位工程的实际成本。计算公式如下：

$$实际成本分配率=\frac{应分配对象的实际成本总额}{各竣工单位工程的预算成本之和}$$

$$\begin{array}{c}某竣工单位工\\程的实际成本\end{array}=\begin{array}{c}该竣工单位工\\程的预算成本\end{array}\times实际成本分配率$$

二、工程实际成本的结转

对于尚未竣工的工程，其实际成本计算出来以后，不予结转，仍然保留在“工程施工”成本账上，从而可以反映工程自开工至今累计发生的实际成本；对于已竣工的工程，应及时结转其合同成本与合同毛利，从“工程施工”科目的贷方转入“工程结算”科目的借方，即将“工程施工”科目的余额与“工程结算”科目的余额对冲。

【案例 12-11】 乙工程已竣工，采用竣工后一次结算办法，结转实际成本 2 905 762.30 元。编制会计分录如下：

借：工程结算　　　　　　　　　　　　　2 905 762.30

　贷：工程施工——合同成本——乙工程　　　　　2 905 762.30

根据上述会计分录，登记“工程施工成本明细账”，见表 12-8、表 12-9。

表 12-9　　　　　　　　**工程施工成本明细账**

工程名称：甲工程

建筑面积：　　　　　　　　　　　　　　　　　开工日期：　年　月　日

预算造价：　　　　　　　　　　　　　　　　　竣工日期：　年　月　日

年		凭证号数	摘　要	直　接　费　用				间接费用	工程成本合计
月	日			人工费	材料费	机械使用费	其他直接费		
			期初未完施工	265 000	1 580 000	180 000	125 000	25 600	2 406 000
			分配工资	30 000					30 000
			支付职工福利费	4158					4158
			支付劳动保护费	1500					1500
			分配材料费		355 000				355 000
			分配材料成本差异		5650				5650
			周转材料摊销		12 000				12 000
			机械租赁费			20 000			20 000
			分配机械作业			5410			5410
			分配辅助生产费用				1000		1000
			分配其他直接费				21 685.90		21 685.90
			分配间接费用					43 358.37	43 358.37
			本期合计	35 658	372 650	25 410	22 685.90	43 358.37	499 762.27
			自开工起累计已完工程实际成本	300 658	1 952 650	205 410	147 685.90	299 358.37	2 905 762.30

任务八　竣工成本决算

建筑施工企业应于每一单位工程竣工结算后，编制单位工程竣工成本决算。竣工成本决算是反映竣工单位工程的预算价值、预算成本和实际成本的文件，是考核工程预算执行情况，分析工程成本节约或超支原因的主要依据。同时也可以为同类工程管理积累成本资料，为企业今后参与工程的投标报价和与发包单位进行合同谈判提供参考依据。编制单位工程竣工成本决算是核算单位工程成本的最后阶段。

竣工成本决算按照以下程序编制：

（1）单位工程竣工后，各施工单位的预算人员应根据竣工工程的施工图预算和工程变更、材料代用等有关技术经济签证资料，及时编制单位工程竣工结算书，确定该项工程的全部预算成本和预算总造价，以便与发包单位办理工程价款的最终结算。

（2）及时清理施工现场，盘点剩余材料和残次料，办理退库手续，冲减工程成本。

（3）检查各项费用是否已经正确、完整地记入了竣工工程成本，凡应计而未计的费用应予以补计，凡不应计入而已计入的费用应予以冲减，以保证竣工单位工程实际成本正确无误。

（4）将结算出来的竣工单位工程实际成本与预算成本进行比较，计算工程成本降低额和降低率，编制竣工工程成本决算。

（5）将竣工结算书（包括工、料分析表）、竣工成本决算和其他有关资料合并保存，建立工程技术经济档案。

竣工工程成本决算表的格式见表12-10。

特别提示：在“竣工成本决算”表中，“预算成本”栏内各项目数字，根据预算部门提供的该竣工工程的预算成本数填列；“实际成本”栏内各项目数字，根据“工程施工成本明细账”的记录填列；“实际成本”栏内各项数字，根据“工程施工成本明细账”的记录填列；工程成本降低额根据预算成本减实际成本的差额填列；降低率根据降低额占预算成本的比率计算填列，如为超支率，则以“–”号表示。竣工工程的简要分析及说明，一般可以列示预算总造价、单方工程量造价、单位工程量预算成本、单位工程量实际成本等。

表12-10　　　　竣工成本决算

建设单位：　　　　　　　　　　　　建筑面积：　　　m^2

工程名称：　　　　　　　　　　　　开工日期：　年　月　日

工程结构：　　　　　　　　　　　　竣工日期：　年　月　日

层　　数：　　　　　　　　　　　　　　　　　　单位：元

成本项目	预算成本	实际成本	降低额	降低率（%）	简要分析及说明
人工费 材料费 机械使用费 其他直接费 间接费用					
工程成本合计					

为了便于分析竣工工程成本的升降原因，考核各项预算定额的执行情况，在工程竣工决算时，

还应选择一些有代表性的工程，编制“工、料、机械台班用量分析表”。其格式见表 12-11。

表 12-11　　工、料、机械台班用量分析表

工程名称：

项目	单位	预算用量	实际用量	节约或超支量	节约或超支率（%）
一、人工	工日				
二、材料					
钢材	t				
木材	m^3				
水泥	t				
黄砂	t				
碎石	t				
……					
三、机械					
搅拌机	台班				
塔吊	台班				
……					

制表：　　　　编制日：　年　月　日

特别提示：在“工、料、机械台班用量分析表”中，预算用量根据预算部门提供的有关资料汇总填列；实际用量根据各施工班组提供的“用工台账”、“用料台账”和“使用机械台账”等资料汇总填列；节约或超支量根据预算用量减实际用量的差额填列，如为超支，以“–”号表示；节约或超支率根据节约或超支量占预算用量的比率计算填列。

任务九　期间费用的核算

期间费用是指本期发生的、不能归于某项工程成本，而直接计入当期损益的各项费用。期间费用包括管理费用、财务费用和销售费用。建筑施工企业一般不设置“销售费用”账户，如发生有关销售费用，可在“管理费用”账户中核算。

一、管理费用的核算

1. 管理费用的内容

管理费用是指企业行政管理部门为组织和管理施工生产经营活动而发生的各种费用。它与企业产品的生产活动没有直接的联系，只是一种间接关系。管理费用主要包括下列内容：

（1）开办费。开办费指企业在筹建期间内发生的开办费是指在企业批准筹建之日起，到开始生产、经营（包括试生产、试营业）之日止的期间（即筹建期间）发生的费用支出。包括筹建期间人员工资、办公费、培训费、差旅费、印刷费、注册登记费以及不计入固定资产和无形资产购建成本的汇兑损益和利息支出。

（2）公司经费。公司经费是指公司总部的行政经费，包括公司总部管理人员薪酬、差旅费、办公费、折旧费、修理费、物料消耗、低值易耗品摊销以及其他公司经费。企业生产单位（部门）发生的固定资产修理等后续支出也在管理费用中列支。

（3）董事会费。董事会费是指企业董事会或最高权力机构及其成员为执行职权而发生的各项费用。包括成员津贴、会议费和差旅费等。

（4）咨询费。咨询费是指企业向有关咨询机构进行科学技术、生产经营管理咨询时所支付的费用。包括聘请技术顾问、经济顾问、法律顾问等支付的费用。

（5）聘请中介机构费。聘请中介机构费是指企业聘请会计师事务所进行查账、验资、资产评估、清账等发生的各项费用。

（6）诉讼费。诉讼费是指企业因向法院起诉或应诉而发生的各项费用。

（7）排污费。排污费是指企业按环保部门的规定交纳的排污费用。

（8）绿化费。绿化费是指企业对本企业区域内进行绿化而发生的零星绿化费用。

（9）税费。税费是指企业按照规定交纳的房产税、车船使用税、土地使用税、印花税等。

（10）技术转让费。技术转让费是指企业使用非专利技术而支付的费用。

（11）研究与开发费。计入管理费用的研究与开发费用是指企业自行研发新产品、新技术、新工艺过程中研究阶段发生的支出以及开发阶段发生的不符合资本化条件的各项支出。主要包括新产品设计费、工艺规程制定费、设备调试费、原材料和半成品的试验费、技术图书资料费、未纳入国家计划的中间试验费、研究人员的薪酬、研究设备的折旧、与产品试制及新技术研究有关的其他经费、委托其他单位进行的科研试制的费用以及试制失败的损失等。

（12）无形资产摊销。无形资产摊销是指企业分期摊销的无形资产价值，包括专利权、商标权、著作权、土地使用权、非专利技术等的摊销价值。若某项无形资产用于工程施工或用于其他生产活动，则其摊销额计入工程成本或其他资产的成本。

（13）长期待摊费用摊销。长期待摊费用摊销是指企业分期摊销的受益期限在1年以上（不含1年）的长期待摊费用，包括按大修理间隔期平均摊销的固定资产大修理支出、在租赁期限与租赁资产尚可使用年限两者孰短的期限内平均摊销的租入固定资产改良支出以及在受益期限内平均摊销的其他长期待摊费用的摊销。

（14）业务招待费。业务招待费是指企业为业务经营的合理需要而支付的招待费用。按所得税实施条例，企业发生的与生产经营活动有关的业务招待费支出，按照发生额的60%，但最高不得超过当年销售（营业）收入的5‰计入管理费用，从税前利润中扣除。

（15）财产保险费。财产保险费是指企业在保险有效期限内分期摊销的预付给保险公司的财产保险费。

（16）存货盘亏或盘盈。存货盘亏与盘盈是指企业在施工生产经营过程中因管理不善等原因所造成的存货盘亏、毁损和报废损失，扣除过失人或保险公司赔款和残料价值后的净损失计入本项费用。发生的存货盘盈，应冲减本项费用。由于自然灾害和意外事故等原因所造成的存货非常损失，应计入营业外支出，不包括在本项目内。

（17）其他管理费用。其他管理费用是指企业发生的除以上各项费用之外应列入管理费用的其他各项支出。

2. 管理费用的核算

为了核算和监督管理费用的发生和结转情况，建筑施工企业应设置“管理费用”账户。该账户属于损益类账户，其借方登记本期实际发生的各项管理费用，贷方登记期末转入“本年利润”账户借方的管理费用，结转后应无余额。本账户应按管理费用的组成部分设置明细账，进行明细分类核算。

当企业发生各项管理费用时，借记“管理费用”账户，贷记“库存现金”、“银行存款”、“周转材料”、“累计摊销”、“长期待摊费用”、“累计折旧”、“应交税费”、“应付职工薪酬”等账户；期末，将该账户的余额全部转入“本年利润”账户中，借记“本年利润”账户，贷记“管理费用”账户。

二、财务费用的核算

1. 财务费用的内容

财务费用是指建筑施工企业为筹集施工生产经营所需资金等而发生的筹资费用。财务费用主要包括下列内容：

（1）利息支出。利息支出是指企业在施工生产经营过程中因向银行或其他金融机构借款或发行债券等所发生的利息支出（不包括应予以资本化的利息）减去银行存款利息收入后的净额。包括短期借款利息、长期借款利息、应付票据利息、票据贴现利息、应付债券利息等。

（2）汇兑损失。汇兑损失是指企业在施工生产经营过程中发生的外币债权、债务等业务，由于汇率变动而发生的折合为记账本位币的汇兑损失减去汇兑收益后的净额，以及不同货币兑换汇率与企业账面汇率不同而发生的折合为记账本位币的汇兑损失减去汇兑收益后的净额。企业因购建固定资产所发生的应予以资本化的汇兑净损失，不包括在本项目内。

（3）金融机构手续费。金融机构手续费是指企业在施工生产经营期间因筹集和办理各种结算业务等而支付给银行或其他金融机构的各种手续费。包括企业发行债券所支付的手续费（应予以资本化的手续费除外）、开出汇票的银行手续费、调剂外汇手续费等。但企业发行股票所支付的手续费不包括在内。

（4）其他财务费用。其他财务费用是指除以上各项之外企业因筹资等而发生的其他费用，如企业融资租入固定资产所发生的融资租赁费企业发生的现金折扣或收到的现金折扣等。

2. 财务费用的核算

为了核算和监督财务费用的发生和结转情况，建筑施工企业应设置“财务费用”账户。该账户属于损益类账户。其借方登记本期实际发生的各项财务费用，贷方登记本期发生的应冲减财务费用的利息收入和汇兑收益，以及期末转入“本年利润”账户借方的财务费用，结转后应无余额。本账户应按财务费用的组成项目设置明细账，进行明细分类核算。

当企业发生财务费用支出时，借记“财务费用”，贷记“银行存款”、“长期借款”、“未确认融资费用”等账户，取得的应冲减财务费用的利息收入、汇兑损益、现金折扣时，借记“银行存款”、“应付账款”等账户，贷记“财务费用”账户，期末结转该账户余额时，借记“本年利润”账户，贷记“财务费用”账户。

知识梳理与小结

工程成本和费用是两个既相联系又有区别的概念。费用是计算工程成本的基础，工程成本是由费用要素汇总而成的，是对象化了的费用。本学习情境所指工程成本是指按照会计准则的规定应计入工程成本的制造成本，费用是指不计入工程成本、应直接计入当期损益的期间费用，即管理费用和财务费用。

工程成本的核算是将工程施工中发生的各项应计入工程成本的费用，按照一定方法归集和分配到各成本核算对象，包括应计入工程成本的人工费用、材料费用、机械使用费、其他直接费和间接费用。正确组织工程成本核算，首先要正确区分哪些费用应计入工程成本，哪些费用不计入工程成本；其次应正确划分成本核算对象，确定工程成本归集的范围，并按照规定的成本项目，将应计入工程成本的费用在各成本核算对象之间进行分配和归集，从而计算出各成本核算对象的总成本。

期间费用包括管理费用和财务费用，期间费用的核算应正确区分其内容，掌握各项费用发生时的账务处理和期末结转方法。

复习思考题

1．什么是费用？什么是成本?两者的联系和区别是什么？
2．施工生产费用按经济性质分为哪几类？按经济用途又分为哪几类？
3．什么是工程成本核算对象？怎样确定工程成本核算对象？
4．建筑施工企业的工程成本核算体制有哪几种？
5．简述工程成本的核算程序。
6．什么是人工费？如何核算工程成本中的人工费？
7．什么是材料费？如何归集和分配材料费？
8．其他直接费的内容包括哪些？它们是如何分配计入各项工程成本的？
9．间接费用的内容包括哪些？如何分配施工间接费？
10．工程成本结算分为哪几种？
11．什么是“未完施工”？月末未完施工的预算成本有哪几种计算方法？
12．什么是“已完工程”？如何对归集的施工费用在已完工程和未完施工之间进行分配？
13．简述竣工成本决算的编制程序。
14．建筑施工企业的管理费用和财务费用包括哪些内容?

实训练习题

练习题一

（一）目的：练习自有施工机械使用费的核算。

（二）资料：

1．某工程队本月自有施工机械发生下列经济业务，见表12-12。

表12-12 经济业务表

发生的经济业务	机动翻斗车	混凝土搅拌车	合计
耗用机械配件	1500	600	2100
耗用油料	2000	200	2200
分配材料成本差异+2%	70	16	86
分配机上人员工资	800	700	1500
发放职工福利费	112	98	210
计提折旧费	2400	1200	3600

续表

发生的经济业务	机动翻斗车	混凝土搅拌车	合计
耗用电力		1000	1000
合计	6882	3814	10 696

2．机械使用情况见表 12-13。

表 12-13　　机械使用情况表

机械名称	单位	施工对象		合计
		甲工程	乙工程	
机动翻斗车	台班	150	180	330
混凝土搅拌车	m^3	1500	1100	2600

（三）要求：

1．计算各工程的机械使用费。

2．编制机械使用费发生和分配的会计分录。

练习题二

（一）目的：练习间接费用的核算。

（二）资料：

1．某施工单位本月发生下列有关间接费用的经济业务：

1）分配本月份现场管理人员工资总额 20 000 元。

2）发放职工福利费 2800 元。

3）施工单位管理用房屋的原值为 500 000 元，月折旧费为 0.3%。

4）发生固定资产修理费 750 元，以银行存款支付。

5）用银行存款支付差旅交通费 2000 元，办公费 800 元。

6）领用其他材料，计划成本 6000 元，其中 5000 元为交通车辆油料，1000 元为办公用消耗材料。本月份材料成本差异率为+1%。

7）领用一次性摊销的工具 500 元。

8）用银行存款支付防暑饮料款 3000 元。

9）临时设施原值为 40 000 元，预计净残值率为 4%，分 20 个月摊销。

10）预提工程保修费 3000 元。

2．本月份各项建筑工程的直接费为：甲工程 400 000 元，乙工程 300 000 元。按各工程的直接费比例分配间接费用。

（三）要求：

1．为各项经济业务编制会计分录。

2．登记“间接费用明细账”。

3．编制“间接费用分配表”

练习题三

（一）目的：练习工程成本的核算。

（二）资料：某建筑公司一工区以单位工程为成本核算对象，本期承建甲、乙两个单位工程。本月份发生以下经济业务：

1）购入木材 $20m^3$，买价和运杂费共 11 000 元，以银行存款支付，材料已验收入库。木材的计划成本为 500 元/m^3。

2）购入红砖 50 000 块，货款 6500 元，以银行存款支付，材料已验收入库，红砖的计划成本为 120 元/千块。

3）购入水泥 30t，贷款 16 500 元，以银行存款支付。材料已验收入库，水泥的计划成本为 520 元/t。

4）甲工程领用木材 $10m^3$，乙工程领用木材 $5m^3$。

5）甲工程领用大堆材料 20 000 元，乙工程领用大堆材料 15 000 元（均为计划成本）。

6）以银行存款支付施工机械租赁费 14 000 元，共 70 个台班，其中甲工程 40 个台班，乙工程 30 个台班。

7）工区管理部门购买取暖用煤 1000 元，以银行存款支付。

8）甲、乙工程各领用红砖 20 000 块。

9）以银行存款支付施工现场材料二次搬运等其他直接费 5000 元，其中甲工程应负担 3000 元，乙工程应负担 2000 元。

10）本月应分配工资如下：甲工程建安工人工资 15 000 元，乙工程建安工人工资 10 000 元，工区管理人员工资 5000 元，材料部门人员工资 2000 元。

11）发放福利费 4480 元。

12）以银行存款支付各种采购保管费 3000 元。

13）以现金支付职工探亲路费 800 元。

14）按月折旧率 0.8%，提取折旧，工区管理部门固定资产原值为 300 000 元，材料部门固定资产原值为 40 000 元。

15）期末将本月发生的采购保管费按各类材料的买价及运杂费比例在各类材料之间进行分配。

16）结转本期购入材料的价差。

17）分配发出材料应负担的价差，假定材料成本差异率为 2%。

18）按各工程实际发生的直接费成本分配工区发生的间接费用。

19）月末盘点，甲工程未完施工成本为 1500 元（其中，人工费 300 元，材料费 900 元，机械使用费 75 元，其他直接费 100 元，间接费用 125 元）；乙工程未完施工成本 1000 元（其中，人工费 250 元，材料费 500 元，机械使用费 60 元，其他直接费 90 元，间接费用 100 元）。计算已完工程实际成本。

（三）要求：

1．计算甲、乙工程本月发生的实际成本。

2．为各项经济业务编制会计分录。

练习题四

（一）目的：练习管理费用的核算方法。

（二）资料：某建筑施工企业 8 月份发生下列管理费用：

1）企业行政管理部门购入办公用品 300 元，以现金支付。

2）摊销应由本月负担的报纸杂志费 350 元。

3）企业本月应付公司总部工作人员的工资总额 50 000 元。

4）发放福利费 7000 元。

5）企业按全部职工工资总额 300 000 元的 2%和 1.5%分别计提工会经费、职工教育经费。

6）本月公司行政管理人员报销差旅费 12 000 元，冲减备用金。

7）本月计提公司总部的固定资产折旧额 25 000 元，管理用具摊销额 5000 元。

8）企业本月以现金支付离退休职工退休金 30 000 元。

9）企业本月以银行存款交纳待业保险费 35 000 元。

10）企业本月以银行存款支付会计师事务所的验资费 3000 元。

11）企业按规定计算出本月应交纳的房产税 2000 元、车船使用税 1000 元，土地使用税 3000 元、开出支票购买印花税票 500 元。

12）本月企业提取坏账准备 1000 元。

13）本月企业以银行存款支付业务招待费 1500 元，据实列支。

14）本月企业向技术咨询服务公司支付咨询费 3000 元。

15）月终，结转本月发生的管理费用。

（三）要求：根据上述资料编写会计分录。

学习情境十三　财务会计报告

学习目标

1. 理解财务报表的概念和分类。
2. 理解会计报表列表的基本要求。
3. 掌握资产负债表、利润表、现金流量表、所有者权益变动表的内容、结构及其编制。
4. 了解会计报表的附注内容。

技能目标

1. 会根据各类凭证及账簿资料编制企业的资产负债表。
2. 能根据资料编制企业的利润表、现金流量表和所有者权益变动表。

案例导入

中原建筑公司2015年12月31日库存现金有借方余额5000元，银行存款借方余额5 690 000元，交易性金融资产有借方余额190 000元，应收账款有借方余额5 600 000元，固定资产借方余额29 620 000元，短期借款有贷方余额5 000 000元，应付职工薪酬有贷方余额700 000元，长期借款有贷方余额150 000 000元，实收资本有贷方余额20 000 000元，盈余公积有贷方余额405 000元。

这是企业期末资产和负债的基本数据。但这些数据仍然比较分散，不能集中概括地反映企业一定时期的经营活动全貌。因此企业必须定期对日常会计核算资料进行加工整理，以便能够系统地，概括地、集中地反映报告期内企业的财务状况、经营成果以及现金流量情况。

知识链接

任务一　财务报告概述

一、财务报告的定义和作用

财务报告（又称财务会计报告）是综合反映施工企业某一特定时期的财务状况、经营成果和现金流量等会计信息的文件。财务报告包括财务报表和其他应当在财务报告中披露的相关信息和资料。新准则规定财务报表至少应当包括资产负债表、利润表、现金流量表、所有者权益变动表及附注等5个组成部分。

财务报告是会计工作的总结，也是对外传递会计信息的主要手段。企业必须在日常会计核算资料的基础上，按照一定的会计处理程序和方法，定期加以系统地归类、整理和汇总，按照规定的格式定期编制财务会计报告，以满足有关各方对施工企业会计信息的需要。财务报告的作用，主要体现在以下几个方面。

（1）企业内部管理者利用财务报告，可以了解企业资金、成本、盈利情况，考核分析财务成本计划的完成情况，发现经营管理中存在的问题，进行有效地经营决策和计划制定，改善经营管理，提高经济效益。

（2）投资人和债权人通过财务报告，可以了解企业的资本结构、获利能力和偿债能力，从而作出正确及时的投资决策。

（3）国家财政、税务等机关利用财务报告所提供的资料，可以分析企业纳税情况，以保证国家财政收入的稳定增长。施工企业应遵守财经纪律，正确计算盈亏，及时上交税金。征收机关通过财务报告了解企业资金及其来源的增减情况，经营成果的实现及其分配情况，及时足额地完成利税征收任务。

（4）国家宏观调控部门利用财务报告，可以掌握企业资金的取得、利润的分配、资源的流向等情况，了解国家有关方针、政策、法规的贯彻执行情况，为国家制定正确的财经政策、进行宏观调控提供可靠的依据。

二、会计报表的分类

作为财务会计报告的主要部分的会计报表，按照不同的标准可以作以下分类。

1. 按经济内容分类

施工企业的会计报表按其反映的经济内容分为资产负债表、利润表、现金流量表、所有者权益变动表。资产负债表用以反映企业一定时点全部资产、负债和所有者权益情况；利润表则用以反映企业一定时期的经营收入、费用和财务成果及分配情况；现金流量表则用以反映企业一定时期内财务状况增减变动情况及其原因。所有者权益变动表反映构成所有者权益的各组成部分当期的增减变动情况。

2. 按编报时间分类

会计报表按编报时间可分为中期财务报表和年度财务报表。中期财务报表包括月报、季报、半年报。中期财务报表的内容和格式与年度财务报表一致，但一般只编制资产负债表和利润表等主要报表。年度财务报表是全面反映企业全年的经营成果，每年编制一次，报表要求的种类和揭示的信息最为完整齐全，以便能全面地反映全年的经营活动。

3. 按服务对象分类

会计报表按服务对象可分为对内报表和对外报表。对内报表是为了适应企业内部管理需要而编制的报表，它一般不对外公布，仅为企业管理者当局服务，其格式和内容由企业自行确定，如成本报表。对外报表是企业向外提供的、供国家经济管理机构、其他企业和个人使用的报表，如资产负债表。

4. 按编报单位分类

会计报表按编报单位可分为单位报表和合并报表。单位报表是由独立核算的法人单位编制的会计报表；合并报表是实际拥有控制权的企业将被投资企业和本企业报表按控制和投资关系合并编制而成的报表。

三、会计报表列报的基本要求

为了充分发挥会计报表的作用，确保会计信息的质量，新准则规定企业编制的财务会计报表必须满足下列要求。

（1）企业应当以持续经营为基础。

企业不应以附注披露代替确认和计量。企业管理层应当评价企业的持续经营能力，对持续经营能力产生重大怀疑的，应当在附注中披露导致对持续经营能力产生重大怀疑的影响因素。

当企业正式决定或被迫在当期或将在下一个会计期间进行清算或停止营业时，表明其处于非持续经营状态，应当采用其他基础编制财务报表，并在附注中声明财务报表未以持续经营为基础列报，并披露未以持续经营为基础的原因和财务报表的编制基础。

（2）财务报表项目的列报应当在各个会计期间保持一致，不得随意变更，但下列情况除外。

1）会计准则要求改变财务报表项目的列报。

2）企业经营业务的性质发生重大变化后，变更财务报表项目的列报能够提供更可靠、更相关的会计信息。

（3）在编制的过程中，企业应当考虑项目的重要性。

性质或功能不同的项目，应当在财务报表中单独列报，但不具有重要性的项目除外。性质或功能类似的项目，应予以合并，其所属类别具有重要性的，应当按其类别在财务报表中单独列报。

（4）财务报表中的资产项目和负债项目的金额、收入项目和费用项目的金额不得相互抵消，但满足抵消条件的除外。下列情况可以净额列示。

1）资产项目按扣除减值准备后的净额列示，不属于抵消。

2）非日常活动产生的损益，以收入扣减费用后的净额列示，不属于抵消。

（5）当期财务报表的列报，至少应当提供所有列报项目上一可比会计期间的比较数据以及与理解当期财务报表相关的说明，但其他会计准则另有规定的除外。

任务二 财务报告的编制

一、资产负债表的编制

1. 资产负债表的概念及其作用

资产负债表是指反映企业在某一特定日期的财务状况的财务报表，用来列报企业某一时日的资产、负债和所有者权益的状况。资产负债表是企业重要的财务报表之一，其作用主要体现在以下几个方面。

（1）通过资产负债表可以了解企业的资产总额及其构成。

（2）通过资产负债表可以了解企业的权益总额及其构成。

（3）利用资产负债表可以分析企业的财务状况和资本结构。

2. 资产负债表的结构和内容

资产负债表从整体上体现“资产=负债+所有者权益”这一会计等式，把企业特定日期的资产、负债和所有者权益各项目按一定的分类标准顺序适当排列，反映企业资产、负债、所有者权益的总体规模和结构。

资产负债表一般包括表首、正表两部分。表首主要包括报表名称、编制日期、编制单位、报表编号、货币名称、计量单位等。正表是资产负债表的主体，列示企业资产、负债和所有者权益各个项目的名称及其年初数和年末数。

资产负债表列报的方式有报告式和账户式。报告式就是由上至下依次列报资产、负债和所有者权益项目，其结构和内容见表 13-1。

表 13-1　　**资 产 负 债 表**

会企 01 表

编制单位：　　年　月　日　　单位：元

资产：	
×××	×××××
×××	×××××
资产合计	×××××
负债：	
×××	×××××
×××	×××××
负债合计	×××××
所有者权益：	
×××	×××××
×××	×××××
所有者权益合计	×××××
负债和所有者权益合计	×××××

账户式就是将报表分为左右两部分，左方列示资产项目，右方列示负债和所有者权益项目。表内资产项目按其流动性的大小排列，流动性大的排列在前，流动性小的排列在后；负债一般按清偿时间的先后顺序排列，所有者权益项目排列在最后。资产各项目的合计等于负债和所有者权益各项目的合计，即资产负债表的左方和右方平衡。账户式资产负债表的结构和内容见表 13-2。

表 13-2　　**资 产 负 债 表**

会企 01 表

编制单位：　　年　月　日　　单位：元

资　　产	年初数	期末数	负债和所有者权益（或股东权益）	年初数	期末数
流动资产：			流动负债：		
货币资金			短期借款		
交易性金融资产			交易性金融负债		
应收票据			应付票据		
应收账款			应付账款		
预付账款			预收账款		
应收利息			应付职工薪酬		
应收股利			应交税费		

续表

资　　产	年初数	期末数	负债和所有者权益（或股东权益）	年初数	期末数
其他应收款			应付利息		
存货			应付股利		
一年内到期的非流动资产			其他应付款		
其他流动资产			一年内到期的非流动负债		
流动资产合计			其他流动负债		
非流动资产：			流动负债合计		
可供出售金融资产			非流动负债：		
持有至到期投资			长期借款		
长期应收款			应付债券		
长期股权投资			长期应付款		
投资性房地产			专项应付款		
固定资产			递延所得税负债		
在建工程			其他非流动负债		
工程物资			非流动负债合计		
固定资产清理			负债合计		
无形资产			所有者权益（或股东权益）：		
开发支出			实收资本（或股本）		
商誉			资本公积		
长期待摊费用			减：库存股		
递延所得税资产			盈余公积		
其他非流动资产			未分配利润		
非流动资产合计			所有者权益（或股东权益）合计		
资产总计			负债和所有者权益（或股东权益）总计		

特别提示：我国企业的资产负债表采用账户式结构。

3. 资产负债表的填制

资产负债表项目的排列规律是资产方按流动性的大小排列，流动性大的排在前面，流动性小的排在后面；权益方按偿还期限的长短排列，偿还期短的排在前面，偿还期长的排在后面，最后是不用偿还的资本。本表“年初数”栏内各项数字，应根据上年末资产负债表“期末数”栏内各项数字填列。如果上年度资产负债表规定的各个项目的名称和内容与本年度不相一致，应对上年末资产负债表各项目的名称和数字按照本年度的规定进行调整，填入本表“年初数”栏内。

资产负债表“期末数”栏各项目数据的具体填列方法如下。

（1）“货币资金”项目，反映企业期末持有的库存现金、银行存款、银行结算账户存款、外埠存款等总额。应根据“库存现金”、“银行存款”、“其他货币资金”总账账户的期末余额合计数填列。

（2）“交易性金融资产”项目，反映企业持有的以公允价值计量且其变动计入当期损益的为交易目的所持有的债券投资、股票投资、基金投资、权证投资等金融资产。本项目应根据“交易性金融资产”账户期末余额填列。

（3）“应收票据”项目，反映企业收到的未到期收款、也未向银行贴现的应收票据，包括商业承兑汇票和银行承兑汇票。本项目应根据“应收票据”账户的期末余额，减去“坏账准备”账户中有关应收票据计提的坏账准备期末余额后的金额填列。

特别提示：已向银行贴现和已背书转让的应收票据不包括在本项目内，其中已贴现的商业承兑汇票应在会计报表附注中单独披露。

（4）“应收账款”项目，反映企业因销售商品和提供劳务等经营活动而应向购买单位收取的各种款项，即减去已计提的坏账准备后的净额。本项目应根据“应收账款”账户所属各明细账产的期末借方余额合计，减去“坏账准备”账户中有关应收账款计提的坏账准备期末余额后的金额填列。

“应收账款”账户所属明细账户期末有贷方余额，应在“预收账款”项目内填列。

（5）“预付账款”项目，反映企业按照购货合同规定预付给供应单位的款项等。本项目应根据“预付账款”、“应付账款”账户所属各有关明细账户的期末借方余额合计数，减去“坏账准备”账户中有关预付账款计提的坏账准备期末余额后的金额填列。

“预付账款”账户所属有关明细账户期末贷方有余额的，应在“应付账款”项目内填列。

（6）“应收利息”项目，反映企业因债权投资而应收取的利息。企业购入到期还本付息债券应收的利息不包括在本项目内。本项目应根据“应收利息”账户的期末余额填列。

（7）“应收股利”项目，反映企业因股权投资而应收取的现金股利和应收其他单位的利润。本项目应根据“应收股利”账户的期末余额填列。

（8）“其他应收款”项目，反映企业对其他单位和个人的应收和暂付的款项。本项目应根据“其他应收款”账户的期末余额，减去“坏账准备”账户中有关其他应收款计提的坏账准备期末余额后的金额填列。

（9）“存货”项目，反映企业期末在库、在途和在加工中的各项存货的可变现净值，包括原材料、周转材料、未完施工等。本项目应根据“材料采购”、“原材料”、“库存商品”、“委托加工物资”、“周转材料”、“材料成本差异”、“在途物资”、“工程施工”等账户的期末余额之和，减去“存货跌价准备”账户期末余额后的金额填列。

（10）“一年内到期的非流动资产”项目，反映企业将于一年内到期的非流动资产。本项目应根据有关账户的期末余额分析计算填列。

（11）“其他流动资产”项目，反映企业除以上流动资产项目外的其他流动资产。本项目应根据有关账户的期末余额填列。如其他流动资产价值较大的，应在会计报表附注中披露其内容和金额。

（12）“可供出售金融资产”项目，反映企业持有的划分为可供出售金融资产的证券。本项目根据“可供出售金融资产”账户的期末余额，减去“可供出售金融资产减值准备”账户期末余额后的金额填列。

（13）“持有至到期投资”项目，反映企业持有的划分为持有至到期投资的证券。本项目根据“持有至到期投资”账户的期末余额，减去“持有至到期投资减值准备”账户的期末余额后的金额填列。

（14）“长期应收款”项目，反映企业持有的长期应收款的可收回金额。本项目应根据“长期应收款”账户的期末余额，减去“坏账准备”账户所属相关明细账户期末余额，再减去“未确认融资收益”账户期末余额后的金额分析计算填列。

（15）“长期股权投资”项目，反映企业不准备在一年内（含一年）变现的各种股权性质的投资的可收回金额。本项目应根据“长期股权投资”账户的期末余额，减去“长期投资减值准备”账户中有关股权投资减值准备期末余额后的金额填列。

（16）“投资性房地产”项目，反映企业持有的投资性房地产。企业采用成本模式计量投资性房地产的，本项目应根据“投资性房地产”账户的期末余额，减去“投资性房地产累计折旧”、“投资性房地产减值准备”账户期末余额后的金额填列；企业采用公允价值模式计量投资性房地产的，本项目应根据“投资性房地产”账户的期末余额填列。

（17）“固定资产”项目，反映企业的固定资产可收回金额。本项目应根据“固定资产”账户的期末余额，减去“累计折旧”、“固定资产减值准备”所属相关明细账户期末余额后的金额分析填列。企业融资租入的固定资产，其原值及已提折旧也包括在内。

（18）“在建工程”项目，反映企业期末各项未完工程的实际支出，包括交付安装的设备价值，未完建筑安装工程已经耗用的材料、工资和费用支出、预付分包工程的价款、已经建筑安装完毕但尚未交付使用的工程等的可收回金额。本项目应根据“在建工程”账户的期末余额，减去“在建工程减值准备”账户期末余额后的金额填列。

（19）“工程物资”项目，反映企业尚未使用的为各项专用工程而准备的工程物资的实际成本。本项目应根据“工程物资”账户的期末余额填列。

（20）“固定资产清理”项目，反映企业因出售、毁损、报废等原因转入清理但尚未清理完毕的固定资产的账面价值以及固定资产清理过程中所发生的清理费用和变价收入等各项金额的差额。本项目应根据“固定资产清理”账户的期末借方余额填列。如“固定资产清理”账户期末为贷方余额，以“-”号填列。

（21）“无形资产”项目，反映企业各项无形资产的期末可收回金额。本项目应根据“无形资产”账户的期末余额，减去“累计摊销”、“无形资产减值准备”等账户期末余额后的金额填列。

（22）“商誉”项目，反映企业合并中形成的商誉价值。本项目根据“商誉”账户的期末余额，减去“商誉减值准备”账户期末余额后的金额填列。

（23）“长期待摊费用”项目，反映企业尚未摊销的摊销期限在一年以上（不含一年）的各种费用。本项目应根据“长期待摊费用”账户的期末余额，减去一年内（含一年）摊销的数额后的金额填列。

（24）“递延所得税资产”项目，反映企业确认的递延所得税资产。本项目应根据“递延所得税资产”账户期末余额分析填列。

（25）“其他非流动资产”项目，反映企业除以上资产以外的其他长期资产。本项目应根据有关账户的期末余额填列。

（26）“短期借款”项目，反映企业借入尚未归还的一年期以下（含一年）的借款。本项目应根据“短期借款”账户的期末余额填列。

（27）“交易性金融负债”项目，反映企业为交易而发生的金融负债，包括以公允价值计量且其变动计入当期损益的金融负债。本项目应根据“交易性金融负债”等账户的期末余额分析填列。

（28）“应付票据”项目，反映企业因购买原材料、商品和接受劳务等开出、承兑的尚未到期付款的应付票据的价值，包括银行承兑汇票和商业承兑汇票。本项目应根据“应付票据”账户的期末余额填列。

（29）“应付账款”项目，反映企业购买原材料、商品和接受劳务供应等应付给供应单位的款项。本项目应根据“应付账款”账户所属各有关明细账户的期末贷方余额合计填列。如“应付账款”账户所属各明细账户期末有借方余额，计入本表“预付账款”项目。

（30）“预收账款”项目，反映企业按合同规定预收购买单位的款项，以及已结算尚未完工工程价款。本项目应根据“预收账款”账户所属各有关明细账户的期末贷方余额，以及有关在建施工合同的“工程结算”账户余额减“工程施工”账户余额后的差额合计数填列。“预收账款”账户所属有关明细账户有借方余额的，应在本表“应收账款”项目内填列。“应收账款”账户所属明细账户有贷方余额的，也应包括在本项目内。

（31）“应付职工薪酬”项目，反映企业按规定应付而未付的职工薪酬。本项目应根据“应付职工薪酬”账户期末贷方余额填列。

（32）“应交税费”项目，反映企业按税法规定期末未交、多交或未抵扣的各种税费。本项目应根据“应交税费”账户的期末贷方余额填列。如“应交税费”账户期末为借方余额，以“-”号填列。

（33）“应付利息”项目，反映企业按合同约定应付而未付的利息。本项目应根据“应付利息”账户的期末贷方余额填列。

（34）“应付股利”项目，反映企业尚未支付的现金股利或利润。本项目应根据“应付股利”账户的期末余额填列。

（35）“其他应付款”项目，反映企业所有应付和暂收其他单位和个人的款项。本项目应根据“其他应付款”账户的期末余额填列。

（36）“一年内到期的非流动负债”项目，反映企业承担的一年内到期的非流动负债。本项目应根据有关账户的期末余额分析计算填列。

（37）“其他流动负债”项目，反映企业除以上流动负债以外的其他流动负债。本项目应根据有关账户的期末余额分析计算填列。

（38）“长期借款”项目，反映企业借入尚未归还的一年期以上（不含一年）的借款本息。本项目应根据“长期借款”账户的期末余额填列。

（39）“应付债券”项目，反映企业发行的尚未偿还的各种长期债券的本息。本项目应根据“应付债券”账户期末余额填列。

（40）“长期应付款”项目，反映企业除长期借款和应付债券以外的其他各种长期应付款。本项目应根据“长期应付款”账户的期末余额，减去“未确认融资费用”账户期末余额后的金额填列。

（41）“专项应付款”项目，反映企业取得政府作为企业所有者投入的具有专项或特定用途的款项。本项目应根据“专项应付款”账户的期末余额填列。

（42）“预计负债”项目，反映企业对外提供担保、未决诉讼等预计负债的期末余额。本项目应根据“预计负债”账户的期末余额填列。

（43）“递延所得税负债”项目，反映企业确认的递延所得税负债。本项目应根据“递延所得税负债”账户期末余额分析填列。

（44）“其他非流动负债”项目，反映企业除以上非流动负债项目以外的其他非流动负债。本项目应根据有关账户的期末余额减去将于一年内（含一年）到期偿还数后的余额填列。非流动负债各项目中将于一年内（含一年）到期的非流动负债，应在“一年内到期的非流动负债”项目内单独反映。

（45）“实收资本”项目，反映企业各投资者实际投入的资本总额。本项目应根据“实收资本”账户的期末余额填列。

（46）“资本公积”项目，反映企业资本公积的期末余额。本项目应根据“资本公积”账户的期末余额填列。

（47）“盈余公积”项目，反映企业盈余公积的期末余额。本项目应根据“盈余公积”账户的期末余额填列。

（48）“未分配利润”项目，反映企业尚未分配的利润总数。本项目应根据“本年利润”账户和“利润分配”账户的余额计算填列。未弥补的亏损，在本项目内以“–”号填列。

【案例 13-1】 长兴建筑公司 2015 年 12 月 31 日的账户余额见表 13-3。

表 13-3 **账户余额表**

2015 年 12 月 31 日 单位：元

账户名称	借方余额	账户名称	贷方余额
库存现金	1800	坏账准备	11 800
银行存款	769 135	累计折旧	169 000
交易性金融资产	24 500	短期借款	60 000
应收票据	56 000	应付票据	90 000
应收账款	610 000	应付账款	95 000
预付账款	90 000	应付职工薪酬	180 000
应收利息	15 000	应交税费	205 731
原材料	358 050	应付利息	14 800
周转材料	85 600	应付股利	32 215
库存商品	1 883 800	其他应付款	20 988.40
材料成本差异	3000	长期借款	750 000
工程施工	154 250	实收资本	4 900 000
持有至到期投资	250 000	资本公积	36 000
固定资产	2 370 000	盈余公积	124 700
在建工程	558 000	未分配利润	1 468 800.60
工程物资	470 000		
长期待摊费用	430 000		
递延所得税资产	29 900		
合　计	8 159 035	合　计	8 159 035

根据上述资料，为长兴建筑公司编制 2015 年 12 月 31 日的资产负债表，见表 13-4。

表 13-4　　资 产 负 债 表

会企 01 表

编制单位：长兴建筑公司　　2015 年 12 月 31 日　　单位：元

资　产	年初数	期末数	负债和所有者权益	年初数	期　末　数
流动资产：			流动负债：		
货币资金		770 935	短期借款		60 000
交易性金融资产		24 500	交易性金融负债		
应收票据		56 000	应付票据		90 000
应收账款		598 200	应付账款		95 000
预付账款		90 000	预收款项		
应收利息		15 000	应付职工薪酬		180 000
应收股利			应交税费		205 731
其他应收款			应付利息		14 800
存货		2 484 700	应付股利		32 215
一年内到期的非流动资产			其他应付款		20 988.40
其他流动资产			一年内到期的非流动负债		
流动资产合计		4 039 335	其他流动负债		
非流动资产：			流动负债合计		698 734.40
可供出售金融资产			非流动负债：		
持有至到期投资		250 000	长期借款		750 000
长期应收款			应付债券		
长期股权投资			长期应付款		
投资性房地产			专项应付款		
固定资产		2 201 000	预计负债		
在建工程		558 000	递延所得税负债		
工程物资		470 000	其他非流动负债		
固定资产清理			非流动负债合计		750 000
无形资产			负债合计		1 448 734.40
商誉			所有者权益：		
长期待摊费用		430 000	实收资本		4 900 000
递延所得税资产		29 900	资本公积		36 000
其他非流动资产			盈余公积		124 700
非流动资产合计		3 938 900	未分配利润		1 468 800.60
			所有者权益合计		6 529 500.60
资产总计		7 978 235	负债和所有者权益合计		7 978 235

二、利润表的编制

1．利润表的概念

利润表是反映企业一定期间经营成果的会计报表，把一定期间的收入与其相关的费用进行配比，以计算企业一定时期的净利润或净亏损。通过利润表可以反映企业在一定会计期间的收入实现情况、费用耗费情况，表明企业生产经营成果，了解企业的经营业绩及未来的发展趋势，从总体上评价企业；同时，通过利润表提供的不同时期的比较利润数据，了解企业利润增长或减少的规模和趋势，进而作出合理的经济决策。

特别提示：常见的利润表结构主要有单步式和多步式两种。在我国利润表采用的基本上是多步式结构，即通过对当期的收入、费用、支出项目按性质加以归类，分步计算当期净损益。

利润表通过一定的表格来反映企业的经营成果，即按照收入、费用以及构成利润的各个项目分类，分项列示，最终得出企业本期净利润，其计算步骤分为三步。

（1）营业利润=营业收入–营业成本–营业税金及附加–销售费用–管理费用–财务费用–资产减值损失±公允价值变动净收益±投资收益

（2）利润总额=营业利润+营业外收入–营业外支出

（3）净利润=利润总额–所得税费用

2．利润表的编制

利润表一般包括表首和正表两部分。表首主要包括报表名称、编制日期、编制单位、报表编号、货币名称、计量单位等。正表反映形成经营成果的各个项目和计算过程。

利润表中“本期金额”栏反映各项目的本期实际发生数，在编制年度财务会计报告时，应将“期”改为“年”。如果上年度利润表与本年度利润表的项目名称和内容不相一致，则按编报当年的口径对上年度利润表项目的名称和数字进行调整，填入本表“上年金额”栏。本表“本期金额”栏反映各项目自年初起至报告期末止的累计实际发生数，其各项目数据的具体填列方法如下。

（1）“营业收入”项目，反映企业因经营活动所取得的收入的总额。本项目应根据“主营业务收入”和“其他业务收入”等账户的发生额分析填列。

（2）“营业成本”项目，反映企业经营活动发生的实际成本总额。本项目应根据“主营业务成本”和“其他业务成本”等账户的发生额分析填列。

（3）“营业税金及附加”项目，反映企业经营活动应负担的营业税、消费税、城市维护建设税、资源税和教育费附加等。本项目应根据“营业税金及附加”账户的发生额分析填列。

（4）“销售费用”项目，反映企业在销售产品、材料或提供劳务等过程中发生以及专设销售机构发生的各项经营费用，如产品包装费、运输费、职工薪酬、业务费等。本项目应根据“销售费用”账户的发生额分析填列。

（5）“管理费用”项目，反映企业为组织和管理生产经营活动发生的费用支出。本项目应根据“管理费用”账户的发生额分析填列。

（6）“财务费用”项目，反映企业为筹集生产经营所需资金等而发生的筹资费用。本项目应根据“财务费用”账户的发生额分析填列。

（7）“资产减值损失”项目，反映企业各项资产发生的减值损失。本项目应根据“资产减值损失”账户的发生额分析填列，其中包括存货、固定资产、无形资产等减值准备。

（8）“公允价值变动净收益”项目，反映企业按照相关准则规定确认的交易性金融资产或交易性金融负债的变动额。如为净损失，以“–”号填列。本项目应根据“公允价值变动损益”账户的发生额分析填列。

（9）“投资收益”项目，反映企业以各种方式对外投资所取得的收益。本项目应根据“投资收益”账户发生额分析填列。如为因投资而发生的损失，以“–”号填列。

（10）“营业外收入”项目，反映企业发生的与其经营活动无直接关系的各项收入。本项目应根据“营业外收入”的发生额分析填列。其中包括盘盈收入、固定资产处置净收益等。

（11）“营业外支出”项目，反映企业发生的与其经营活动无直接关系的各项支出。本项目应分别根据“营业外支出”账户的发生额分析填列，其中处置非流动资产净损失，应当单独列示。

（12）“利润总额”项目，反映企业本期开展业务活动而实现的利润总额。如为亏损总额，以“–”号填列。

（13）“所得税费用”项目，反映企业确认的应从当期利润总额中扣除的所得税费用。应根据“所得税费用”账户的发生额分析填列。

（14）“净利润”项目，反映企业在一定会计期间实现的净利润，如为亏损，以“–”号填列。

（15）“基本每股收益”和“稀释每股收益”项目，应当根据每股收益准则的规定计算的金额填列。

【案例 13-2】 长兴建筑公司 2015 年度有关损益类账户本年累计发生净额见表 13-5。

表 13-5　**损益类账户累计发生额**　单位：元

账 户 名 称	借 方 发 生 额	贷 方 发 生 额
主营业务收入		1 180 000
主营业务成本	722 100	
营业税金及附加	35 400	
管理费用	146 100	
财务费用	40 500	
资产减值损失	42 900	
投资收益		31 500
其他业务收入		70 000
营业外收入		50 000
其他业务成本	32 500	
所得税费用	110 096	

根据上述资料为长兴建筑公司编制利润表，见表 13-6。

表 13-6 利 润 表

会企 02 表

编制单位：长兴建筑公司 2015 年 单位：元

项 目	本期金额	上期金额
一、营业收入	1 250 000	
减：营业成本	754 600	
营业税金及附加	35 400	
销售费用		
管理费用	146 100	
财务费用（收益以"–"号填列）	40 500	
资产减值损失	42 900	
加：公允价值变动净收益（净损失以"–"号填列）		
投资收益（损失以"–"号填列）	31 500	
二、营业利润（亏损以"–"号填列）	262 000	
加：营业外收入	50 000	
减：营业外支出	32 500	
其中：非流动资产处置净损失		
三、利润总额（亏损总额以"–"号填列）	279 500	
减：所得税费用	69 875	
四、净利润（净亏损以"–"号填列）	209 625	
五、每股收益	（略）	
（一）基本每股收益		
（二）稀释每股收益		
六、其他综合收益		
七、综合收益总额		

三、现金流量表的编制

1. 现金流量表的概念

现金流量表是指反映企业在一定会计期间的现金及现金等价物流入和流出信息的会计报表。它是以现金为基础编制的反映企业财务状况变动情况的动态报表，用以反映企业获得现金和现金等价物的能力。现金流量表主要提供企业现金流量方面的信息，便于报表使用者对企业的财务状况作出客观评价，了解和评价企业获取现金的能力，并据以预测企业未来的现金流量，弥补资产负债表和利润表反映情况的不足。

特别提示：现金流量表中的现金是指企业库存现金以及可以随时用于支付的存款，不能随时支付的存款不属于现金，它主要包括库存现金、银行存款、其他货币资金、现金等价物。现金等价物是指企业持有的期限短、流动性强、易于转换为已知金额现金、价值变动风险很小的投资，主要包括企业购买的交易性金融资产中的短期债券投资。企业应当根据具体情况，确定现金等价物的范围，此范围一经确定不得随意变更。

2. 现金流量的分类

现金流量是某一时期内企业现金及现金等价物流入和流出的数量。按照企业经营业务的性质分为三类。

（1）经营活动产生的现金流量。经营活动是指企业投资活动和筹资活动以外的所有交易和事项。经营活动产生的现金流量主要包括销售商品或提供劳务、收到的税费返还等经营活动现金的流入，购买商品或接受劳务、支付各项税费等经营活动现金的流出。

（2）投资活动产生的现金流量。投资活动是指企业长期资产的构建和不包括在现金等价物范围内的投资及其处置活动。投资活动产生的现金流量主要包括收回投资、取得投资收益等投资活动的现金流入，购建固定资产、无形资产和其他长期资产、支付投资额等投资活动现金的流出。

（3）筹资活动产生的现金流量。筹资活动是指导致企业资本及债务的规模和构成发生变化的活动。筹资活动产生的现金流量主要包括吸收投资、取得借款等筹资活动的现金流入，偿还债务、分配利润或偿付利息等筹资活动的现金流出。

特别提示： 在现金流量表中，现金及现金等价物被视为一个整体，企业现金形式的转换不会产生现金的流入和流出。例如企业从银行提取现金，是企业现金存放形式的转换，并未流出企业，不构成现金流量。

3. 现金流量表的编制

现金流量表主要由正表和补充资料组成。其中现金流量表见表 13-7。

表 13-7 现 金 流 量 表

会企 03 表

编制单位： 2015 年度 单位：元

项　　目	上期数	本期数	补　充　资　料	上期数	本期数
一、经营活动产生的现金流量：			1．将净利润调节为经营活动现金流量：		
销售商品、提供劳务收到的现金			净利润		
收到的税费返还			加：计提的资产减值准备		
收到的其他与经营活动有关的现金			固定资产折旧		
现金流入小计			无形资产摊销		
购买商品、接受劳务支付的现金			长期待摊费用摊销		
支付给职工以及为职工支付的现金			待摊费用减少（减：增加）		
支付的各项税费			预提费用增加（减：减少）		
支付的其他与经营活动有关的现金			处置固定资产、无形资产和其他长期资产的损失（减：收益）		
现金流出小计			固定资产报废损失		
经营活动产生的现金流量净额			财务费用		
二、投资活动产生的现金流量：			投资损失（减：收益）		
收回投资所收到的现金			递延税款贷项（减：借项）		
取得投资收益所收到的现金			存货的减少（减：增加）		

续表

项　　目	上期数	本期数	补　充　资　料	上期数	本期数
处置固定资产、无形资产和其他长期资产所收回的现金净额			经营性应收项目的减少（减：增加）		
收到的其他与投资活动有关的现金			经营性应付项目的增加（减：减少）		
现金流入小计			其他		
购建固定资产、无形资产和其他长期资产所支付的现金			经营活动产生的现金流量净额		
投资所支付的现金					
支付的其他与投资活动有关的现金					
现金流出小计					
投资活动产生的现金流量净额			2. 不涉及现金收支的投资和筹资活动：		
三、筹资活动产生的现金流量：			债务转为资本		
吸收投资所收到的现金			一年内到期的可转换公司债券		
借款所收到的现金			融资租入固定资产		
收到的其他与筹资活动有关的现金					
现金流入小计					
偿还债务所支付的现金					
分配股利、利润或偿付利息所支付的现金			3. 现金及现金等价物净增加情况：		
支付的其他与筹资活动有关的现金			现金的期末余额		
现金流出小计			减：现金的期初余额		
筹资活动产生的现金流量净额			加：现金等价物的期末余额		
四、汇率变动对现金的影响			减：现金等价物的期初余额		
五、现金及现金等价物净增加额			现金及现金等价物净增加额		

特别提示：编制现金流量表的方法有直接法和间接法两种。直接法是指按现金收入和现金支出的总括分类直接反映企业经营活动产生的现金流量。采用直接法时，有关经营活动现金流量的信息可以通过企业的会计记录直接取得。间接法是指以净利润为起点，调整不涉及现金的收入、费用、营业外收支等有关项目，剔除投资活动、筹资活动对现金流量的影响，据此计算出经营活动产生的现金流量。我国企业会计准则规定企业应当采用直接法编制现金流量表，但同时要求在补充资料中提供以净利润为基础调节到经营活动现金流量的信息。

现金流量表中各项目的填列方法。

（1）“销售商品、提供劳务收到的现金”项目，反映企业销售商品、提供劳务实际收到的现金（包括销售收入和应向购买者收取的增值税销项税额），即无论何时销售，只要在本期收现，均计入本项目，包括本期销售商品、提供劳务收到的现金以及前期销售商品、提供劳务本期收到的现金和本期预收的款项，本期退回本期销售的商品和前期销售本期退回的商品支付的现金，应从本项目中扣除。企业销售材料和代购代销业务收到的现金，也在本项目中反映。本项目可以根据“库存现金”、“银行存款”、“应收账款”、“应收票据”、“预收账款”、“主营业务收入”、“其他业务收入”等账户的记录分析填列。

（2）“收到的税费返还”项目，反映企业收到返还的各种税费，即企业上交后而由税务机关或政府其他部门返还的增值税、营业税、企业所得税、消费税、关税及教育费附加等。本项目可根据“库存现金”、“银行存款”、“其他应收款”、“营业税金及附加”等账户的记录分析填列。

（3）“收到的其他与经营活动有关的现金”项目，反映企业收到的其他与经营活动有关的现金流入，包括罚款收入、流动资产损失中由个人赔偿的现金收入、经营租赁的租金等。若某项其他与经营活动有关的现金流入较大，应单独列示。本项目可根据“库存现金”、“银行存款”、“营业外收入”等账户的记录分析填列。

（4）“购买商品、接受劳务支付的现金”项目，反映企业购买商品、接受劳务支付的现金（包括支付的增值税进项税额），包括本期购买商品、接受劳务支付的现金以及本期支付的前期购买商品、接受劳务的应付款项和为购买商品而预付的款项，本期发生的购货退回收到的现金应从本项目中扣除。企业代购代销业务支付的现金，也在本项目中反映。本项目可以根据“库存现金”、“银行存款”、“应付账款”、“应付票据”、“预付账款”、“主营业务成本”等账户的记录分析填列。

（5）“支付给职工以及为职工支付的现金”项目，反映企业本期实际支付给职工的工资、奖金、各种津贴和补贴、住房公积金、养老保险金、医疗保险金等薪酬，本项目可以根据“应付职工薪酬”、“库存现金”、“银行存款”等账户的记录分析填列。

特别提示：企业为职工支付的养老、失业等社会保险金、补充养老保险、支付给职工的住房困难补助、企业为职工交纳的商业保险金、企业支付给职工或为职工支付的其他福利费用等，应根据职工的工作性质和服务对象，分别在“购建固定资产、无形资产和其他长期资产所支付的现金”和“支付给职工以及为职工支付的现金”项目中反映。

（6）“支付的各项税费”项目，反映企业当期发生上缴税务机关的各种税费，包括企业本期发生并支付的、本期支付以前各期发生的以及预交的税费，包括所得税、增值税、营业税、消费税、教育费附加、矿产资源补偿费、印花税、房产税、土地使用税、车船使用税等税费，本项目可以根据“库存现金”、“银行存款”、“应交税费”等账户的记录分析填列。

特别提示：本项目不包括计入固定资产价值、实际支付的耕地占用税、本期退回的增值税、所得税。本期退回的增值税、所得税在“收到的税费返还”项目中反映。

（7）“支付的其他与经营活动有关的现金”项目，反映企业所支付的其他与经营活动有关的现金流出，包括支付的罚款、支付的差旅费、业务招待费、保险费等支出。若其他与经营活动有关的现金流出金额较大，应单独列示。本项目可以根据“库存现金”、“银行存款”、“管理费用”、“营业外支出”等有关账户的记录分析填列。

（8）“收回投资收到的现金”项目，反映企业出售、转让或到期收回除现金等价物以外的交易性金融资产、长期股权投资而收到的现金以及收回持有至到期投资和可供出售金融资产本金而收到的现金，本项目可以根据“库存现金”、“银行存款”、“交易性金融资产”、“长期股权投资”、“持有至到期投资”、“可供出售金融资产”等账户的记录分析填列。

特别提示：持有至到期投资和可供出售金融资产收回的利息及收回的非现金资产不包括在本项目中。收回的利息在“取得投资收益所收到的现金”项目中反映。

（9）“取得投资收益收到的现金”项目，反映企业因股权性投资而分得的现金股利，从子公司、联营企业或合营企业分回利润而收到的现金以及因债权性投资而取得的利息收入，本项目可以根据“投资收益”、“库存现金”、“银行存款”等账户的记录分析填列。

特别提示：股票股利不用反映在现金流量表中，因为公司不必支付现金。

（10）“处置固定资产、无形资产和其他长期资产收回的现金净额”项目，反映企业出售、报废固定资产、无形资产和其他长期资产所取得的现金（包括资产因自然灾害或毁损而收到的保险赔偿收入），减去为处置这些资产而支付的有关费用后的净额。本项目可以根据“固定资产清理”、“固定资产”、“无形资产”、“库存现金”、“银行存款”等账户的记录分析填列。

（11）“处置子公司及其他营业单位收到的现金净额”项目，反映企业处置子公司及其他营业单位所取得的现金减去相关处置费用后的净额。本项目可以根据“长期股权投资”、“库存现金”、“银行存款”等账户的记录分析填列。

（12）“收到的其他与投资活动有关的现金”项目，反映企业除上述（8）至（11）各项目外收到的其他与投资活动有关的现金流入。若其他与投资活动有关的现金流入金额较大，应单独列示。本项目可以根据“应收股利”、“应收利息”、“库存现金”、“银行存款”等有关账户的记录分析填列。

（13）“购建固定资产、无形资产和其他长期资产所支付的现金”项目，反映企业购买、建造固定资产、取得无形资产和其他长期资产所支付的现金及增值税款、支付的应由在建工程和无形资产负担的职工薪酬现金支出。本项目可以根据“固定资产”、“无形资产”、“在建工程”、“库存现金”、“银行存款”、“其他货币资金”等账户的记录分析填列。

特别提示：为购建固定资产而发生的借款利息资本化部分以及融资租入固定资产所支付的租赁费，应在“筹资活动产生的现金流量——支付的其他与筹资活动有关的现金”项目中反映，不在本项目中反映。

（14）“投资所支付的现金”项目，反映企业取得的除现金等价物以外的权益性投资和债权性投资所支付的现金以及支付的佣金、手续费等附加费用。本项目可以根据“交易性金融资产”、“可供出售金融资产”、“长期股权投资”、“持有至到期投资”、“库存现金”、“银行存款”等账户的记录分析填列。

（15）“取得子公司及其他营业单位支付的现金净额”项目，反映企业购买子公司及其他营业单位购买出价中以现金支付的部分，减去子公司或其他营业单位持有的现金和现金等价物后的净额。本项目可以根据“长期股权投资”、“库存现金”、“银行存款”等账户的记录分析填列。

（16）“支付的其他与投资活动有关的现金”项目，反映企业除上述（13）至（15）各项目外支付的其他与投资活动有关的现金流出。本项目可以根据有关账户的记录分析填列。

（17）“吸收投资所收到的现金”项目，反映企业以发行股票、债券等方式筹集资金实际收到的款项，减去直接支付给金融企业的佣金、手续费、宣传费、咨询费、印刷费等发行费用后的净额。本项目可以根据“实收资本”、“库存现金”、“银行存款”等账户的记录分析填列。

（18）“取得借款收到的现金”项目，反映企业举借各种短期、长期借款而收到的现金。本项目可以根据“短期借款”、“长期借款”、“库存现金”、“银行存款”等账户的记录分析填列。

（19）“收到的其他与筹资活动有关的现金”项目，反映企业除上述（17）、（18）项目外，收到的其他与筹资活动有关的现金流入。若某项其他与筹资活动有关的现金流入金额较大，应单独列示。本项目可以根据“营业外收入”、“库存现金”、“银行存款”等有关账户的记录分析填列。

（20）“偿还债务所支付的现金”项目，反映企业以现金偿还债务的本金，包括偿还的借款本金和债券本金。本项目可以根据“短期借款”、“长期借款”、“库存现金”、“银行存款”等账户的记录分析填列。

特别提示：企业支付的借款利息和债券利息在“分配股利、利润和偿付利息支付的现金”项目中反映，不包括在本项目中。

（21）“分配股利、利润或偿付利息所支付的现金”项目，反映企业实际支付的现金股利、支付给其他投资单位的利润或用现金支付的借款利息、债券利息等。本项目可以根据“应付股利”、“应付利息”、“财务费用”、“长期借款”、“库存现金”、“银行存款”等账户的记录分析填列。

（22）“支付的其他与筹资活动有关的现金”项目，反映企业除上述（20）、（21）项目外，支付的其他与筹资活动有关的现金流出，如融资租入固定资产支付的租赁费等。若某项其他与筹资活动有关的现金流入金额较大，应单独列示。本项目可以根据“营业外支出”、“长期应付款”、“银行存款”、“库存现金”等有关账户的记录分析填列。

（23）“汇率变动对现金的影响”项目，反映企业外币现金流量及境外子公司的现金流量折算为记账本位币时，所采用的现金流量发生日的汇率或平均汇率折算为人民币金额与“现金及现金等价物净增加额”中外币现金净增加额按期末汇率折算为人民币金额之间的差额。该项可以通过会计报表附注中“现金及现金等价物净增加额”数额与报表中“经营活动产生的现金流量净额”、“投资活动产生的现金流量净额”、“筹资活动产生的现金流量净额”三项之和比较，其差额即为“汇率变动对现金的影响”。

（24）“现金及现金等价物净增加额”项目，是期末现金及现金等价物余额与期初现金及现金等价物余额的差额，它与经营活动产生的现金流量净额、投资活动产生的现金流量净额、筹资活动产生的现金流量净额、汇率变动对现金的影响之和相等。

四、所有者权益变动表的编制

1. 所有者权益变动表的定义及内容

所有者权益变动表是指反映构成所有者权益的各组成部分当期的增减变动情况的报表。当期损益、直接计入所有者权益的利得和损失以及与所有者的资本交易导致的所有者权益的变动，应当分别列示。

所有者权益变动表至少应当单独列示，反映下列信息的项目。

（1）净利润。

（2）直接计入所有者权益的利得和损失项目及其总额。

（3）会计政策变更和差错更正的累积影响金额。

（4）所有者投入资本和向所有者分配利润等。

（5）按照规定提取的盈余公积。

（6）实收资本、资本公积、盈余公积、未分配利润的期初和期末余额及其调节情况。

所有者权益变动表包括表首和正表两部分。其中，表首说明报表名称、编制单位、编制日期、报表编号、货币名称、计量单位等；正表是所有者权益变动表的主体，具体说明所有者权益变动表的各项内容，包括实收资本、资本公积、法定盈余公积金、法定公益金、未分配利润等。每个项目中，又分为年初余额、本年增加数、本年减少数、年末余额 4 个小项。每个小项中，又分别根据具体情况列示其不同内容，见表 13-8。

表 13-8 **所有者权益变动表**

会企 04 表

编制单位： ______年度 单位：元

项目	本年金额						上年金额					
	实收资本（或股本）	资本公积	减：库存股	盈余公积	未分配利润	所有者权益合计	实收资本（或股本）	资本公积	减：库存股	盈余公积	未分配利润	所有者权益合计
一、上年年末余额												
加：会计政策变更												
前期差错更正												
二、本年年初余额												
三、本年增减变动金额（减少以“–”号填列）												
（一）净利润												
（二）其他综合收益												
上述（一）和（二）小计												
（三）所有者投入和减少资本												
1．所有者投入资本												
2．股份支付计入所有者权益的金额												
3．其他												
（四）利润分配												
1．提取盈余公积												
2．对所有者（或股东）的分配												
3．其他												
（五）所有者权益内部结构												
1．资本公积转增资本（或股本）												
2．盈余公积转增资本（或股本）												
3．盈余公积弥补亏损												
4．其他												
四、本年年末余额												

2．所有者权益变动表的填列方法

本表反映企业年末所有者权益变动的情况。本表应在一定程度上体现企业综合收益的特点，除列示直接计入所有者权益的利得和损失外，同时包含最终属于所有者权益变动的净利润，从而构成企业的综合收益。

本表各项目应当根据当期净利润、直接计入所有者权益的利得和损失项目、所有者投入资本和向所有者权分配利润、提取盈余公积等情况分析填列。

在本表中，直接计入当期损益的利得和损失应包含在净利润中，直接计入所有者权益的利得和损失，主要包括可供出售金融资产公允价值变动净额、现金流量套期工具公允价值变动净额等，应单列项目反映。

五、会计报表附注

会计报表附注是为了便于会计报表使用者理解会计报表的内容而对会计报表的编制基础、编制依据、编制原则和方法及主要项目等所作的解释以及对未能在报表中列示项目的说明等。

会计报表附注是财务报表的重要组成部分，是对会计报表的补充说明。由于会计报表中所规定的内容具有一定的固定性和规范性，只能提供定量的财务信息，其所反映的财务信息具有一定的限制，不能包括会计报表使用者需要的全部信息。会计报表附注则能够对会计报表不能包括的内容或披露不详尽的内容进一步进行解释与说明，有利于客观、真实、详尽地披露企业的生产经营情况，帮助会计报表使用者全面、正确地理解会计信息。

《企业会计准则》规定，会计报表附注至少应当披露下列内容：

（1）企业的基本情况；

（2）财务报表的编制基础；

（3）遵循企业会计准则的声明；

（4）会计报表会计估计的说明；

（5）重要的会计政策和会计估计；

（6）会计政策和会计估计变更以及差错更正的说明；

（7）对报表重要项目的说明；

（8）或有和承诺事项、资产负债表日后调整事项、关联方关系及其交易等需要说明的事项；

（9）提议或宣布发放的股利总额和每股股利金额，或向投资者分配的利润总额。

知识梳理与小结

财务会计报告由会计报表、会计报表附注和财务情况说明书组成。会计报表是财务会计报告的主要组成部分，包括资产负债表、利润表、现金流量表、所有者权益变动表等主要报表。

资产负债表是反映企业某一特定日期全部资产、负债和所有者权益情况的会计报表。根据“资产=负债＋所有者权益”的会计恒等式，左方列示资产，右方列示负债和所有者权益。资产负债表“期末数”各栏一般根据有关账户的期末余额分析计算填列。

利润表是反映企业一定期间经营成果的报表，它把一定期间的收入与其相关的费用进行配比，计算企业的净利润。

现金流量表是反映企业一定会计期间现金和现金等价物流入和流出的报表。企业一定期间内产生的现金流量包括经营活动产生的现金流量、投资活动产生的现金流量、筹资活动产生的现金流量三个部分。

所有者权益变动表是指反映构成所有者权益的各组成部分当期的增减变动情况的报表。

会计报表附注是对会计报表中列示项目所作的进一步说明以及对未能在这些报表中列示项目的说明。

复习思考题

1. 什么是财务报告？财务报告能够给使用者提供哪些信息？
2. 建筑施工企业的财务报告包括哪些组成部分？
3. 财务报表如何分类？
4. 财务报表的编制要求有哪些？
5. 什么是资产负债表？资产负债表的作用是什么？其结构有何特点？
6. 利润表的性质和作用是什么？
7. 什么是现金流量表?其作用是什么？
8. 财务报表附注主要包括哪些方面的内容？

实训练习题

练习题一

（一）目的：练习资产负债表的编制方法。

（二）资料：某建筑施工企业2014年12月31日有关账户的余额见表13-9。

（三）要求：根据上述资料，编制该建筑施工企业2014年12月31日的资产负债表。（年初数略）

表13-9 账户余额表 单位：元

会计科目	借方余额	贷方余额
库存现金	1000	
银行存款	855 000	
其他货币资金	150 000	
交易性金融资产	115 000	
应收票据	246 000	
应收账款	700 000	
坏账准备		9000
预付账款	100 000	
其他应收款	5000	
材料采购	200 000	
原材料	1 000 000	

续表

会 计 科 目	借方余额	贷方余额
周转材料	400 000	
材料成本差异	28 000	
其他应收款	2000	
持有至到期投资	300 000	
固定资产	2 300 000	
累计折旧		700 000
在建工程	900 000	
长期待摊费用	140 000	
固定资产清理	8000	200 000
短期借款		200 000
应付票据		506 000
应付账款		50 000
其他应付款		1 730 000
应交税费		200 000
应付股利		2000
长期借款（其中一年内到期借款 300 000 元）		4 000 000
实收资本		303 000
盈余公积		100 000
利润分配——未分配利润		
工程施工	550 000	
合计	8 000 000	8 000 000

练习题二

（一）目的：练习利润表的编制方法。

（二）资料：

1．某建筑施工企业 2014 年初“利润分配——未分配利润”账户有贷方余额 500 000 元。

2．2014 年 12 月 31 日，该企业有关损益类账户的本年累计发生额见表 13-10。

表 13-10 **损益类账户发生额表** 单位：元

会 计 账 户	借方累计	贷方累计
主营业务收入		25 000 000
主营业务成本	21 000 000	
营业税金及附加	825 000	
其他业务收入		2 800 000

续表

会 计 账 户	借方累计	贷方累计
其他业务成本	2 300 000	
管理费用	900 000	
财务费用	150 000	
投资收益		200 000
营业外收入		10 000
营业外支出	12 000	
所得税费用	935 550	

3．该企业按净利润的10%提取法定盈余公积金，按净利润的5%提取任意盈余公积金，分配投资者利润1 200 000元。

（三）要求：根据上述资料，编制该企业2014年度的利润表。

参 考 文 献

[1] 杨忠和．施工企业会计．4版．大连：东北财经大学出版社，2010.
[2] 雷光勇．基础会计学．2版．大连：东北财经大学出版社，2012.
[3] 张宏伟．建筑施工企业会计真账实操全图解．北京：中国铁道出版社，2017.
[4] 代义国．建筑施工企业会计与纳税技巧．2版．北京：机械工业出版社，2016.
[5] 李志远，郭双来．建筑施工企业税务与会计．北京：中国市场出版社，2016.
[6] 秦俊绒．建筑施工企业会计．上海：立信会计出版社，2018.
[7] 陈远吉．建筑施工企业会计核算方法与实例．北京：化学工业出版社，2014.
[8] 吕爱武．建筑施工企业财务与会计实务．北京：化学工业出版社，2018.
[9] 吕孝侠．建筑施工企业会计．北京：机械工业出版社，2015.